中央高校基本科研业务费专项基金项目资助

矿业用地的
盘活研究

Research on Mining Land
Revitalization

杨慧丽◎著

知识产权出版社
全国百佳图书出版单位
—北 京—

图书在版编目（CIP）数据

矿业用地的盘活研究/杨慧丽著. —北京：知识产权出版社，2021.6
ISBN 978-7-5130-7564-0

Ⅰ.①矿… Ⅱ.①杨… Ⅲ.①矿业工程—工业用地—土地管理—研究—中国
Ⅳ.①F426.1

中国版本图书馆 CIP 数据核字（2021）第 116813 号

内容提要

集约利用土地、保障耕地红线是我国土地制度改革的目标，矿业用地整合提效作为实现此目标的突破口，意义重大。本书从土地使用权利配置视角对矿业用地盘活进行研究，依据矿业活动生命周期理论，从矿业用地整体入手，深入矿地的差异化类型，剖析其在不同时间节点的盘活特征、模式及障碍与克服机制，并结合法理，检讨、完善现行土地法律于矿地盘活而言的制度缺陷，具有很强的现实意义。

责任编辑：韩婷婷　　　　　　　　责任校对：王　岩
封面设计：臧　磊　　　　　　　　责任印制：孙婷婷

矿业用地的盘活研究

杨慧丽　著

出版发行：知识产权出版社有限责任公司	网　　址：http://www.ipph.cn
社　　址：北京市海淀区气象路 50 号院	邮　　编：100081
责编电话：010-82000860 转 8359	责编邮箱：176245578@qq.com
发行电话：010-82000860 转 8101/8102	发行传真：010-82000893/82005070/82000270
印　　刷：北京建宏印刷有限公司	经　　销：各大网上书店、新华书店及相关专业书店
开　　本：720mm×1000mm　1/16	印　　张：14.25
版　　次：2021 年 6 月第 1 版	印　　次：2021 年 6 月第 1 次印刷
字　　数：248 千字	定　　价：69.00 元

ISBN 978-7-5130-7564-0

　　集约利用土地、保障耕地红线是我国土地制度改革的目标，矿业用地整合提效作为实现此目标的突破口，意义重大。本书从土地使用权利配置视角对矿业用地盘活进行研究，依据矿业活动生命周期理论，从矿业用地整体入手，深入矿地的差异化类型，剖析其在不同时间节点的盘活特征、模式及其障碍与克服机制，并结合法理，检讨、完善现行土地法律于矿地盘活而言的制度缺陷，主要研究内容与成果如下：

　　（1）以优化土地使用权配置为主线，依据矿业生命周期构建矿地盘活研究体系并阐释不同周期中矿地盘活目标与特征的差异性，同时通过矿地盘活内涵与性质的法律分析，揭示了矿地盘活是行政性与市场性交融互动的法律行为体系。

　　（2）遵循准入、利用、复垦及退出的矿业运行时序，兼顾矿地整体的规律性与具体矿地类型的特殊性，设计矿业用地盘活模式：准入期，结合矿业用地的不同类型，主要从土地使用权的准入判定、矿地使用权的初始配置优化两个层面研究盘活模式；利用期，从保持土地使用权主体与变更土地使用权主体分别研究矿地盘活模式，前者包括以绿色矿山建设为导向的矿企内部优化、以矿业园区建设为载体的矿业产业链整合，后者包括以独立矿业项目转移为目标的地权、矿业权捆绑流转，与以实现规模化经营为方向的矿企兼并重组，也即地权、矿业权流转特殊形态；复垦期，以权利义务分解为核心的产业化运营模式、以复垦收益科学分配为主的经济激励模式是盘活的主要方式；退出期，从政府回收土地使用权、土地使用权市场化让渡、矿企转产自用地三方面分析了复垦义务人矿地的盘活模式，从政府调整安排用地、公私合作用地探讨了历史遗留毁损矿地的盘活模式。

（3）以矿地盘活为目标评价、完善相关法律制度。为确保盘活模式的制度可行性，分别对矿业生命周期各阶段法律问题进行了改进分析，集中于：准入期建立农民集体土地合法流转机制，利用期形成外部不经济内部化的权责义分配机制，复垦期结合实践修正复垦试点政策的缺陷，退出期明确矿地之上占有、使用权利退出机制；与此同时，从矿地盘活的法律行为角度，结合行为类型与要素分析矿地盘活的法律、政策内容，从法的效力等级层面，探讨矿地盘活的法律制度体系，并在前述研究基础上提出矿地盘活法律修订建议。

主要法律法规、文件简称表

编号	全 称	简 称
1	《中华人民共和国宪法》	《宪法》
2	《中华人民共和国土地管理法》	《土地管理法》
3	《中华人民共和国民法典》	《民法典》
4	《中华人民共和国民法通则》（已废止）	《民法通则》
5	《中华人民共和国物权法》（已废止）	《物权法》
6	《中华人民共和国公司法》	《公司法》
7	《中华人民共和国合同法》（已废止）	《合同法》
8	《中华人民共和国矿产资源法》	《矿产资源法》
9	《中华人民共和国环境保护法》	《环境保护法》
10	《中华人民共和国土地改革法》	《土地改革法》
11	《中华人民共和国清洁生产促进法》	《清洁生产促进法》
12	《中华人民共和国乡镇企业法》	《乡镇企业法》
13	《中华人民共和国节约能源法》	《节约能源法》
14	《中华人民共和国科技进步法》	《科技进步法》
15	《中华人民共和国水土保持法》	《水土保持法》
16	《中华人民共和国安全生产法》	《安全生产法》
17	《中华人民共和国矿山安全法》	《矿山安全法》
18	《中华人民共和国证券法》	《证券法》
19	《中华人民共和国反垄断法》	《反垄断法》

编号	全　称	简　称
20	《中华人民共和国煤炭法》	《煤炭法》
21	《中华人民共和国担保法》（已废止）	《担保法》
22	《中华人民共和国劳动法》	《劳动法》
23	《中华人民共和国破产法》	《破产法》
24	《中华人民共和国反不正当竞争法》	《反不正当竞争法》
25	《中华人民共和国全民所有制工业企业法》	《全民所有制工业企业法》
26	《中华人民共和国劳动合同法》	《劳动合同法》
27	《中华人民共和国就业促进法》	《就业促进法》
28	《中华人民共和国公益事业捐赠法》	《公益事业捐赠法》
29	《中华人民共和国城市房地产管理法》	《城市房地产管理法》
30	《中华人民共和国立法法》	《立法法》
31	《中华人民共和国全民所有制工业企业转换经营机制条例》	《全民所有制工业企业转换经营机制条例》
32	《中华人民共和国地质灾害防治条例》	《地质灾害防治条例》
33	《中华人民共和国关于企业兼并暂行办法》	《关于企业兼并暂行办法》
34	《中华人民共和国企业国有资产监督管理暂行条例》	《企业国有资产监督管理暂行条例》
35	《中华人民共和国关于出售国有小型企业产权的暂行办法》	《关于出售国有小型企业产权的暂行办法》
36	《中华人民共和国企业国有产权转让管理暂行办法》	《企业国有产权转让管理暂行办法》
37	《中华人民共和国失业保险条例》	《失业保险条例》
38	《中华人民共和国煤矿安全监察条例》	《煤矿安全监察条例》
39	《中华人民共和国环境影响评价法》	《环境影响评价法》
40	《中华人民共和国企业所得税法》	《企业所得税法》
41	《中华人民共和国城镇土地使用税暂行条例》	《城镇土地使用税暂行条例》
42	《中华人民共和国矿产资源法实施细则》	《矿产资源法实施细则》
43	《中华人民共和国土地复垦条例》	《土地复垦条例》
44	《中华人民共和国基本农田保护条例》	《基本农田保护条例》
45	《中华人民共和国土地复垦规定》	《土地复垦规定》
46	《中华人民共和国历史遗留工矿废弃地复垦利用试点管理办法》	《历史遗留工矿废弃地复垦利用试点管理办法》

编号	全　称	简　称
47	《中华人民共和国土地管理法实施条例》	《土地管理法实施条例》
48	《中华人民共和国城市地下空间开发利用管理规定》	《城市地下空间开发利用管理规定》
49	《中华人民共和国国家建设征用土地办法》	《国家建设征用土地办法》
50	《中华人民共和国招标拍卖挂牌出让国有建设用地使用权规定》	《招标拍卖挂牌出让国有建设用地使用权规定》
51	《中华人民共和国国有企业改革中划拨土地使用权管理暂行规定》	《国有企业改革中划拨土地使用权管理暂行规定》
52	《中华人民共和国股份制试点企业土地资产管理暂行规定》	《股份制试点企业土地资产管理暂行规定》
53	《中华人民共和国优先股试点管理办法》	《优先股试点管理办法》
54	《中华人民共和国闲置土地处置办法》	《闲置土地处置办法》
55	《中华人民共和国矿产资源节约与综合利用专项资金管理办法》	《矿产资源节约与综合利用专项资金管理办法》
56	《中华人民共和国矿山地质环境恢复治理专项资金管理办法》	《矿山地质环境恢复治理专项资金管理办法》
57	《中华人民共和国清洁生产审核暂行办法》	《清洁生产审核暂行办法》
58	《中华人民共和国重点企业清洁生产审核程序的规定》	《重点企业清洁生产审核程序的规定》
59	《中华人民共和国重点产业振兴和技术改造专项投资管理办法（暂行）》	《重点产业振兴和技术改造专项投资管理办法（暂行）》
60	《中华人民共和国危机矿山接替资源找矿专项资金管理暂行办法》	《危机矿山接替资源找矿专项资金管理暂行办法》
61	《中华人民共和国探矿权采矿权使用费和价款管理办法》	《探矿权采矿权使用费和价款管理办法》
62	《中华人民共和国探矿权采矿权转让管理办法》	《探矿权采矿权转让管理办法》
63	《中华人民共和国矿业权出让转让管理暂行规定》	《矿业权出让转让管理暂行规定》
64	《中华人民共和国探矿权采矿权招标拍卖挂牌管理办法》	《探矿权采矿权招标拍卖挂牌管理办法》
65	《中华人民共和国城镇国有土地使用权出让和转让暂行条例》	《城镇国有土地使用权出让和转让暂行条例》
66	《中华人民共和国不动产登记暂行条例》	《不动产登记暂行条例》
67	《中华人民共和国自然资源统一确权登记暂行办法》	《自然资源统一确权登记暂行办法》

续表

编号	全　称	简　称
68	《中华人民共和国土地复垦条例实施办法》	《土地复垦条例实施办法》
69	《中华人民共和国耕地占用税暂行条例》	《耕地占用税暂行条例》
70	《中华人民共和国用于农业土地开发的土地出让金使用管理办法》	《用于农业土地开发的土地出让金使用管理办法》
71	《中华人民共和国新增建设用地土地有偿使用费收缴使用管理办法》	《新增建设用地土地有偿使用费收缴使用管理办法》
72	《中华人民共和国土地储备管理办法》	《土地储备管理办法》
73	《中华人民共和国矿山地质环境保护规定》	《矿山地质环境保护规定》
74	《中华人民共和国国民经济和社会发展第十二个五年规划纲要》	《国民经济和社会发展十二五规划纲要》
75	《中华人民共和国国民经济和社会发展第十三个五年规划纲要》	《国民经济和社会发展十三五规划纲要》

目 录
CONTENTS

1 绪　论

1.1　研究背景

1.1.1　研究问题的提出

"十分珍惜、合理利用土地和切实保护耕地"是我国的基本国策，习近平总书记在第三十个全国"土地日"（2020 年 6 月 25 日）时强调"在当前常态化疫情防控中，守护好 18 亿亩耕地红线，让每一寸耕地成为丰收的沃土，才能更好地把握国家粮食安全的主动权"。2019 年修正的《土地管理法》将"基本农田"修改为"永久基本农田"，体现了党中央、国务院对耕地严格保护的态度。《关于加强和改进永久基本农田保护工作的通知》（自然资规〔2019〕1 号）对探矿采矿涉及永久基本农田进行了严格管理与处置的规定。

在第二次全国土地调查❶（2007 年 7 月 1 日—2009 年 12 月 31 日）之后，北京、上海等超大型、特大型城市的新增建设用地因其来源基本用尽，难以实现规模持续增长。《中共中央关于制定国民经济和社会发展第十四个五年规划和二〇三五年远景目标的建议》中亦指出"强化国土空间规划和用途管控，落实生态保护、基本农田、城镇开发等空间管控边界；提高矿产资源开发保护水平"。《国土资源"十三五"规划纲要》明确"十三五时期对超大和特大城市中心城区原则上不安排新增建设用地计划"。然而，随着城市化与工业化的进一步发展以及经济总量规模的增加，建设用地的需求仍会在很长的历史

---

❶　第三次全国土地调查正在进行中，预计特大城市建设用地饱和的情况仍旧未发生改变。

时期内持续增加。故而，我国土地管理与改革面临的重大课题是如何在耕地保护、控制新增建设用地规模与建设用地持续增加的需求之间寻求平衡。

"盘活存量建设用地、实现节约集约用地"无疑是破解上述难题的唯一可行路径。党的十八大报告提出"优化国土空间开发格局，调整空间结构，促进生产空间集约高效"的总体要求，国务院和原国土资源部先后下发了《关于促进节约集约用地的通知》（国发〔2008〕3号）和《关于大力推进节约集约用地制度建设的意见》（国土资发〔2012〕47号），并且于2014年9月1日起开始实施《节约集约利用土地规定》，其中明确了对建设用地实行总量控制，突出存量土地的盘活，同时对城镇低效用地再开发和农村建设用地、工矿废弃地整治等方面提出要求。

根据《全国资源型城市可持续发展规划》（2013—2020），在通过定性与定量方式筛选出的244个矿业城市中，依据矿产开发程度，其中12%处于成长期，55%处于成熟期，26%处于衰落期（另约7%呈现再生可能），这意味着81%的矿业城市即将或正在面临产业结构升级的问题，产业结构决定土地利用结构，与此相应的矿业用地利用方式、布局亟待调整。我国目前的矿地复垦率仅为12%，且矿地退出存在通道狭窄、激励措施不足、监管机制缺失，以及法定利用期限与矿地必要退出时间不符等诸多障碍（赵淑琴，2011），以致大量不再适宜矿业生产的土地闲置、废弃，无法恢复农用，或进行其他用途的再利用。与此同时，鉴于矿产资源是我国（至少）95%的能源以及（至少）80%的工业原料的基础物质，对于仍将在一定时期内处于矿业生产状态的另外20%矿业区域以及今后新建的矿区而言，在满足我国矿产资源、生产需求的同时，仍然普遍存在着矿业生产工艺落后且能耗高，矿业用地利用方式粗放、效率低下以及毁损严重等现实问题。据不完全统计，因矿业开发而压占与破坏的土地目前已经达到300万公顷，几乎与海南全省域面积相当，并且仍旧保持持续增长势头（增速为3万公顷/年）。

综上所述，一方面，新增建设用地来源日趋收紧、耕地占补平衡矛盾凸显，土地利用结构的更新调整刻不容缓；另一方面，矿业用地盘活、寻求高效集约的再利用方式，以及矿业产业内部的矿地整合、提升矿业利用效率，存在着巨大的潜力挖掘空间，是存量建设用地盘活的重点。这两者之间构成了"问题—解决路径"的关系，通过矿业建设用地的盘活，一则补充耕地缺口，缓解耕地红线压力，并为新增建设用地的农转非指标来源提供了更多可能；二则补充工业化、城市化的建设用地缺口，供给新增的用地需求

（图 1-1）。因此，本书将以土地使用权利为视角，主要从法律制度层面深入探讨矿业用地的盘活，以期对破解上述问题提供助益。

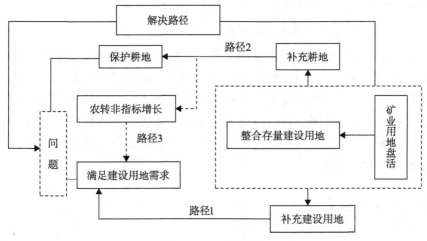

图 1-1　研究的源起

1.1.2　研究问题的意义

1. 有利于资源产业的结构调整与产能综合效益提升

资源产业去产能是我国经济转型升级的紧迫需求，矿产资源的生产经营结构与效率的提升则是重中之重，矿业用地盘活以保障经济、生态与社会发展的综合效益为目标，对用于或曾经用于矿业生产经营的土地进行研究，将其中高效矿业利用或有高效利用潜力的土地整合，服务于资源产业的规模化、集中化，为其结构调整、产业效率与质量的全面进步奠定基础；同时对无法或难以产生资源产业综合效益的闲置、废弃矿地进行剥离，为资源产业清除负担，促使土地、资金等资产以及人力、技术资源向矿产资源高效开发、经营的项目以及企业集聚，形成适应中国经济发展新阶段的资源产业结构。

2. 有利于优化土地利用结构与土地等生产要素的组合配置

现今，"农地不断被转换成建设用地，已有存量建设用地未能有效利用"形成了不甚合理的土地利用结构，这种粗放的用地方式产生于改革开放后，经济发展初级阶段的简单粗放型生产模式，已不适应当下资源集约型的经济发展方向。矿业用地盘活的宗旨是通过存量建设用地的重新利用、优化配置满足经济社会发展对土地不断增长的需求，遏制从农业用地中寻求新增建设用地的过度发展趋势，捍卫耕地红线。矿业用地中存在着大量已经失去矿业生产经营价值的建设用地，将其重新规划，使其与其他产业的生产要素集合，实现集约有效利用，增进效益。

3. 有利于城乡融合与一体化发展

消除城乡生产要素的自由流通障碍，使农民与城市居民同样享受改革发展的红利是城乡融合与一体化发展的必然要求。矿业用地通常地处农村，其初始权利人为农民或农民集体，矿地盘活的重要目标在于创造制度环境与条件，令这部分土地按照市场规律进行流通，改变农村土地与城市土地的二元管理、流通机制，使农民获取土地增值收益，农村建设用地亦因此获得与城市土地均等的发展机遇。

1.2 研究综述

1.2.1 研究进展

1.2.1.1 矿业用地现状的研究

1. 矿业用地状态的现象研究

在我国，从事国土资源及矿业经营管理的工作人员具有一手资料获取优势，通常利用登记建档资料及相关信息资源，对矿业用地面积、规模、毁损类型及违法用地数量等进行统计分析（刘立，2019；黄汉，2016；彭昱，陈志，2015；杨晓辉，唐俊杰，2014）；国土研究的学者多经由定位观测科技手段、调查走访等获取相关数据，通过建立数学模型对特定地区的矿地进行定性定量的科学评价，集中于集约利用土地的影响因素研究，如采用德尔斐法建立评价标准与体系，测算分析特定地区的矿地集约利用水平（曾晓妹，2008）。由于我国矿区分布广泛，地理条件及矿种多样等，上述研究通常局限于特定矿业区域或矿种，得出的结论主要集中于三方面：其一，矿地利用粗放，重开发轻复垦，对土地破坏严重且保护恢复不足，易引发环境污染，甚至损害人体健康（Matúš Račko，2020；Zhai L M，Liao X Y，2008）；其二，矿地闲置（如征而未用）和废弃（如矿用后未再用）现象严重；其三，以租代征、违反规划等非法用地普遍（李见秋，刘敏，2014；谭文兵，2013；李超峰，2012；Tang Y K，2006）。

域外的矿业发达国家，如美、德、澳等，由于已经形成了较成熟的矿业利用监督、复垦责任履行及矿地生态修复的规范体系。对这些国家而言，我国矿业用地的现状已是过去式（刘志强，陈文勤，2013；Skousen J，Zipper C E，2014），目前矿地现状的分析更着重于在科技观测技术的辅助下，梳理、优化及调整矿业用地的规划、布局，进一步完善土地生态功能（Adeoye N O，2016；Soydan H，Düzgün H Ş，2015；Bian Z F，Inyang H I，Daniels J L，2010；Schueler V，2011）并合理预判土地矿用的前景与趋势（Bloodwortha A J，Scottb P W，2009）。

2. 矿业用地状态的制度成因研究

对于我国矿业用地目前面临的窘况，除了技术、意识的作用外，绝大部分研究将目光投向了制度层面，认为矿地的制度缺陷是其堪忧现状的主要诱因。制度缺陷主要集中在：矿地取得制度缺陷——用地规模标准缺乏依据，供地方式单一，征收补偿标准不合理，不同规划间不协调，有必要探索改革土地供应、审批及补偿方式等（汤晓峰，2019；冯亚雯，2015）；矿地权利制度缺陷——矿权与地权取得不同步，取地成本高，矿业权年限与土地使用权年限不一致，亟待统筹协调相关规划以及矿权、地权的配置（李浩然，郑维炜，2013；党新朋，2010；刘骁男，2008）；矿地利用制度缺陷——集约用地考评机制不完善、环保监管不足、复垦责任落实不彻底、土地执法手段单一、缺少强制措施，执法者素质较低，行政干预多（姜进，2009；周伟，白中科等，2012）；矿地退出制度缺陷——矿地缺乏明确、灵活的退出通道，相关制度之间欠缺协调性，甚至出现矛盾（代亚婷，2019；郑娟尔，袁国华等，2015）。

1.2.1.2　矿业用地法律的研究

我国目前尚没有形成独立的矿业用地法律体系，矿业用地的相关规定散见于《物权法》❶《土地管理法》《矿产资源法》及《土地复垦条例》等法律法规中，内容集中于矿地取得、审批以及复垦等，对流转与退出环节的规制几乎呈空白状态。学界普遍认为，法律缺失是矿地利用中环境、安全等问题频发的主要原因（赵珂冉，2020；Bansah K J，2016），有必要在《矿产资源法》或《土地管理法》中单设"矿业用地"一章，以利于法律的统一和适用（李平，2014）。

---

❶ 《中华人民共和国民法典》自 2021 年 1 月 1 日起施行。《民法通则》《担保法》《合同法》《物权法》《侵权责任法》等法律文件同时废止，但相应的法律规范于《民法典》中规定，除《民法典》中明确了农地三权分立及农地经营权流转相关规则外，涉及的其他内容未发生变化。

1. 矿地取得与审批法律

矿地取得主要遵循《土地管理法》及其实施条例对建设用地的出让、划拨、租赁、入股、临时用地等规定，出让是改革开放以后最普遍的法定取地方式，划拨取地多见于改革开放以前，而在效力层级较低的政策规范如《企业改制土地资产处置审批意见（试行）》中，授权经营的用地方式也被提出。征收是通常的矿地取得必要条件，《民法典》《土地管理法》对征地事由及程序、补偿种类、争议处理等作了简要规定。学界对矿地取地相关法律的共识主要包括：一方面，未能适应矿地的特点，形成合理、高效的矿地取得依据，有必要按照使用年限、具体用途及复垦可行性等限制条件对矿地进行分类，并根据不同类型矿地制定差异化的矿地取得法律规则（李国虎，刘建平，2012）；另一方面，征地法律的公共利益原则与矿地取得冲突，法律规定的征收程序缺乏具有强制约束力的公共参与规则（李宁，2013），征地补偿规定无法实现农民分享土地增值收益的立法诉求（臧微等，王崇敏，熊勇先，2014）。

矿地审批主要见于《土地管理法》及其实施条例中，其对矿业用地的审批程序、主体及依据等进行了规定，学界对其关注的焦点是上述程序规范与相关法规的冲突与不协调。具体而言：就规则本身，矿地审批规则独立于矿业权审批规则，且程序、主体及依据均不同，严重影响了矿业开采法律行为的成本及效率（肖攀，2011；于跃，2015）；就法律逻辑，矿地审批在土地使用法律关系和矿业开采法律关系建立上有明显的系统性缺失，增加了矿业用地合法利用的难度（李显东，2013）。

2. 矿地复垦法律

土地复垦法律的确立及逐步完善的进程有两个标志性的时间节点，即1988年与2011年。1988年，我国首部关于土地复垦的全国统一规范《土地复垦规定》颁布实施，弥补了这一领域长期的法律空白，经过20年的发展，《土地复垦规定》已无法满足新形势下的复垦实践需求。2011年，《土地复垦条例》及其实施办法颁布，对复垦主体、复垦方案编制、复垦资金保障、质量控制以及复垦激励等作了明确的规定，为土地复垦的高速发展提供了有力的法律支撑。学者的研究着重于：

（1）对复垦法律理论的研究。环境法学理论是矿地复垦法律的核心基础，污染者负担、生态补偿等环境法原则为矿区土地复垦立法指明方向；民事法律理论在土地复垦领域进一步延伸，恢复原状的民事责任方式由财产权益、人身权益的恢复扩大解释至以恢复人类生活作为永久对策的目的，超越了传统意义上民法理论的概念（于厉，2015；王文强，2012）。

（2）对复垦法律体系的研究。学者普遍认为，《土地复垦条例》在法律体系中的层级低且效力不足，而地方的相关立法因地制宜解决问题的作用不明显，存在法律逐级落实不足、层次性不够的系统性风险。而土地复垦方法与模式的法律规制亟待被纳入法律体系之中，土地复垦的路径通常包括两个方面，即源头把控以及事后治理，两者均依赖于法律法规的保障（付梅臣等，2009），同时利用法律法规固定土地复垦的模式，方可确保生态环境恢复，使土地复垦达到生态效益、经济效益、社会效益的统一与协调（何淼，2017；Cao X，2007）。

（3）对复垦法律价值的研究。美国法社会学家罗斯科·庞德（Roscoe Pound）认为"法律的价值主要在于社会控制，达到最大限制地保护所有社会利益，并维护他们之间的平衡与协调"。法学学者多从复垦法律制定的原则出发，通过法律内容、形式至特定主体具体的复垦法律行为考察，分析复垦法律实现法律价值的程度，我国土地复垦法律对"公平""可持续发展"的基本法律价值的体现尚有待提高，如对复垦生态效益的关注不足、重土地利用权利轻复垦义务等（张乐，2010）。同时实践中因我国公众环保和法治意识的欠缺，土地复垦行为距离充分发挥法律的应然价值尚有一段距离。

（4）对复垦法律的特征及具体制度的研究。土地复垦的自然科学属性与土地本身的公共产品本质共同决定了其法律规制的独特性，如土地复垦法律的部门法交叉特性、科技法律性与社会本位法属性（冯胤卿，2007）。学界对具体制度的研究集中于资金保障、专项规划、监管执法及科技创新驱动等方面（谢贵发，2020；粮颖，2014；陈平德，2011），法律具体制度是复垦管理机制建立、运行的依据，两者紧密衔接。

在域外矿业发达国家，土地复垦法律大约已有百年历史，从 20 世纪 30 年代到 60 年代初期，早期的工业国家，如美国、德国等，矿业开采对土地和环境的破坏引起了公众异议，继而引起了国家、州立法机构的注意。1939 年，美国西弗吉尼亚州颁布了世界上首部复垦法，此后，印第安纳州、伊利诺伊州等陆续用法律措施治理矿业开发所致的复垦工程。1949 年，英国第一次颁布复垦法，权力机关授权地方政府负责恢复由矿业开采破坏的矿区环境。1950 年，德国莱茵州对基本矿业法进行了修订完善，并出台总体规划法，专门用以解决褐煤矿区的环境污染问题。1977 年，美国颁布《露天采矿管理与复垦法》，明确了复垦规划作为申请用地的必要审查文件，建立了法律约束机制（罚金、与矿业申请挂钩、保证金等）。20 世纪 80 年代至今，贯穿可持续发展理念（Skousen J，Zipper C E，2014），各国对矿山环境保护愈益重视，矿山环境保护的法律得以加强和完善，加拿大、澳大利亚、巴西、日本等许多国家都制定了矿山环境保护的相关规范（李显东，2006），生态政策更关注复垦土地与周边区域在生态上的契合度（Zhang L P，Zhang S W，2016），发达国家的自然条件优越，生态复垦成为主流，但我国的土地资源有限，无法以生态复垦为主导，故域外相关的复垦技术无法直接借用，但环境控制的法律机制，适宜我国借鉴（梁海超，张定宇，2011）。

3. 矿地退出与流转法律

在我国，法律中未见明确关于矿地退出的规定，复垦法律解决不了复垦后土地的退出问题，矿地的使用目的是实现土地的资源价值，一旦采矿结束，土地对矿业权人来说已无利用之必要，退出的法律规范十分必要，从促进土地循环利用、实现复垦土地成效及满足矿业开发持续增加的用地需求等角度亦可见矿地退出立法的紧迫性（胡发祥，2019；师小丽，2011）。学界对矿地退出的研究尚处于路径、机制层面的探讨，分析流转、置换、回收等退回模式（肖攀，郑美珍，赵淑芹，2011；徐青，庄幼绯，2014；丁翔，2017），但鲜有学者将其上升到立法的层面进行法律规范的构思与设计。与此同时，反观国外矿业发达国家，矿业用地退出是土地法律的重要内容之一：一方面，对退出的条件、方式及程序等作出规定，坦桑尼亚、澳大利亚及日本等国分别针对矿企主动交回土地及土地所有方基于合理原因强制回收的情况作出了具体规定，对相关当事人在特定情况下的权利、义务都有较为详细的规定，为矿地退出法律行为的开展提供了明确指引（杜瑞萍，2015；罗小利，2013）；另一方面，针对矿地退出，形成了层次分明的法律责任规范，连带责任、行政处罚、刑事处罚等法律制裁措施被各国广泛运用到矿业用地的退出再利用上，增加了相关主体怠于退出矿地的成本，以此保证矿地退出能切实得到履行（蔡卫华，2013）。

矿业用地流转遵循建设用地流转的法律，无任何特殊规定。实践中，矿业权依照相关法律规定可以多种方式流转，由此必然涉及矿业用地的流转，但现有法律规定都没有涉及矿业权流转时土地的处置问题。学者的研究集中于规范的形式与立法解决的问题两方面，主流观点认为矿地流转的规范可纳入矿业权流转法律之中，此规范形式有助于两者的协调统一；不同权利形态矿地差异化的流转方式、程序以及土地价值评估是普遍共识亟待解决的立法空白（王清华，2012；张亿瑞，夏云娇，2015），特别是划拨无偿取得矿地以何种方式流转及土地收益计算是立法上必要明确的问题。

1.2.1.3　矿业用地管理机制的研究

1. 矿地管理的理论

目前，矿地管理理论的研究集中于以下方面：首先，循环集约利用是工业用地管理的基本原则（裴兆斌，2019；Biswas W K，2014）；其次，包容性增长的理论是现行矿业用地管理机制改革的指导原则，通过矿地管理改革平衡地方政府、农民与矿业生产方的关系是研究的重点（张蜀榆，白中科，2011）；再次，将适应性管理理论引入矿地管理，指出在对矿地系统综合分析的基础上，为解除或降低矿产资源与土地资源利用中的制约性，发挥其互惠潜能，进行矿产资源与土地资源"优先利用、均衡发展"的决策管理（史晓明，2013）；最后，"资源—资产—资本"三位一体的资源管理理论为矿山废弃地转化研究提供了理论基础，并以此构建了矿山废弃地转化的管理理论框架（蒋正举，2014）。这些研究从宏观上对矿业用地管理提供了有益的指导。

2. 矿地准入与取得的管理机制

国内学者对矿地准入与取得的管理机制的研究主要集中在两个方面：

一方面，矿地与矿业权在准入与取得中的协调：一则以公益性、环保水平等为条件对矿业用地进行优先等级划分，对符合条件的矿地实行优先准入（黄胜开，2017；王素萍，2014）；二则衔接土地利用规划与资源利用规划，明确准入依据，如在资源利用规划编制阶段将两者综合考虑，依据矿产规划的开采总量指标和储量，为矿业用地留出合理发展空间等（刘敏，2014）；三则将矿地与矿业权纳入统一的准入管理程序，适用一致的审批主体、规则（王文玉，2014；党新朋，2010）；四则针对农村集体土地直接用于矿业的未来发展趋势，政府须按照严格的用途管制设定准入门槛（康纪田，刘卫常，2015）。

另一方面，矿地取得方式的单一性及其改进。以征收出让为主，划拨用地、临时用地为辅的取地方式未考虑矿业用地的特殊性及不同矿种开发的特点，由此所致的不利影响主要体现在：矿企用地成本增高、紧缺的建设用地指标被占用及征收补偿纠纷等问题，由此导致违法用地大量出现，同时为矿业活动结束后土地的退出再利用预设了障碍。针对矿业用地取得方式单一的问题，应考虑各类矿山开采规模、开采方式、开采年限及闭坑复垦后土地可能的用途等因素，丰富矿业用地的取得路径，大部分研究认为：缩小矿地征收范围，仅适用于永久性建设用地，在征收赔偿机制设计上结合货币与非货币方式，国家设定基准补偿价格，集体土地所有者与矿企协商价格不得低于基准价格（李宁，2013）；对临时、短期的土地利用广泛采取临时用地制度，分阶段实施、分阶段供地、分阶段归还（王晓雪，2019；李帅，白中科，郑学忠，郭春颖，2013）；逐渐形成城乡统一的矿业用地市场，农村矿地获取途径可在符合一定条件下实行直接出让、股份合作、租赁和设定地役权等（康纪田，2015）。

世界各国的矿地准入、取得的管理制度与本国资源产业的重要性、社会经济发展状况密切相关。矿业发展成熟的发达国家形成了较为完善的管理机制，如美国，公地上设定的矿业权一般通过政府部门的审批程序取得，21世纪以来，学界开始关注公地免费申请使用的合理性，公有土地上的采矿权受到越来越多的限制，包括联邦土地之多用途管理、土地利用规划等；而在私人土地下矿产的勘探、开采则主要是矿业权人与土地所有人协商进行，租赁是最多采取的方式；又如日本，矿业用地的准入交由公害调整委员会和通商产业局长决定，在其对开采矿物可能造成的危害进行评估后，作出缩小矿区或者禁止使用的决定；再如芬兰，通过环境责任、合理补偿，利益相关方磋商机制形成矿业准入及生产经营重大事项获得合法性的必经程序（Lyytimäki J，Peltonen L，2016；Hilson G，2002）。而在矿产资源丰富的不发达地区，矿地准入与取得的管理尚未能跟上矿业产业发展的步伐，普遍存在以下问题：同一土地之上存在多样化权利主体（如加纳等），矿地取得缺乏正当性，土地赔偿纠纷频发（Kidido J K，Ayitey J Z，Kuusaana E D，2015；Imbun B Y，2013；Nyame F K，Bloche J，2010）；中央政府、地方政府、社会组织居民等利益相关方就矿业开发在经济、环保等问题上分歧严重（如秘鲁等）；土地利用规划无法在政治、技术上协调一致（Jeronimo R P，Rap E，Vos J，2015）。

3. 矿地复垦与退出的管理机制

近年以来，我国矿地复垦管理机制的研究主要围绕以下几个重点：规划调控，其一，进行以复垦实施程序及相关规划统筹为主的复垦规划分析（韩志婷，2010），其二，探讨复垦规划中的主体利益平衡机制（王海萍，师学义，2013）；公众参与程序设计，以权益配置与效力保障为核心的公众参与机制分析为主（张弘，白中科，王金满，2013）；主体激励路径构建，以市场倒逼与政策支持为主线的复垦促进管理模式（杨慧丽，付梅臣，2016）；域外管理制度移植分析，如复垦保证金引入的适用性与可行性等（汪国兵，2011）。

目前，复垦后矿地陷入了粗放式管理的困境，发展十分缓慢。学界普遍认为缺乏对复垦后矿地的有效管理与分配，是矿业用地退出进程缓慢、再利用效率低下的重要原因之一（赵淑芹，刘树明，唐守普，2011）。已有研究对矿地退出机制进行了探索，初步提出了矿业用地退出原则、退出路径和配套管理机制，探索了复垦责任制度化和集约利用、及时变更等系列管理制度建设（赵淑芹，2011）。在此基础上，从历史遗留毁损矿地与有复垦义务人矿地出发分别进行退出路径设计是常见的分析进路，前者关注确定退出的责任主体与土地退出后的权利配置，后者则强调根据不同的矿地类型确认是否改变土地使用权性质，进而设计不同的矿地退出方式（张蜀榆，2012）。随着矿地类型化研究的深入，结合利用周期、具体用途及矿地权利形态等矿地特征对矿地退出管理方式进行考察的思路亦逐渐被关注（孙英辉，2013；杜瑞萍，2015）。与此同时，基于露天矿使用周期短且再利用可行性大的特点，学者多侧重以露天矿的退出为研究方向，提出了等空间、等面积置换、建造用地增减挂钩等有建设性的退出机制（张召，2013）。

随着金融体制改革的深入，矿地复垦与退出的融资管理机制研究愈加丰富。学界对融资机制障碍的共识如下：矿地产权不明晰、流转性差、缺乏安全性且利用率低；政府管理职能定位不准确，部门联动效率低（王琪，2015；张炳龙，2014；钱一武，2009）以及矿区缺乏合理统一的发展规划。融资障碍的消除与管理体制的创新是当务之急，主要的观点包括：捆绑出让劣质复垦土地、单独招商优质复垦项目、落实生态补偿责任、横纵结合的财政转移支付以及融资工具创新、建立国际资本投融资机制等（王志芳，2008；施冰，2014）。与此同时，在相关治理示范工程项目的实践基础上，逐渐形成了矿地复垦融资的基本模式，主要为土地储备融资模式、社会投资管理模式以及政策性金融模式（钟刚琼，2014）。

对于矿地复垦、退出的相关研究，国内处于剖析制约因素、对管理模式进行设计的初级理论探讨阶段，法律政策的规定粗略，而国外矿业发达国家已经形成了较完善具体的矿地退出机制、保障体系并通过法律条文的规定赋予其法律约束力。国外矿业发达国家的土地复垦率达到了50%以上，取得了世人所瞩目的成就，关键就在于它们建立了较完善的土地复垦与退出管理制度。

复垦管理机制方面——共性是通过技术手段完成科学管理规划以及实施

有力的激励性与约束性管理措施（Sullivan J，Amacher G S，2013），前者如运用 GIS 及多属性决策技术等对遗留毁损矿地空间环境进行检测并作出复垦优先性排序（Gorokhovich Y，Reid M，2003；Soltanmohammadi H，Osanloo M，2008；Bangian A H，Ataei M，2012），将复垦科技与矿业政策结合管理矿地复垦，以便平衡经济发展与环保，监测复垦后土地环境，通过生态、经济收益的参数分析，对工艺选择、种植作物选择及其密度等设计优化框架（Venkateswarlu K，Nirola R，Kuppusamy S，2016；Sullivan J，Amacher G S，2013）；后者如采矿许可证管理及复垦基金、保证金机制（美国）；复垦计划预审、年度环境执行报告制度（澳大利亚）Akpanowo MbetAmos，2019；罗明，王军，2012）；管理主体对复垦成果的责任机制（日本）。

退出管理机制方面——矿业发达国家通常对矿业活动正常结束或其他原因被迫结束的情况分别进行管理，澳大利亚、巴西、南非等矿业大国就退出问题中的土地归还时间、土地归还状态、归还对象、损益分配、监管部门等作出了明确要求（罗小利，2013）；与此同时，更加注重退出后土地的生态监测管理，如追踪对比同一物种在复垦矿地与未经矿业利用土地的生长繁殖情况（O'Brien E L，Dawson R D，2016）。

1.2.1.4 矿地使用权利的研究

在我国，关于矿地权利的研究集中在以下几方面：

（1）矿地使用权与矿业权的关系，主要有四种观点：一是，矿地使用权是矿业权的派生权利，应当将矿地使用权和矿业权合并处置；二是，矿地使用权与矿业权均为独立的用益物权；三是，部分学者基于私权的社会限制性，认为矿业权优先于土地使用权；四是，基于私权的排他性，另有观点认为矿业权与矿地使用权不存在效力优先问题（何淼，2011）。

（2）矿地使用权与矿业权的冲突及原因，大部分学者认为矿业权与矿业用地使用权在取得过程中的冲突根源于我国复杂的土地权利层次、结构，中央与地方利益矛盾以及法律上对集体土地权利的忽视，须通过创新资源矿权制度，变革集体土地所有权制度等方式化解地权、矿权冲突。

（3）临时用地的矿地使用权形态，矿地临时用地方式与法定权利形态的结合问题逐渐引起土地法学者的关注，短期与局部的矿业用地从临时模式向常规方式过渡，创新性的地役权、空间使用权以及现代相邻权等权利制度的应用是未来的发展趋势（康纪田，2015）。

国外的矿地权利大致分为两种情况：其一，在英美法系国家，矿产资源为土地的组成部分，所以土地所有权人当然享有土地中蕴藏的矿产资源所有权。在这种情况下，矿业权、矿地使用权与土地所有权同归一体，土地所有权人可以按自己的意志出租、转让、抵押，此类权利形态在矿业用地使用权上冲突较少，而相关主体在环保、资源价值共享等问题上的权益冲突仍不可避免（Graetz G，2015；Hilson G，2002），政府亦出于环境公益对私人土地用于矿业的权利也在逐渐加以限制（Owleya J，Rissman A R，2016）。其二，大陆法系国家通常承认特殊矿产的土地所有权人享有先占权利，其他矿产均属于国家所有，其中德、法、日及尼日利亚、墨西哥等国赞同矿业权具有优先性，土地所有权人对此负有相应的容忍义务（刘翀，黄存权，2014）；俄罗斯、乌兹别克斯坦等国将获取土地使用权作为申请矿业权的前提；安哥拉、丹麦、塔吉克斯坦等国以矿业权吸收土地使用权，获得矿业权的同时取得土地使用权；巴西、加拿大及智利等国施行两权独立，分别申请的方式（余果，2014）。

另外，我国与其他矿产资源丰富的不发达地区共同面临小规模矿的权利制度缺陷问题，如何规范小型人工矿业主的合法采矿权、用地权，合理布局小矿与机械化大矿企，解决小矿土地之上的环境管制等问题尤为突出（Spiegel S，2016；冯伟，2013；刘法宪，贾朝蓉，2009）。

1.2.2　研究进展的评述

现有研究既包含有价值的成果，也有尚待完善的不足。

（1）关于矿地现状研究：学界对矿地现状进行总结并提出了改善对策，但尚处于概括性的、定性研究层面，未能对不同类型矿地的现状特征进行专门分析、归纳，以至于就矿地现状呈现问题提出的应对措施针对性不足，缺乏具体的机制设计；与此同时，由于各方面条件所限，研究的视野尚不能统筹我国矿业用地的整体，因此系统性、规律性分析不足。

（2）关于矿地相关法律研究：学界对矿地的法律研究涉及了矿业用地从取得、审批到复垦，以及退出、流转的全过程，并对各部分中的法律问题进行较为深入的探讨，而以矿地全生命周期的视角对前述矿地利用过程有机联系的系统性法律研究则较为缺乏，局部性、片断化的研究仍处于"头疼医头、脚疼医脚"的阶段；与此同时，法学学者偏重于对土地法学理论的分析，土地学学者更关心具体法律规则如何解决矿地管理中的实际问题，对从法理到规则的连贯性研究较少，理论偏离实际或实践缺乏理论基础的情况难以避免。与此同时，矿地退出的法律规制仍是空白，现有研究仍停留在路径分析阶段，未能进入法律规制的设计层面。

（3）关于矿地管理与矿地权利的研究：学界对矿地管理机制、权利结构进行了深入的探讨，但对于管理约束（行政行为）、权利主张（民商事行为）之间的管辖或覆盖领域、彼此范围的界限的研究仍处于初级阶段。尤其未能对矿地生命周期中的重要行为从行政属性或市场属性的角度予以解构，而这方面的研究，是在矿地利用领域实现政府职能优化以及市场配置自由、高效的基础，是促进矿业用地盘活的必由之路。

1.3　研究内容、方法与技术路线

1.3.1　研究内容

（1）分析矿业用地的概念与类型，为矿地盘活研究奠定基础。从权利制度层面完善矿业用地的概念，同时结合矿业生产实践与矿地管理法律，从不同角度划分矿业用地类型，并通过分析各类型矿地之间的逻辑关系，建立矿地类型系统，为不同矿地类型的盘活路径分析设定前提。

（2）研究矿地盘活的内涵与法律性质，明确矿地盘活的目标与方向。分别针对矿业用地准入、利用、复垦及退出的全生命周期各阶段，以综合效益提升为目标，从权利配置视角阐释相应的矿地盘活内涵，同时依据法理对矿地盘活的法律行为性质及其特征进行剖析，为下文设计具体盘活行为（模式）建立必要的约束条件。

（3）分别研究矿业准入期、利用期、复垦期以及退出期的矿业用地盘活，是本书的重点。以土地使用权主体设定、变更为依据将准入期、利用期及退出期的矿地盘活进行分类，并深入分析不同权利状态下的矿地盘活模式，复垦期则以复垦工程运行时序为主线研究相应的盘活模式；同时探讨不同矿地类型适用生命周期各阶段盘活模式过程中的具体处理方式，以确保模式的可操作性。

（4）研究矿业用地的法律，为矿地盘活提供制度保障。具体分析各种盘活模式适用中的法律机制障碍并探讨优化调整方案，同时从整体上梳理矿地盘活相关法律的内容与体系结构，并提出修订建议。

1.3.2　研究方法

1. 文献资料分析

通过文献资料研究法对已有矿业用地管理、盘活相关的文献进行梳理和分析，肯定矿地盘活对我国土地利用结构调整的重要性及深入分析的现实意义，明确了有待深入挖掘的视角，亦为本书的研究提供了理论基础。

2. 规范分析

通过规范分析法对矿地盘活相关的法律、政策进行系统化整理归纳，并结合法学理论与法律实践，分析规范适用过程中的利与弊，为从制度层面探索矿地盘活模式及路径的改革提供理论支撑与研究进路。

3. 学科交叉分析

通过管理学与法学的理论、方法及成果共同对矿业用地盘活这一现实问题进行跨学科的探讨，为土地管理构建合法性基础、法律制度在管理实践中寻求落脚点创造了可行性，且使本书的研究更富科学性与包容性。

4. 比较分析

通过对域内外矿业用地相关领域的政策制度进行对比分析，确认我国目前部分政策基于本土现实的合理性与适应性，同时拣选并引入优良的域外制度或政策理念，有助于矿地盘活制度研究的规律性与特殊性认知。

1.3.3　技术路线

从"矿业用地"破题，在分析其概念基础上，一方面归纳、总结矿地类型及其特点，另一方面探讨矿地盘活的内涵，可知矿地盘活在矿业活动各个生命周期的具体含义不同，但均以土地使用权的配置为核心。由此，有必要从矿地准入、利用、复垦与退出四个阶段分别进行矿业用地的盘活研究，与此同时，结合矿地盘活内涵并引入法律行为理论，阐明矿地盘活的法律性质。然后，从土地使用权配置的视角，以盘活模式、盘活障碍与对策为主线分别对不同时期的矿业用地盘活进行了研究，其间贯穿对相应具体盘活行为的法律性质分析，以便明晰其法律调整范畴。盘活模式的考察不仅停留于对特定时期适用于任何矿地的一般性模式进行论述，而在结合矿地类型的盘活特征基础上，在一般盘活模式的框架之内，对特定类型矿地于特定生命周期中的具体盘活路径展开探讨。最后，为从制度层面保障、促进矿业用地盘活，将在规范内容、体系与具体条文三个层次提出法律、政策的完善及修订建议（图 1-2）。

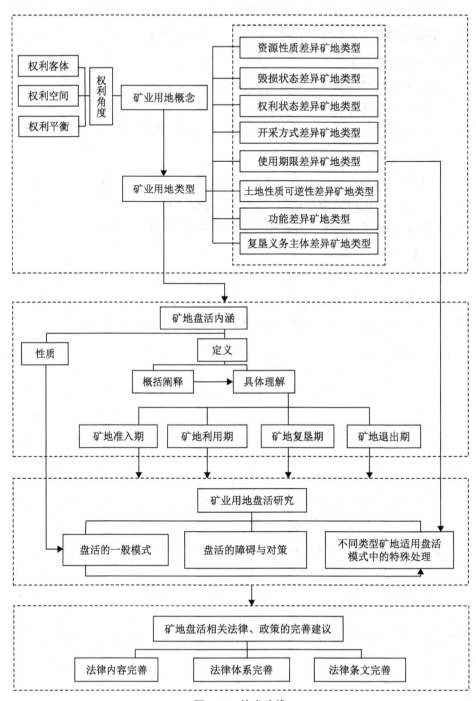

图1-2　技术路线

2 基础理论及启示

　　支撑本书研究的理论主要包括法律行为理论与权利理论，这两者之间具有必然的因果联系，经由法律行为而取得或创设权利，权利理论又以权利界定、权利冲突与权利配置为三个主要分支理论，彼此均有着密切的交互关系（图2-1）。

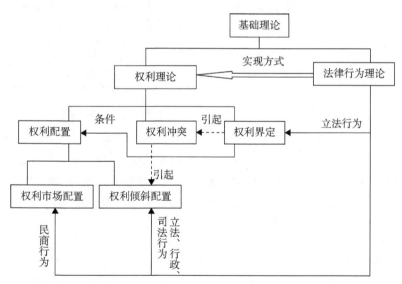

图2-1　理论体系

2.1 权利理论

在法学理论中，权利（right）是与义务相对应的法学基本研究范畴之一，指法律赋予人（自然人或法人）实现其利益的一种力量，或者是采取行动或被以某种特殊的方式加以对待的资格。"权利"在经济学中相对应的概念为"产权"（property），产权制度是新制度经济学的重要组成部分，英国著名经济学家罗纳德·哈里·科斯（Ronald H. Coase）将产权定义为"个人对其拥有的劳动物品和服务占有的权利，而占有是法律规则、组织形式、实施行为及规范的函数"。权利具有排他性、有限性以及交易性三项重要特征（表2-1），并且通过权利的界定、权利的配置以及权利冲突的化解，对权利指向的标的（如资源等）利用效率产生积极或消极的作用，具体分析如下。

表 2-1　权利的特征

特征	释义
排他性	特定主体对标的占有、使用、收益及处分是权利的必要成立条件
	排他性在排他成本低于"或有"收益时被实践
有限性	特定时刻所含利益数量与质量（权能空间）无弹性调整空间
交易性	权利可在不同主体间让渡，交易内容、时限等呈现差异化

权利与另一个概念"权力"（power）关系密切，权力的享有者是政府与政府公职人员，其来源于社会公民部分权利的集体让渡，同时为权利提供保障与救济，当然也存在损害权利的可能，如通过权力倾斜性配置权利时（下文述及）。通常来说，权利属性为"私"，权力属性为"公"，相应地，权利享有者可以抛弃流转权利，而因权力牵涉公众利益，权力拥有者不可抛弃流转权力，权力本身就是一种职责与使命。

2.1.1 权利的界定

1. 理论概述

权利具有清晰的边界是实现权利指向的资源效益的先决条件，权利拥有者只有在知晓权利界限时，才能相应地积极行为，通过排他性的利用以及市场交易行为实现相应资源的使用价值与交换价值，同时不逾越权利边界而干扰其他资源的运行效率。

权利界定是解决内部与外部不经济的有效制度安排，福利经济学的创始人庇古（Arthur Cecil Pigou）在其名著《福利经济学》（1952）一书中论及了"内部不经济"与"外部不经济"，前者指内部资源的效益低下，后者指一种经济行为给外部资源带来不利影响。内部不经济形成的原因之一是权利主体虽已取得特定资源的权利，但权利的权能范围不清，权利行使存在不确定性，以致权利指向的资源价值难以最大化；外部不经济根源于外部公共资源的权利主体不明、界限不清，基于权、责、义的一致性，外部公共资源的效益无明确的维护与实践主体，难以追究索赔是外部不经济的突出特征，外部不经济很难归责到具体的某一主体，导致受到损失的一方无法向造成损失的一方追索，严重影响了公共资源的效益。

通过明晰已有权利的边界可以改善相应原因引起的内部不经济问题，权能清晰的产权会促使资源的高效利用，对于解决外部不经济，以庇古为代表的学者主张采取政府干预，而以科斯为代表的学者主张通过产权界定解决外部不经济，其认为"在交易费用等于零或者很小的前提下，如果产权是明晰的，只要通过市场交易，则无须政府的直接干预，就可以解决外部不经济问题"，本质上两种立场是在行政行为与市场行为之间的抉择，本书以为，属于市场调整范围的外部资源，应通过产权界定的方式实现资源效益，市场调整无效或失灵的外部资源，以政府调控解决为宜。

2. 对本书的启示

其一，土地使用权形态多样，在对权利形态差异的矿地类型进行研究时，探讨了矿地使用权的利益数量、权能范围以及发展趋势；在矿地准入期探讨矿地使用权的初始优化配置时，首先分析不同使用权（通常为主权利）的权能特征并作定性归类，同时对尚未引入矿业领域的从权利或类似从权利，如地役权、相邻关系等，进行了阐释，为权利配置奠定基础。

其二，土地、生态环境的公共产品属性决定了其权利的公共性，易形成外部不经济，在分析利用期矿地盘活障碍时，尝试通过设定"矿业干扰环境的权利与治理矿业开采所致环境损害的义务"的方式解决矿业开采引发的外部不经济；而分析退出期矿地盘活模式时，提出对环保成果赋权并以生态补偿机制实现权利价值，以此将外部经济内部化。

2.1.2 权利的配置

1. 理论概述

在《社会成本问题》（1960）一书中，科斯从"市场交易费用为零且产权明确界定时，产权配置与资源效率无关"为逻辑起点，推演得到结论"现实中的交易费用通常为正值（价格机制运作、制度结构变迁等均需要成本），产权的配置必然影响资源配置效率，不同产权安排会带来不同的资源配置效率"。与之相应，现代市场经济通常被理解为以权利配置为前提的法治经济，而权利配置制度的供给则是优化市场资源的必要条件，合法权利的初始配置对资源运行效率产生影响，权利的调整只有在有利于效益提升且调整引起的效益增长大于调整所支出的成本时才会发生。效率、效益作为权利配置的指挥棒，在不同历史时期的含义不同，计划经济时期重社会效益轻个人效益，而在当下的市场经济中，资源以契约的形式整合，权利配置所指向的效率、效益是在肯定个体利益的基础上的社会整体利益。

权利配置与权利界定的区别在于后者须由法律予以确认，形成"法权"，而权利配置通常是在市场机制作用下自发完成，只有在涉及弱势群体保护、公共利益优先等特殊情况下，有权机关介入、干预而形成权利倾斜性配置，但权利倾斜性配置只有在充分考虑交易的利益关联度、对特定行业的影响、权利剥夺方的回应行为以及自身干预能力等综合因素时，才能启动。权利倾斜性配置出于保护多数人或重要的利益需求，而如果运行不合理，也存在正当权利被政府或国家权力侵害的可能，正如孟德斯鸠（Montesquieu）所说："一切有权力的人都容易滥用权力，这是万古不易的一条经验。"故权利倾斜性配置应受到制约与监督。

2. 对本书的启示

本书从土地使用权利的视角研究矿地盘活，在矿业用地全生命周期的不同阶段，盘活的本质是使用权的配置问题，准入期的地权初始优化配置（土地与适格矿业主体结合）、利用期的地权二次优化配置（矿地与生产经营能力更强的矿业主体结合），复垦期为土地使用权第三次优化配置奠定基础（矿地与复垦技术水平更高的专业机构结合），退出期的地权三次优化配置（土地与其他更适宜利用复垦后土地用途的主体结合）。

盘活模式的研究是对土地使用权优化配置的各种方式进行深入讨论，其中既包括土地权利各种流转交易的权利市场配置形态，也包括土地准入矿业资格判定、政府回收土地、行政干预下的矿企重组以及划拨矿地让渡的政府审批等权利倾斜性配置，以及公众参与、责任追查等制衡权利倾斜性配置的机制；类型差异矿地的盘活路径分析着重于解决权利配置方式与特定类型矿地结合中出现的具体问题；探讨盘活障碍与对策，以便实现权利配置方式的可行性、可操作性。

2.1.3 权利冲突及其化解

1. 理论概述

著名法理学家博登海默（Edgar Bodenheimer）曾说："法律的主要功能之一是调整和调和各种彼此矛盾的利益，法律规范构成了立法者为解决前述利益冲突而制定的原则和原理。"当下的法学界普遍将权利冲突定义为合法性、正当性权利之间所发生的冲突，并认为其主要特点包括：在不同主体间产生，"正"与"正"的冲突，权利行为之间的冲突。权利冲突产生根源为何，形成了以下主要观点：其一，利益矛盾说，认为权利冲突的根源在于不同权利主体之间的利益冲突；其二，动静态区别说，认为现实生活中的权利冲突实际上是法律逻辑上的权利冲突的实践阶段；其三，权利边界模糊说，认为权利冲突产生的根源在于权利边界的模糊性、交叉性。而后两者可统一归为立法不完善，故利益冲突与立法不完善是权利冲突的主要来源，两者之间并非非此即彼，可能重叠或交叉（图2-2）。

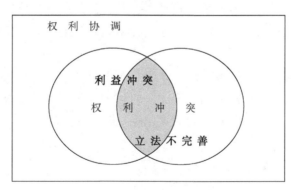

图 2-2 权利冲突的来源

权利冲突的破解，主流的观点为以利益衡量法对权利进行价值判断与取舍，利益衡量在立法、司法与行政裁决三个阶段进行，运用利益平衡的理念通过权利位阶的划定、权利界限的廓清以及行权规则设计等方式完善立法，但立法相对于社会现实的滞后性以及立法者并非绝对理性的客观现实决定了无法仅仅通过完善立法的方式破解权利冲突，而司法过程恰好用以弥补立法之不足，这也是法官自由裁量权之必要。与此同时，由于我国行政主导的社会现实，行政机关裁决亦是权利冲突破解的路径，相对立法、司法更为快捷、高效。立法机关、司法机关与行政机关对权利冲突的平衡是权利倾斜性配置的一部分。

2. 对本书的启示

矿地盘活需要政府（中央政府、地方政府）、矿企及当地居民（以农民为主）等主体共同参与完成，中央政府的土地所有者权利、地方政府的土地出让收益权与税收权、矿企的生产经营与资产使用权利以及居民（农民）的经济补偿与环境保护的权利等交织于矿地盘活的复杂法律行为系统之中，不可避免地会产生权利冲突。权利冲突无法化解或平衡，盘活则受阻，甚至不可能实现。上述权利是各自主体利益的体现，同时受到土地管理法律、物权法律、行政法律以及环保法律等规范的交叉调整与规制。以下问题的研究中，主要受到了权利冲突理论的启示：

其一，分析矿业用地概念时，从矿业权与其他公共权利的平衡中，理解矿地的产生与利用，在矿地含义中体现其价值特征。

其二，分析准入期矿地的盘活模式时，通过利益衡量法分析矿业权与其他可能的用地权利之间的冲突，并得出土地准予进入矿业的判定模式。

其三，考察复垦期的盘活模式时，引入了公共参与复垦决策的模式，使与复垦事项相关的各方主体通过程序安排协调各自权益，避免权利冲突的爆发。

其四，研究退出期矿地盘活的障碍与对策时，针对土地权利主体、合法占有主体以及土地所有权主体（国家）对矿地退出产生的分歧，运用利益衡量法的思路厘清权利（益）之间的优先性，提出可行解决方案。

2.2 法律行为理论

2.2.1 理论概述

法律行为是权利的抵达方式，权利的界定、配置以及冲突化解都依托于法律行为而完成，因此法律行为理论与权利理论共同奠定了本书的研究基础。

追根溯源，法律行为最初为民法学上的概念，最早由德国法学家萨维尼（Friedrich Carl von Savigny）在《当代罗马法体系》（1840—1849）一书中提出，并将其等同于"意思表示"，认为人的内心意思直接使法律关系产生、变更或解除，意思的"表示"仅是意思的附随，并不重要，在意思与表示不一致时，只有尊重行为人的意思，才是保障行为人的自由。随着社会思潮从对个人主义的绝对拥护转向对社会连带性的认可，法律行为的定义摆脱了纯粹的"意思主义"，恩那彻鲁斯（Enneccerus）主张法律行为中的意思必须通过表示行为向外界进行表露，意思与表示同属于法律行为必不可少的构成要件，意思优先于表示，但在损害相对人或者第三人基于对行为人的信赖而产生的利益的情况下例外。此后，法学理论逐渐系统化，在尊重个人主观意志的同时，也更加强调法律秩序的客观性，法律行为意欲形成的法律关系须为法律秩序范围内的权利与义务。

当下，法律行为已经成为各个部门法进行相应行为理论分析的普适性概念与工具，是统摄各个领域的一般行为理论。法律经由法律行为而实现对社会关系的调整，《中国大百科全书》（2009）对法律行为的定义是"能发生法律上的效力的人们的意志行为，即根据当事人的个人意愿形成的一种有意识活动"，其中体现了意识、行为与法律三要素，契合最新的法理研究成果。矿地盘活研究主要涉及民商事法律行为与行政法律行为，这两类行为正是国家权力与个人权利在经济活动中的具体呈现：民商事法律行为处于民商事私法领域，民商法多以任意性规范调节人与人之间的法律关系，而法律行为的存在恰好促进了意思自治原则的发展，通常由个人行为产生，只要依个人真实意思表示产生的行为不违背法律的禁止性规定，就具备相关法律效力，行为主体就要对其意思表示负责；行政法律行为处于行政公法领域，包括行政补贴、行政处罚、行政指导、行政许可及行政确认等，行政法多通过指令性规范调整行政主体与行政相对人之间的法律关系，法律行为是依法行政原则的贯彻，对行政主体而言产生公定力，而对于行政相对方，则意味着除非在法定期限内行使法律赋予的撤销行政行为的请求权，否则须受到行政行为的强制约束，行政行为的撤销请求权是行政相对人就不当行政行为的法定救济途径。

2.2.2 对本书研究的启示

其一，从法律层面界定矿业用地盘活的性质为法律行为系统，是本书研究的逻辑起点，同时民事法律行为与行政法律行为在有机结合的过程中也会产生相互作用，这也成为盘活性质的主要特点。

其二，从制度层面研究矿业用地的盘活模式，就是在探讨矿业用地盘活的法律行为，这是本书着墨最重的组成部分，每个盘活模式均是多个法律行为的集合系统，若干相互关联的民商事法律行为、行政法律行为等连接在一起，构成特定的矿地盘活模式，其中主要涵盖政府对矿业用地利用与再利用的治理、管制行为，以及矿企、社会资本等基于市场风险、利润而展开的交易行为。

其三，针对利用期矿地盘活的模式之一的绿色矿山建设，从政府调控的行政法律行为与市场调整的民商事法律行为两方面探讨了绿色矿山建设的外部影响因素及其作用方式。

其四，针对利用期矿地盘活的模式之一的矿企重组，探讨了行政行为超出合法限度干预市场运行的不利现实，并从行政法律行为与民商事法律行为范围的合理分配角度，提出了建设性的改善调整措施。

其五，从规制民商事行为的民商事法律与规制行政行为的行政法律两个方面，对矿业用地盘活相关的法律提出了完善与优化的建议，同时从法律行为的构成要素（主体、客体及内容等）视角对相关规范进行归类分析，为矿地盘活模式的落地奠定制度基础。

矿业用地盘活的内涵研究

对矿业用地盘活内涵的深入、正确理解是盘活制度与政策研究的逻辑起点，本章从矿业用地的概念与类型入手，转入对矿地盘活的目的及不同生命周期中盘活含义的侧重方向进行剖析，为下一步进行各阶段的矿地盘活研究奠定基础。

3.1 矿业用地的概念与类型

3.1.1 矿地概念分析

3.1.1.1 法与政策中的矿地概念

矿产资源埋藏于地下或浅层地表，资源勘探、开采形成了矿业用地。法与政策中将直接用于矿业活动的土地纳入了矿业用地的范畴，未提及间接利用、配套利用的土地，现行规范未对矿地的含义、范围等作出明确阐释，但仍可通过梳理相关、相近概念在法与政策中的表述，借助文义解释（从字面的通常理解出发）、体系解释（结合不同规范中的规定，进行逻辑推演）、比较解释（对照不同规范的立法意图）、客观目的解释以及立法（主观）意图解释等法律解释方法分析矿业用地的法律概念（表3-1），同时可知规范框架下的矿地涵盖采矿用地与探矿用地，隶属于建设用地中的工矿用地，是矿区的重要构成要素之一（图3-1）。

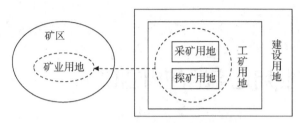

图 3-1 规范文件中的矿地概念关系

表 3-1 矿业用地相关概念解释

名称	含义	依据	法律解释	解释方法
建设用地	建造建筑物、构筑物的土地，工矿用地被包含	《土地管理法》第4条第3款	矿业用地不完全符合建设用地定义，两者交叉但无法包容（图3-2），规范矿业用地是使其"利用特征"被赋予法律意义，便于实践应用，但现行法未体现此目的，相反归类于建设用地，虚弱了矿业用地应用特性	文义解释/客观目的解释
工矿用地	属于建设用地范畴	《土地管理法》第4条第3款	工矿用地的概念涵盖矿业用地与工业用地	文义解释
采矿用地	二级类用地，隶属工矿仓储用地，含采矿、采石、采砂场，盐田，砖瓦窑等；开矿应节约用地；重要地区限制采矿、重要矿床不压覆	《土地利用现状分类》/《矿产资源法》第32条、第20条、第33条	从逻辑上来看，矿业权人在取得矿业权同时，也应当获得相应的地表及地下使用权，矿业用地对应于矿业权，《矿业权出让转让管理暂行规定》（国土资发〔2000〕309号）第3条规定："探矿权、采矿权为财产权，统称为矿业权，适用不动产法律法规的调整原则。"因此与矿业权相对应的矿业用地包括采矿用地与探矿用地。探矿用地之所以未出现于土地利用现状分类中，主要是由于探矿活动一般周期较短，探矿用地以临时用地的方式使用，无法成为独立土地利用类型	体系解释
探矿用地	地质勘查可采临时用地方式，完成相应审批手续后，据土地权属，与有关政府部门或农村集体签订用地协议	《土地管理法》第57条第1款		

续表

名称	含义	依据	法律解释	解释方法
矿区	矿业申请人提出可供开采矿产资源范围及拟设开采工程分布范围的立体空间区域，登记管理机关依法审批，立体空间呈现的系统性特征，是立法的本意	《矿产资源法》/《国土资源部关于进一步完善采矿权登记管理有关问题的通知》（国土资发〔2011〕14号）	矿区具有社会属性，是集经济功能、社会功能与生态功能于一体的复杂、多层次的系统；矿业用地是矿区的重要组成部分，与其他资源要素并列，主要承担矿区的经济功能；矿业用地属于土地管理的范畴，矿区则划定了矿产资源管理的边界	立法目的解释/比较解释

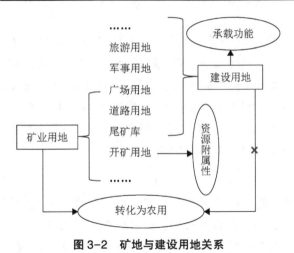

图 3-2　矿地与建设用地关系

3.1.1.2　学术研究中的矿地概念

1. 主流的定义方式

虽然各种表述方式不尽相同，但学界（以土地学学者为主）对矿业用地的概念界定多是从矿地功能角度出发，通过概括的功能描述、功能细分的土地类型列举以及地域辐射范围的限定等方式相互结合完成。

其一，以概括的功能描述与地域辐射范围的限定共同定义的概念如："矿业用地被界定为主要功能或重要功能为开采矿产及其初加工产品的区域。它不仅是指矿井井田边界范围内的区域，而且包括井田边界范围以外直接和矿区发生联系的区域（曹燮明，《采矿手册》，1988）。"又如"矿业用地可界定为与矿业权行使有关的探矿、采矿地表用地（肖攀，张蜀榆，2011；孙英辉，2013）"，探矿采矿为其功能概括，地表（不含地下、地上）为其辐射范围。

其二，以概括的功能描述、功能细分的土地类型列举共同定义的概念如："矿业用地是因开发、利用矿产资源而使用的土地，应包括勘查（探矿）用地、采矿用地及选（洗）矿场、尾矿（砂）库、废（矸）石压占用地等。"

其三，以功能细分的土地类型列举方式单独进行定义的，如"矿业用地包括勘探、掘井、修筑建筑、公路、铁路、码头、架设电缆、运输管道、清除地面障碍等（肖国兴，《自然资源法》，1999）"。

上述定义的核心特征可归纳为：

①概括功能描述主要包括勘探、生产（开发、开采）与利用（加工矿产品）。

②功能细分的土地类型以矿业生产为中心，向产业链下游（如选矿场）纵向延伸，向生产经营的配套工程用地横向延伸（如道路、管道等），相较法律、政策等规范文件中的矿业用地范围，更加广泛、深入与具体。

③辐射范围通常设定为地表，鲜有将地下与地上直接包含其中的界定，至多是以"矿区之内土地"的方式，隐含表达立体空间的理念，因"土地"在现代法学概念理论中作为立体空间而被定义。

2. 其他定义方式

除功能角度之外，法学学者亦从法定获地程序、土地使用权利来源的角度对矿地概念作出界定，如为勘探、开发矿产资源之必须，由矿业权权利人依法向相应的土地管理机关申请并最终经批准，且由矿业权人与土地所有权人（农民集体）或使用权人（农村承包户、国有土地使用权人）签署使用权永久或临时让渡的合同，该合同指向的标的土地为矿业用地。

从土地的物理性质角度，也可将矿业用地表述为蕴含有一定矿物资源的土地。根据资源的不同，又具体为煤炭用地、金属矿用地及石油、天然气用地，等等（王金洲，2006；王芳，2011）。

3.1.1.3 本书对矿地概念的界定

1. 对现有定义的评述

首先，现行法律将矿业用地隶属于建设用地，但并非任何功能的矿地都符合建设用地的定义，应将与建设用地概念不相符的这部分矿地（如开采矿产资源直接利用的土地）从建设用地范畴脱离，以便进行与其特性相符的法律规制。

其次，综合法律与学术研究中的界定，按照通常的用地时序，矿业用地的概括性功能依次为探矿用地、采矿用地、矿产品加工用地。而矿产品加工用地通常以厂房的形式存在，在土地的使用性能上，与职工宿舍、办公场所等无差别，均为土地承载功能的实现，属于典型的建设用地，故在对土地功能细分时，可归为一类。

再次，矿地的辐射范围仍未明确拓展至三维空间，相对于土地空间概念的立法与实践应用趋势，学界的现有研究较为保守，特别是在矿业生产经营活动中，无论是地下勘探采掘作业，抑或配套的管道、电缆铺设等，均已进入了地下与地上空间的一部分，但在矿地内涵中却未予充分体现。

最后，矿业用地取得程序及土地使用权的正当性是矿业用地管理的内容之一，也即矿地相关的规则制度，不宜纳入矿业用地概念的界定，同时，物理性质的描述是矿地功能性界定的应有之义，因蕴藏矿产资源，才会产生矿业勘探、开发、利用的功能性需求，无须在概念界定中重复阐释。

2. 对现有定义的深化与完善

本书的研究目标是盘活矿业用地，盘活的过程从技术层面上，是矿地功能的转换，从制度层面，是土地使用权利的优化配置。因此，对矿地概念的界定以矿地功能与使用权利为核心内容。

（1）矿地功能角度

为了尽可能多地盘活存量废弃矿地，矿业用地的概念应包含全部因矿业利用而毁损废弃的土地，以免相关毁损土地因不属于矿地而无法应用矿地盘活的制度与政策。因此，土地之于矿业活动的功能范围须结合矿业业态的特征全面确定。

矿地功能取决于矿业行业对土地的需求，《国民经济行业分类》（GB/T4754-2011，以下简称"行业分类"）对全社会经济活动进行了分类，其中B类为采矿业并将采矿业定义为三部分"对固体、液体或气体等自然产生的矿物的采掘，包括地下或地上采掘、矿井的运行；在矿址或矿址附近从事的旨在加工原材料的所有辅助性工作，例如碾磨、选矿和处理；使原料得以销售所需的准备工作"。采矿用地为采矿业所用，采矿业全部生产经营活动所直接或间接涉及的土地都应被认为是采矿用地，采矿业概念的内涵决定了采矿用地的外延，采矿用地与采矿业的定义相对应，可具体解释为矿物采掘直接利用的土地（开发工区用地及附属工程用地）、因从事矿物加工为目的的辅助工作而占用的土地（厂房设施用地）、为矿物销售做准备而占用的土地。除此以外，还有两部分间接服务于采矿活动的土地也应纳入矿业用地，一是为矿业活动服务的职工住宿、行政办公用地，与厂房设施及销售准备区域合称为广场用地；二是出于维护矿区生态环境的功能所需，直接从事矿业生产活动的地块通常与当地居民生产生活的区域保持合理的空间距离，这部分间隔区域的状态由矿业活动所致，亦属于矿业用地，可称之为矿区恢复用地（表3-2）。

　　另外，矿业活动主要分为矿产资源勘探和矿产资源开采两个阶段，探矿是采矿的前提与准备工作，虽未形成独立的产业业态，但其对于采矿业不可或缺，探矿用地也是矿业用地的一部分，其用地地块除为矿物勘探直接利用的土地（进入采矿阶段后，通常转化为开采作业用地）外，其余功能性用地已涵盖于采矿用地的功能分类之中，故不再赘言。

表3-2　功能性矿业用地释义

功能性矿地	涵盖范围
广场用地	用于选矿、冶炼等的厂房设施用地及销售准备等辅助用地
	生活设施用地（矿工生活聚集地）及行政办公用地
开发工区用地	直接从事勘探或开采的工作区域用地
	尾矿库及排土区域用地
附属工程用地	通风口用地
	排水用地
	道路与管线铺设用地
矿区恢复用地	矿业活动区与居民生活区之间土地

　　（2）土地使用权利角度

　　矿地盘活的本质是矿业用地使用权利重新配置与优化的过程，作为权利指向对象或客体的矿业用地的界定须与附着其上或与之相关的权利形式、内容相契合，以确保权利的可实现：

　　其一，矿业用地使用权的客体产生具有法律意义的矿业用地。著名法学家崔建远先生认为"矿业权中包含地下使用权，要合法地实现矿业权，必须另外取得以地表为客体的土地使用权"。其观点将地下使用权作为矿业权的一部分，而将土地使用权等同于地表使用权。而法律规范中将矿业权的客体限定于"矿产资源与矿产品"（《矿产资源法实施细则》第6条），也就意味着蕴藏矿产资源的土地，无论地下、地表或地上，均非矿业权的客体，对其的使用权能并非来源于矿业权；同时又因矿业权的行使（开采、勘探活动的进行）必须利用矿产资源所附之地下、地表或地上的空间，故地下、地表或地上只有都归属于矿地使用权（矿业权人为行使矿业权而须另行取得）的客体，矿业权人对其的使用方能获得正当性依据。

其二，矿业用地为包含地下一部分、地表与地上一部分的立体空间。我国台湾地区将矿业用地界定为矿业实际使用的地面，俄罗斯则将提供给地下资源使用者开采矿床用的部分土地称为矿区用地；前者过于狭窄，无法对地面以下及以上空间的使用权能进行确认，后者过于宽泛，以"土地"解释"土地"。从发达国家的土地立法经验而论，土地使用权利设置于地表、地上和地下空间已经开始被接受并应用，我国法学界对土地的认识也已从二维利用向三维利用过渡，如 1997 年颁布《城市地下空间开发利用管理规定》提出将地下空间规划纳入城市总体规划。《物权法》也规定"建设用地使用权可以在土地的地表、地上或者地下分别设立"。与此同时，矿业活动的实践也涉及了地上、地下及地表各部分。矿业用地的地表主要用于工业广场建设、露天矿开采等，地下部分空间的使用权主要满足井工开采、地下管线铺设等，而地上部分空间的使用权涉及矿产资源开发利用中的架线、通路、排气等辅助工程行为。矿业权人根据不同地块对矿业生产活动的功能差异，可同时取得地表、地上与地下空间的使用权或者取得其中任一部分的使用权。

其三，矿业权与公共权利的权衡决定矿业用地的产生与存续。矿业用地是法定的建设用地，其特殊性体现在用地范围与期限受制于矿产资源赋存状况，且对其的利用将对当地环境及居民的生产生活产生深刻影响，故是否及如何用地取决于矿产资源开采权利的价值与其他公共权利（益）的价值权衡，如环境保护、国家安全及民众的生存保障权利等，在矿业权实现价值相较更重要的情况下，其指向的赋存资源的土地才会成为矿业用地并予以矿业利用，也就是说赋存资源与矿业权价值优先相结合构成矿业用地形成的必要且充分条件。与此同时，在矿业利用的过程中亦须持续平衡相关的公共权利价值，尽可能减少或避免权利之间的冲突，在特定条件下，权利价值比较的天平也可能向另一方向反转，导致土地矿用的终结，公众参与机制、公益诉讼等权利主张的路径是矿地利用阶段进行权利价值权衡的主要方式。因此，矿业用地的产生与存续实质上是相互影响甚至冲突的权利之间动态平衡与阶段性取舍选择的结果。

其四，分别作为物权客体与债权客体的矿地在功能实现上存在差异，形成二元权利属性的矿业用地。物权的权利行使具有排他性，权利期限长久稳定，但权利取得成本较高；债权的行使受到物权人的监督，权利期较短，而债权的取得成本较低。对于矿业活动的功能作用时间长且（或）功能用尽后较难恢复原状的部分土地适宜于成为物权性使用权的客体，如井工开采挖损严重的井场、建筑设施等；反之，探矿用地、露天挖掘及排土场地等功能期短且易恢复农用的土地与债权性使用权客体相契合。功能差异的矿地匹配相宜的权利属性，方能实现矿业用地效率最大化，也使矿业用地具备物权使用权客体与债权使用权客体的二元性。

3. 矿地概念的重新界定

为了确保内涵的清晰与明确，概念在形式上宜采用稳妥的"含义+列举（+兜底条款）"的模式，兜底条款为内涵的扩展提供一定开放的空间，这也是法律规范中对概念定义的常见形式，较为科学；内容上，在明确矿地功能范围、特性的基础上，从所附使用权利的价值、性质及范围角度阐释法律意义上的矿业用地，力图实现功能与权利同时周延的概念内涵。故结合上文分析，将矿地内涵界定如下：

为了矿业权（矿产资源勘探或开发价值）的实现，因勘探、开发、利用矿产资源而直接或间接使用，以及性能、状态受矿业活动影响的地下部分空间、地表及地上部分空间，无论其以债权或物权方式被加以使用，均为矿业用地。具体包括：广场用地；开发工区用地；附属工程用地；矿区恢复用地；其他由法律法规认定的矿业用地（图3-3）。

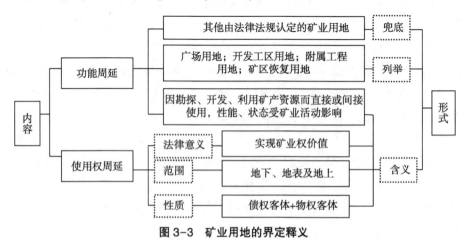

图 3-3 矿业用地的界定释义

另外，在对矿业用地的概念分析中，为了确保概念界定的完整性，将探矿用地纳入其中，但由于探矿用地尚未进行开发，因此不属于盘活矿地的范围，下文的盘活研究，也不涉及此类矿业用地。

3.1.2 矿地类型分析

3.1.2.1 矿地的类型划分及特征

1. 开采方式差异的矿地类型

根据矿产资源的赋存条件，尤其是不同矿种的特性，矿产资源的开采主要包括露天开采、井工开采两种方式，与之相应的用地分为露天矿地与井工矿地。

（1）露天矿地

露天矿是对地表及浅层的土地进行利用，经济性和安全性相对较高，美、印、德、澳、俄等露天矿产量的比例一般在60%到80%之间，而我国露天矿不到4%，（国家发改委能源研究所，2000）。矿地主要包括的部分为：露天挖掘场、（外）排土场、尾矿库、生活区、办公区、厂房、道路、排水设施及管线铺设用地。露天矿直接占用土地面积较多，分布广，但用地周期相对较短，一般在4-6年，采掘场（除挖损严重形成的采坑外）、（外）排土场、尾矿库通常可以及时复耕，甚至在露天矿的挖掘、排土过程中，可以按照人为意图，改造原状地貌，形成更有利的农业生产条件，提升耕地质量、数量。矿业密集区域大多有针对于此的规范文件，如《山西省露天煤矿管理标准》《广东省露天矿场安全生产管理规定》。

（2）井工矿地

井工矿作为我国主要的矿业开采形式，是对地表及以下的土地进行利用，矿地主要包括的部分为：井场用地、尾矿库、生活区、办公区、厂房、道路、通风口、排水设施及管线铺设用地。单宗井工矿直接用地面积相对较少（不包括因开采活动致塌陷的土地），总体布局分散，土地利用周期长，一般在50-60年，甚至更长。井场用地、尾矿库一般可恢复农用。井工矿地是矿难高发区域，矿业密集省份亦多有针对于此的规范，如《贵州省井工矿山矿井井内生产安全事故死亡人员经济赔偿规定》等。

2. 功能差异的矿地类型

表 3-3　功能差异的矿地细分

功能	矿地范围
广场	厂房
	生活区、办公区
工区	露天挖掘场、井工井场
	尾矿库区域用地
	露天（外）排土场
附属工程建设	通风口用地（井工矿）
	排水设施用地
	道路与管线铺设用地

　　以在矿业活动中的功能、作用为标准，矿业用地的各区域可分为广场用地、工区用地以及附属工程建设用地三部分。广场用地等同于一般的工业用地，土地之上为厂房、工人宿舍、办公场所等建筑物；工区用地是直接用于矿业开发的土地，土地性状会因开采活动而发生改变，复垦是其再利用的必经程序；附属工程建设用地为配合、便利生产而建，其中通风口、排水及管线铺设所占土地具有空间面积有限、可拆除复原的特点，道路则兼顾矿业利用与城市基础设施的双重功能。此处，在矿地内涵部分的功能分析基础上，依据开采方式的差异进行细化（表 3-3），便于下文有针对性的盘活模式研究。

3. 毁损状态差异的矿地类型

　　毁损矿地是指矿业生产建设活动导致土地既有的功效部分或完全、永久或暂时丧失的土地，《土地管理法》第 43 条规定将土地破坏的情形分为挖损、塌陷、压占。目前，我国因矿业开发而占用、毁损的土地情况十分严重，且由矿业区域向周边非矿业区域渗透的趋势明显（图 3-4），其中又以压占毁损形态为多数（图 3-5）。

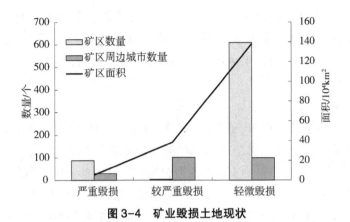

图 3-4 矿业毁损土地现状

注：数据来源于《2011 年中国矿产资源报告》。

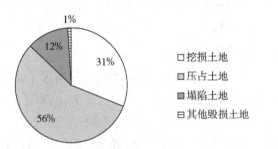

图 3-5 全国不同毁损状态矿业占地面积比例

注：数据来源于《2007 年中国地质环境公报》。

（1）挖损矿地

《土地复垦条例》第 10 条将挖损土地表述为"露天采矿、烧制砖瓦、挖沙取土等地表挖掘所损毁的土地"，就矿地而言，主要指露天挖掘致损形成的"采坑"，其原地表形态、土壤结构、地表生物等因生产建设直接被摧毁，可尝试通过剥离、回填土等方式复垦，但挖损程度较深的矿坑很难通过复垦恢复农业利用，可做生态用地。

（2）压占矿地

《土地复垦条例》第 10 条将压占土地表述为"堆放采矿剥离物、废石、矿渣、粉煤灰等固体废弃物压占的土地"。矿业活动中的压占矿地，一般包括露天（外）排土场、尾矿库及生活区、厂房。排土场是露天采矿中剥离地表的土层堆积点，虽易导致粉尘污染、绿色植物减少，但不利影响相对较小，通常在实施整形覆土、植被重建等复垦措施后能够恢复农用；尾矿库由矿业生产中产生的煤矸石、废岩土等堆砌，多地处山谷，取运土不便，复垦农用较排土场困难，通常采用覆土种植的方式，如因废物堆砌导致土壤理化污染严重，则土地不宜农用；生活区、厂房复垦为农用的成本高、难度大，通常保持建设用地用途。

（3）塌陷矿地

《土地复垦条例》第 10 条将塌陷土地表述为"地下采矿等造成地表塌陷的土地"。据《关于第二次全国土地调查主要数据成果的公报》（2013 年 12 月）显示，全国耕地总量为 13538.5 万公顷，但其中的一定数量是"伪耕地"（伪耕地指因矿业开采致地表土层破坏、形成塌陷，同时因超额采用地下水，已严重制约常规耕种的所谓耕地）。井工开采常会波及周边土地（甚至矿企不享有使用权的土地），致其地表下沉或裂缝，破损状态的呈现具有滞后性。其中，井工煤矿开采的塌陷范围相对较大；而井工金属矿开采在保留防护矿柱的情况下，塌陷范围相对较小，对地表的损坏也不是太大。

4. 使用期限差异的矿地类型

此处的使用期是指土地用于矿业活动的实际期限，而非法定期限。如上文所述，露天矿的开采时限为 4-6 年，井工矿的开采时限一般在 50-60 年，甚至更长，进一步分析两类矿的不同功能地块：工业用地（厂房、宿舍）的矿用期限依据矿业开采的年限而定，故露天矿的工业用地是短期用地，井工矿的工业用地是长期用地；工区用地，露天矿的挖掘场、外排土场依据矿业开采的年限而定，为短期用地，而井工矿的井场用地，打井后无资源的用地为短期用地，打井后有资源的可采用地依可采年限而定，为长期用地；尾矿库用地则有自身规律，达到一定的容量限度即须闭库，按照《选矿厂尾矿设施设计规范》（〔90〕建标字第 695 号）中规定，尾矿库每一周期的使用年限，小规模选矿厂通常大于等于 5 年，大中规模选矿厂则可以大于等于 10 年，故尾矿库服务于井工矿时多为中期用地，服务于露天矿时一般为短期用地；配套工程用地中，道路用地据开采年限而定，井工矿的道路为长期用地，露天矿的道路为短期用地，通风口、排水及管线铺设用地则根据开采过程中的实际需要，用地或停止用地具有暂时性（表 3-4）。

表 3-4　不同实际使用期限的矿地划分

使用期限	矿地范围
长期 （大于 15 年）	井工矿中的工业用地（厂房、宿舍）
	井工矿的井场（有资源，可采）
	井工矿中的道路
中期 （大于 5 年，小于或等于 15 年）	井工矿的尾矿库
短期 （小于或等于 5 年）	露天矿的挖掘场
	露天矿的外排土场及尾矿库
	露天矿中的工业用地（厂房、宿舍）
	露天矿中的道路
	井工矿的井场（无资源，不可采）
暂时	通风口用地（井工矿）
	排水用地
	管线铺设用地

5. 土地性质可逆性差异的矿地类型

矿业用地属于建设用地，矿业活动结束后是否可由建设用地恢复为农业用地，实现土地性质的转变因矿地的功能、毁损程度而不同。广场用地属于通常意义上的建设用地，基于建设用地难以变更为农业用地的一般规律，其在矿业利用结束后，将保持建设用地性质；工作用地、工程配套用地通常可以经复垦恢复农用，但亦可能因破损污染程度严重，而无法用于农业，如露天矿挖掘形成的较深的采矿坑、被废弃物严重污染的尾矿库以及井工开采波及的严重受损塌陷地（表 3-5）。

表 3-5　可逆性差异的矿地划分

性质可逆性	矿地范围
土地性质可变 （转农用）	露天矿的挖掘场、外排土场
	井工矿的井场
	尾矿库（通常）
	井工矿的通风口用地
	排水、管线用地
	井工开采波及的塌陷地（通常）

性质可逆性	矿地范围
土地性质不可变 （保持建设用地用途）	广场用地（厂房、宿舍）
	露天矿挖掘形成的采坑（深）
	尾矿库（理化性严重污染）
	井工开采波及的塌陷地（严重破损）

6. 权利状态差异的矿地类型

（1）所有权状态差异的矿地

依照《宪法》，我国土地的所有权分为两种，即国家（全民）所有权与农民集体所有权。改革开放以前，《国家建设征用土地办法》《土地改革法》等土地管理相关法律规范均未见农民集体所有的土地用以进行矿业开发利用的规定，矿业开发仅限于国有土地。自《土地管理法》（1986）颁布，赋予了乡镇（村）集体企业、农村集体经济组织与其他单位、个人以土地使用权入股、联营等形式共同举办的企业直接使用农民集体组织所有土地的权利；而2019年《土地管理法》更是将集体经营性建设用地有条件入市纳入规范之中。自此，符合条件的农民集体所有土地直接进入矿业领域获得了法律支持。现以国有矿地与集体所有矿地在矿业活动中的使用权利差异为标准，考察矿地的使用权类型。

（2）使用权状态差异的矿地

进行矿业活动的矿企对矿地使用分为三种情况：取得法律赋予的使用权利、未取得法律赋予的使用权利、取得法律赋予的使用权利但权利有瑕疵（表3-6）。

表3-6　使用权状态差异的矿地划分

使用权状态	矿地范围
有使用权的矿地	符合现状地类、土地利用规划并完成法定取地程序的矿地
无使用权的矿地	无合法依据使用的矿地
使用权有瑕疵的矿地	土地调查登记为非建设用地的矿地
	土地利用规划为非建设用地的矿地
	使用权取得程序存在不足的矿地

①有使用权的矿地

国有土地范围内享有合法使用权的矿地主要包括：

第一，国有划拨矿地，即土地使用者经划拨无偿取得国有土地使用权的矿地。其特征为：其一，适用范围逐渐缩小，仅国家重点扶持的能源基础设施用地可以划拨方式使用（表3-7），《国务院关于深化改革严格土地管理的决定》（国发〔2004〕28号）、《国务院关于促进节约集约用地的通知》（国发〔2008〕3号）等强化了经营性用地划拨使用的限制，党的十八届三中全会决定要求"推动土地有偿使用制度改革，减少非公益用地划拨"；其二，划拨矿地无偿取得，但矿企仍须承担一定的取地成本，经济成本主要包括土地使用税、征收补偿费等，时间成本相对其他取地方式更高，划拨用地需要经严格审批才可获得、历时较长；其三，矿企对划拨矿地享有占有、使用、收益、管理权能，但不能任意处分矿地。依据《城镇国有土地使用权出让和转让暂行条例》相关规定，划拨国有土地使用权一般不得转让、出租和抵押，仅在补交（抵交）出让金（流转收益）并经有权机关批准的情况下，可和地上附着物一并流转；其四，划拨矿地原则上无使用期限，但政府有权在法定条件满足时收回，如因企业迁移、撤销、破产或其他原因而停用土地，因公共利益或城市规划需要改变土地利用现状以及土地处于闲置状态等。

表3-7 允许划拨使用的矿地

矿地范围		
类型	细分	
石油天然气设施用地	石油天然气设施用地、井场及作业配套设施	
	计量站、转接站、增压站、热采站、处理厂、联合站、注水站、配气站、原油库、海上油气陆上终端	
	防腐、防砂、钻井泥浆、三次采油制剂厂、材料配制站、预制厂	
	油田机械、设备、仪器、管材加工和维修设施	
	油、气、水集输和长输管道、专用交通运输设施；油田物资仓库、露天货场、废旧料场、成品油库、液化气站，供排水设施、供配电设施、通信设施	
	环境保护检测、污染治理、废旧料综合处理设施	
	消防、安全、保卫设施	

续表

矿地范围	
类型	**细分**
煤炭设施用地	矿井、露天矿、煤炭加工设施，共伴生矿物开采与加工场地
	矿井通风、抽放瓦斯、煤层气开采、防火灌浆、井下热害防治设施
	采掘场与疏干设施、自备发电厂、热电站、输变电设施
	矿区内煤炭机电设备、仪器仪表、配件、器材供应与维修设施
	矿区生产供水、供电、燃气、供气、通信设施
	矿山救护、消防防护设施、中心试验站、专用交通、运输设施

注：资料来源于《划拨用地目录》。

第二，国有出让矿地，即矿企向国家支付土地使用权出让金，从而取得一定年限使用权的土地，主要特征为：其一，不在划拨范围之内的土地通常以出让方式取得，适用范围较广，出让的方式包括协议、招标、拍卖或挂牌，以后三者为主，但根据《招标拍卖挂牌出让国有建设用地使用权规定》，采矿用地是工业经营性用地的例外，仍可适用协议方式取得；其二，取地成本较高，征收补偿费用与出让金须一次性支付，矿企的资金压力大，致现金流紧张；其三，出让矿地依法在使用年限内可以依法转让、出租、抵押，矿企的处分权能充分、用地自主性强；其四，出让矿地的最高法定使用年限为50年，长于采矿许可证最长有效期（30年）。

第三，国有租赁矿地，即国家将土地使用权出租给矿企用于矿业活动，由矿企与地方土地管理部门签订相应年期的土地租赁合同并支付租金，国有土地租赁源于国企改制中土地资产处置问题，而后成为法定的供地补充途径，主要特征为：其一，矿业领域中鲜少应用，截至2009年，石油、天然气行业公司租赁用地数量占该行业总用地数量的1%，从实际需要及政策导向出发，适用范围应予扩大，《生态文明体制改革总体方案》（2015）要求发展长期租赁、先租后让、租让结合的工业供地方式，有助于缓解矿地获取方式单一的局面；其二，租金支付方式灵活，用地的经济压力相对较小，租金通常分期支付，支付方式及金额调整可针对矿地、矿企的具体情况作出适当安排，为矿企"节流"提供便利，更适合资金匮乏的中小矿企；其三，承租人在支付租金并完成建设的前提下，经土地管理部门同意或根据租赁合同约定，可将承租土地使用权转租、转让，转租是在保持原租赁关系的基础上，由承租人与第三方形成转租法律关系，而转让是租赁合同权利义务概括移转于第三方，原承租人退出租赁关系，不再承担任何权利义务；其四，租赁期限由当事双方协商确定，可长可短。依照相关规定，短期矿地租赁年限一般以 5 年为限，长期租赁可比照出让，期限最长可以达到相同功能类型土地的法定出让最高年限（50 年），有助于为不同用途矿地制定差异化租赁方案。

第四，国有授权经营矿地，即国家将一定年期内的土地使用权授权取得国家授权投资机构资格的企业集团经营，授权经营起源于企业改制并至今如此，主要特征为：其一，严格限制适用范围，矿业领域有少部分应用，截至 2009 年底，石油、天然气行业公司通过授权经营取地数目占该行业总用地数量的 25%，该取地方式的规范导向不明显，无扩大适用的政策信号，授权经营土地使用权只规定于部门规章及政策中，如《国有企业改革中划拨土地使用权管理暂行规定》等，高层级的法律、法规未予明确，特别是其未被纳入《土地管理法实施条例》规定的国有土地有偿使用方式，法律地位的模糊也会影响授权经营的应用频次；其二，授权经营国有土地，无须地方付出经济成本，矿企取地时不必支付任何费用（如出让金、租金、股息等），土地使用权直接转为国家股本金；其三，授权经营土地的流转受到限制，在使用年期内可以在集团公司直属企业、控股企业、参股企业之间流转，有利于提高企业集团整体的运作水平；但改变用途或向集团公司以外的单位或个人流转时，应经有权机构批准并补缴土地出让金；其四，授权经营土地的期限，法律无明确限制性规定，但一般不会超过出让土地最高使用年限，通常在授权经营批准文件中予以明确。

第五，国有作价出资（入股）矿地，指国家以一定年期的国有土地使用权作价，作为出资投入企业，该土地使用权由企业法人持有。国有土地作价出资也源于企业改制，首次出现于《股份制试点企业土地资产管理暂行规定》（1992），后被确认为土地有偿出让的法定方式之一。该用地的主要特点包括：其一，鲜见矿业行业的适用，截至 2009 年年底，石油、天然气行业公司通过此方式取地数目占地总量不足 1%；其二，矿企取得入股矿地之时，无须支付经济成本，但在此后的生产经营中须依照公司章程的约定定期支付股权收益，企业的经营成本大幅提高。其三，流转权能等同于出让土地，入股土地作为企业法人的财产，矿企在入股土地使用权的使用年限内可以依法转让、出租等；其四，土地入股的约定使用年期届满（入股期限不得超过土地使用权期限），出资方重新取得土地的使用权，矿企如欲继续使用，须再次通过法定程序获取。

第六，临时利用矿地，经土地管理部门批准，土地使用者根据土地权属，与有关土地行政主管部门签订临时用地合同并支付用地补偿费，由此应用于矿业活动，临时用地方式在集体所有土地中更为常见，具体特点在集体所有临时用地中一并分析。

农民集体所有土地范围内享有合法使用权的矿地范围相对较窄，主要包括：

首先，临时利用矿地，经土地管理部门批准，土地使用者根据土地权属，与农民集体依法签订临时用地合同并支付用地补偿费，主要特点包括：其一，在矿业实践中逐渐发展和扩大，针对周期短、露天开采且易复垦的矿地推行临时用地试点（表3-8），同时依据《关于石油天然气行业钻井及配套设施建设用地的复函》（国土资函〔1999〕219号复函），除经挖掘具有长期使用价值的地块外，其余均为临时使用；其二，临时用地的矿企支付的用地成本包括用地期间土地补偿费、青苗补偿费和附着物补偿费、工程复垦期土地补偿、生物复垦土地补偿费、地力恢复土地补偿费等。计算标准与金额、支付方式（一次性或分期）由当事各方协商确定，国土部门予以协调；其三，从实践经验看，露天矿临时用地期限通常与矿业权期限相适应，处于有效利用的状态，无流转的需求；井场临时用地期限以季度计，经确认无开采可行性，随即终止利用，亦无须流转；其四，井场临时用地以季度为周期，露天矿临时用地试点主要针对用地周期不超过5年的矿地，为保持与临时用地不超2年的法定期限一致，《采矿用地方式改革扩大试点方案》明确临时用地协议仍以2年为期，期限届满重新办理临时用地的续约手续。

表3-8　露天矿临时用地试点

试点区域	文件依据
广西平果县铝土矿	国土资源部国土资函〔2005〕439号
山西朔州平朔露天煤矿	国土资源部国土资厅函〔2011〕715号
云南磷化露天磷矿	国土资厅函〔2011〕724号
内蒙古鄂尔多斯市露天煤矿等3矿	国土资厅函〔2011〕949号；鄂府办发〔2021〕4号；鄂府发〔2021〕17号；东政字〔2020〕112号；内自然资字〔2020〕334号；内自然资函〔2020〕510号
山西省部分露天矿	国土资厅函〔2012〕1393号
广西露天矿（扩大）	国土资源厅函〔2013〕293号
辽宁露天矿	国土资源厅函〔2013〕398号
陕西西湾露天煤矿	陕国土资用发〔2015〕33号；自然资函〔2018〕99号

其次，乡镇集体矿企直接使用集体土地，《乡镇企业法》确认乡镇企业在符合法定条件下，可作为矿产资源开采的主体，而乡镇集体企业依法经批准（如农业用地转非农等）可使用本集体所有的土地，故乡镇矿企具有在保持农民集体土地所有权性质不变的同时用地的可能性。依据《土地管理法》《民法典》，用地方式既可为承包经营集体土地，也可以集体土地使用权入股、联营等形式开展矿业活动。该取地方式的特点包括：其一，适用范围与乡镇集体企业数量成正比，据《2011年中国矿产资源报告》显示，集体矿业企业约占全部矿企的十分之一，故在矿业生产活动中，有少量矿地以此方式获取；其二，承包集体土地须支付承包费用，入股、联营取地时无须支付经济成本，而是按企业章程规定按时给予农民集体收益，由于收益随企业经营状况变动，因此具有不确定性；其三，符合土地利用规划并依法取得集体建设用地使用权的企业，在破产、兼并时，依法可转移前述土地使用权，故乡镇集体矿企在上述情形出现时可流转其合法持有的矿地；其四，乡镇集体矿企直接使用集体土地的期限并无法律明确规定，通常由当事各方（矿企、农民集体及承包经营农户等）根据矿业利用的实际需要而定。

最后，《土地管理法》于2019年修订后，依法在满足规划要求并且依法登记的前提下，农村集体经营性建设用地可以出让、出租等方式交由矿业企业用于矿业资源勘探、开发。但由于该法律修订颁布不久，且尚未出台具体的农村集体经营性建设用地入市流转规则，在矿业资源利用领域的实践仍比较少。

综上，具备合法使用权的矿业用地根据权利状态的差异，在处分权能、用地期限、成本以及使用范围上有所区分（表3-9）。

表3-9　有使用权矿地的特征比较

矿地类型	特征			
	处分权能	用地期限	用地成本	适用范围
划拨矿地	受限	无	无（或有征地补偿费）	较少，适用条件限制
出让矿地	充分	不超过50年	出让金（或有征地补偿）	较多，法定主要方式
国有租赁矿地	受限	不超过50年	租金	较少，法定补充方式
授权经营矿地	集团内部流转	不超过50年	无	较少，主体资格受限

续表

矿地类型	特征			
	处分权能	用地期限	用地成本	适用范围
国有作价出资矿地	充分	不超过剩余用地年限	股利	较少，主要用于企业改制
临时利用矿地	无	合同期不超2年	临时用地费用	较少，适用条件限制
使用集体土地	在满足规划要求并且依法登记的前提下流转	据矿业需要议定	租赁费用或股利等	较少，适用条件限制

②无使用权的矿地

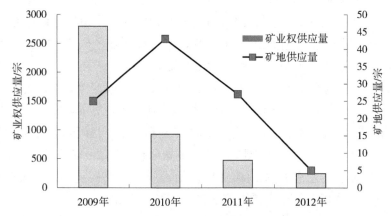

图 3-6　湖南省 2009—2012 年矿业权与矿地的供应情况

注：数据来源于 2012 年湖南省国土资源厅矿山用地管理工作调研组统计资料。

据原国土资源部 2012 年统计数据，全国违法用地占全部采矿用地面积的 40% 左右，以湖南省为例（图 3-6），同一年期矿业权供应远超过矿业用地，表明合法途径的矿地供给根本无法满足矿业活动需求，除少数取得矿业权但当年不用地的特殊情况，其他的矿业生产经营用地只能通过违法途径获取。

违法取得的土地无正当的权利来源，故为无使用权的矿地。《土地管理法》规定"擅自将农民集体所有土地的使用权出让、转让或者出租用于非农业建设的，属违法用地"。矿企与农民集体违法签署土地租赁协议并使用土地开展矿业活动的以租代征情形，是无使用权矿地的主要来源，其与农民集体所有的临时用地本质不同（表 3-10）。以辽宁省为例（图 3-7），租赁集体的土地占矿地总面积将近五分之四，而如上文所述，乡镇集体矿企约占全部矿企的十分之一，且几乎均为小规模矿区，可见在租赁集体土地中，绝大部分不具备合法使用权依据。

尽管《土地管理法》于2019年修订后，农民集体经营性建设用地可以有条件入市，但上述违法用地的情形也较难改观，且不论农地入市是需要符合严格条件的，事实上大部分适合矿业勘探和开发的农地并非属于经营性建设用地。

表3-10 "以租代征"与"农民集体所有的临时用地"的区别

区　　别	类　　型	
	以租代征	农民集体所有的临时用地
合法与否	违法	合法
产生原因	规避法律，合法取地指标少、成本高、时间长且缺乏协商机制	适用矿业利用实际需求，大部分矿地短期利用后可恢复农用
用地范围	多为小型矿业项目用地	探矿用地、露天矿地、钻井及配套设施用地
用地期限	不确定，视矿山建设时间而定	每个合同期不超过2年，用地期一般不超过5年
用地程序	矿企与农民集体私下达成协议	经政府部门批准后，用地方与土地权利人签约
用地监管	依法查处，处罚措施包括限期改正、没收违法所得并处罚款	从批准用地、用地至复垦还地，国土部门全程监管，纳入矿业用地管理体系
用地后果	易形成毁损废弃地	复垦后交还农民耕种

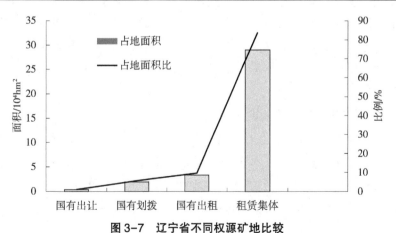

图3-7 辽宁省不同权源矿地比较

注：数据来源于李超峰《论我国矿业用地存在的问题及对策：以辽宁省为例》(2012)。

③使用权有瑕疵的矿地

使用权有合法来源但仍存在瑕疵，须经补正使权利的正当性、合法性得到完全满足，具体包括：

其一，土地调查登记为非建设用地的矿地。土地现状地类是土地的实时状态，一般通过土地调查、土地登记确认。国标《土地利用现状分类》（GB/T21010—2007）将土地利用现状地类划分为12个一级类、57个二级类，国土部门每年组织土地利用变更调查并更新土地利用现状图和土地利用现状数据库，这是判定现状土地地类的依据。《国土资源违法行为查处工作规程》（国土资发〔2014〕117号）针对违法用地占用地类的认定规定为"将违法用地的界址范围或者勘测定界坐标数据套合到违法用地行为发生上一年度土地利用现状图或者土地利用现状数据库上，对照标示的现状地类进行判定"。

其二，土地利用规划为非建设用地的矿地。规划地类是土地的法定状态，依据土地利用总体规划划定，土地地类从现状地类到规划地类转变需要履行严格的审批手续。依据《土地管理法》第76条的规定，对违反土地利用总体规划擅自将农用地改为建设用地的，适用恢复原状的民事责任承担方式，即限期拆除新建在非法占地之上的建（构）筑物，将土地恢复原貌。《国土资源违法行为查处工作规程》（国土资发〔2014〕117号）就是否符合土地规划的认定方式为"将违法用地的界址范围与乡（镇）土地利用总体规划纸质图件套合比对、对照，将项目名称与土地利用总体规划文本对照"。

其三，使用权取得程序存在不足的矿地。在过去很长的历史时期中，由于民众法治观念淡漠、法律规范缺失以及执法监督不严格等原因，部分矿业用地的使用权取得程序未能完全履行，如当下存在着一些存量土地虽在矿业利用之初进行了征收补偿程序，但未完成土地使用权变更登记手续或没有办理农用地转用手续等，以致视土地利益差别，而出现土地"无主"或多主体争抢的现象。

7. 复垦义务主体差异的矿地类型

依据《土地复垦条例》，生产建设活动损毁的土地，按照"谁损毁，谁复垦"的原则，由土地复垦义务人负责复垦，但历史遗留损毁土地由县级以上人民政府负责组织复垦。故复垦义务主体差异的矿业用地类型也可划分为：有复垦义务人矿地与历史遗留损毁矿地（图3-8）。

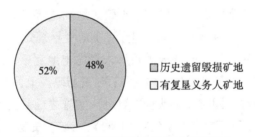

图 3-8　不同复垦义务主体矿地的面积比

注：数据来源于《土地整治蓝皮书：中国土地整治发展研究报告 No. 5》（2018 年）。

（1）有复垦义务人矿地

《土地复垦规定》（1989）明确提出了除了法律另有规定以外，要按照"谁破坏，谁复垦"的原则进行复垦，由此进入了复垦义务法律强制性规定的时代；矿业企业作为矿业开采的主体，成为矿地复垦的义务人。《土地复垦条例》（2011）颁布，再次重申了上述义务确定的原则，亦从法律层面确立了实施机制：公众参与复垦规划编制，政府动态监管复垦过程、实施质量控制并主导复垦验收审查，以及未依约完成复垦的惩处等约束监督机制；复垦费用预算、复垦保证金预存的资金落实保障机制；复垦耕地的指标收益等激励机制。

（2）历史遗留损毁矿地

《全国资源型城市可持续发展规划（2013—2020 年）》中明确支持进行历史遗留毁损矿业用地复垦利用的试点，同时进一步加大对此类土地相关的地质环境问题恢复治理的财政扶持。《土地复垦条例实施办法》对历史遗留毁损土地的具体情况进行了规定"符合下列条件的土地，所在地的县级国土资源主管部门应当认定为历史遗留损毁土地：土地复垦义务人灭失的生产建设活动损毁的土地；《土地复垦规定》实施以前生产建设活动损毁的土地"。《历史遗留工矿废弃地复垦利用试点管理办法》（国土资规〔2015〕1 号）亦提出"因政策原因被政府关停和整合的工矿企业损毁的土地，可认定为历史遗留工矿废弃地"。综上，历史遗留毁损矿地具体分为：复垦义务人灭失的矿地、《土地复垦规定》实施以前生产建设活动损毁的矿地以及因政策原因关停的毁损矿地。具体分析如下：

其一，复垦义务人灭失的毁损矿地。复垦义务即成为公共义务，是否履行关系环境保护、农民安置等公共权益以及土地有效集约利用、耕地保护等国家利益。而政府作为维护社会公共权益与国家利益的责任主体，理应承担此类矿地的复垦再利用的义务。

其二，《土地复垦规定》实施前的损毁矿地。之所以纳入历史遗留毁损土地的范畴，主要基于以下原因：经济上，《土地复垦规定》实施之前，矿业经营全部利税上缴国家，且当时的成本核算未考虑土地复垦，故无法要求这一时期的矿企用现在的资金还几十年前的欠账；法规与政策上，《土地复垦规定》依据法理不可溯及既往，同时《土地复垦规定》实施之前，土地复垦没有明确的法律依据，《国家建设征用土地条例》（1982）、《矿产资源法》（1986）及《土地管理法》（1986）等，针对生产建设毁损土地，规定"应当恢复土地的耕种条件""应当因地制宜地采取复垦措施"以及"用地方应当负责复垦，恢复利用"，但是前述规定仅起到指引作用，缺乏对责任主体履行义务的强制性约束，即"应当复垦"而非"必须复垦"，地方政府更未出台具体的落实政策，故难以通过既往法政策的适用令用地方承担复垦义务。

其三，政策性关闭的毁损矿地。按照相关法规与政策，属于"谁破坏，谁复垦"范畴，应由使用土地的矿企进行复垦，但这些被强制关闭的工矿，原经营者在经济上受到一定的损失，甚至投入资金进行生产建设准备后尚未开始运营回本，责令其再拿出资金复垦不现实，亦不公允；与此同时，政策性关闭是指矿企在行政手段干预下的终止，并非企业自主经营的选择，不能套用市场经营中的权责分配机制。故而，将其纳入政府负责复垦的范畴，较为合理。

综上，矿地复垦义务主体的差异，有其历史与制度根源，同时也对复垦资金的筹集方式产生重大影响（表3-11）。

表3-11　复垦义务主体差异的矿地划分

矿地分类		对比	
		分类理由	复垦资金来源
历史遗留毁损矿地	复垦义务人灭失的损毁矿地	公共义务由政府承担	财政支出为主　社会资本投入为辅
	《土地复垦规定》实施前的损毁矿地	利税上缴、无费用来源 法律未予强制	
	政策性关闭的矿企损毁矿地	矿企经济利益受损 受到行政干预行为	
有复垦义务人的矿地		"谁破坏、谁复垦" （权利义务相一致）	复垦义务人出资

注：复垦财政支出主要包括土地复垦费、耕地开垦费、新增建设用地土地有偿使用费、用于农业开发的土地出让收入、可以用于土地复垦的耕地占用税地方留成部分等。

8. 资源性质差异的矿地类型

《矿产资源法实施细则》将矿产资源表述为"由地质作用形成的，具有利用价值的，呈固态、液态和气态的自然资源"，与矿产资源的状态和物理属性相应，矿业用地分为固体矿地、液体矿地和气体矿地。此矿地类型的特点体现在适用的开采方式因资源性质不同而有所差异，进而导致土地、环境受损的程度不同。具体言之：固体矿产资源种类多样，开采方式各异，主要有露天开采、井工开采以及露天—井工联合开采等，此类矿地对矿区环境的作用相对复杂；液体矿产资源通常埋藏较深，多采取从地下深层举升的开采措施，不会发生露天的开发建设作业，对生态影响较小且一般不会对地表造成实质性的损害；而气体矿产资源开采深度均在几千米以下，通过注水补充地层压力的方法较为常见，不会发生开采浅层地下水或固体矿种时产生的明显采空区，对自然景观的损坏不大。

3.1.2.2 矿地类型之间的逻辑关系

上述八种矿业用地类型虽是从不同角度对矿业用地进行分类，但其整体却是存在逻辑关联的矿地类型系统（图3-9）。复垦义务由《土地复垦条例》及其实施办法规定，土地权利状态由《土地管理法》《民法典》等明确设定，则矿地的复垦义务主体以及权利状态是法律赋予矿业用地的特性，而非矿业用地本身先天所具有，故矿地复垦义务主体差异的矿地类型、权利状态差异的矿地类型是法律意义上的矿地类型划分，体现了鲜明的立法者意图，具有主观色彩，可以通过立法人为调整、变化。

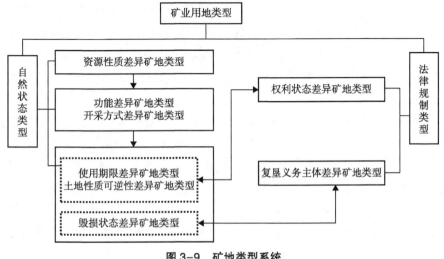

图 3-9 矿地类型系统

矿地的资源性质、开采方式、功能、毁损状态以及（实际）使用期限、性质可逆性是土地先天具有或因应用于矿业而后天必然产生的物理或自然特性，是一种现实呈现的状态，无须法律规范的拟制，即已客观存在，故开采方式差异的矿地类型、功能差异的矿地类型、资源性质差异的矿地类型、毁损状态差异的矿地类型、使用期限差异的矿地类型以及土地性质可逆性差异的矿地类型是自然状态下的矿地类型划分。自然状态下的矿地类型依据之间的因果关系又分为三个层次：

其一，矿地的资源性质类型是第一层次，资源性质是矿地得天独厚的本质属性，不同的资源性质导致土地用于矿业后，开采模式及局部地块的功能差异，如上文所述，固、液、气矿地适用差异化的开采方式与技术手段，同时矿业地块的功能性又与开采方式相对应，露天开采特有的功能性用地如露天挖掘场、露天（外）排土场，而井工开采则必有井场及通风口用地。

其二，开采方式差异的矿地类型与功能差异的矿地类型处于第二层次，这两种类型划分根源于土地赋存资源性质的差异，同时又共同决定了矿业用地的毁损状态、实际利用期限与土地性质是否可逆，如露天开采致地表破损，井工开采致地表塌陷，而排土或尾矿库等功能性用地易形成土地压占；又如露天开采多为短期用地，井工开采的长期用地居多，而具体功能性地块的使用期又有不同，通风排水用地一般为暂时利用，尾矿库据容量核定利用期限；再如露天排土场可恢复为农用，工业广场等功能性用地几乎无农业利用可逆性。

其三，毁损状态差异的矿地类型、使用期限差异的矿地类型、土地性质可逆性差异的矿地类型是第三层次的矿地类型划分，是矿业用地盘活在自然状态下要面对的"终级"形态，既可直接解决这三类矿地的效益低下问题，也能够在形成这三类矿地的过程中（如针对第二层次矿地类型）进行调适改进。

法律规范是对现实、自然生活状态的高度反映并对其产生规范、指引作用，法律上对土地的不同权利状态及其流转权能、运行期限的规定应来源于对性质可逆性不同、实际矿用期限不同矿地类型的本质特征的归纳、提炼，同时又反过来对这些现实意义上的矿地类型如何选择适宜的权利提供了法律指引。同理，复垦义务主体的法律规定与矿地毁损形态密切相关，通过毁损形态可追溯复垦治理责任与义务的承担主体，同时法定主体义务的明晰又极大地促进毁损地修复的进程。

3.2 矿地盘活的含义与性质

3.2.1 矿地盘活的含义分析

3.2.1.1 矿地盘活的一般含义

《辞海》（2009）对盘活的定义是"采取措施，使资产、资金等恢复活力，产生效益"。矿地盘活无疑是将矿地作为一项资产，采取措施使其产生或提高效益以达到预期的土地活力状态，具体而言：

（1）土地资源在为特定主体拥有并预期为其带来经济价值与收益时，符合了资产的要件，改革开放以来，土地的权利体系逐渐形成、权利主体愈加明晰。相应地，土地从单纯的资源属性转变为"资源+资产"的双重属性，矿业用地确权于某一矿业经营者（如有复垦义务人矿地）或某一级人民政府（历史遗留毁损矿地），即成为经营者或政府的资产，应由这些主体实现土地效益。

（2）产生效益与恢复活力之间是因果关系，通过产生效益达至恢复活力，盘活之于矿业用地，就是针对缺乏活力或活力未能达到预期水平的矿业用地，产生或提高（产生更多）土地的效益，使其最终回到活力充分的状态，通常的活力充分为"集约节约利用的状态"。产生效益指向尚未能产生正向效益的矿业用地，如闲置地块无效益产出，甚至还需付出机会成本，又如污染破损严重、生产经营效率低下的地块，形成了负向效益；提高效益则指向已经产出正向效益，但效益仍旧较低的矿业用地，大多数处于矿业利用期的矿地属于此类。

（3）矿地盘活是目的，以达到集约节约利用的活力状态为标准，活力是一个综合评价标准，需要经由经济效益、社会效益与生态环境效益的共同产出、提升而实现，上述各种效益的平衡、可持续发展是永葆矿业用地活力的基础。

（4）矿业用地盘活也是一个过程，即须经由实施一系列的措施而实现。就矿地的盘活而言，措施既包括技术层面，如矿业生产开发技术、矿地复垦技术等，也包括制度层面，本书主要以土地使用权利为视角探讨制度层面的矿地盘活。

伴随矿业生产活动从起步、成长、成熟直至衰落的生命周期，矿业用地将会历经准入、利用、复垦、退出四个阶段，对于不同阶段的矿地，产生或提升效益的过程与方式、目标不同，也即矿地盘活的具体含义存在差异。

3.2.1.2　生命周期各阶段矿地盘活的具体含义

1. 矿地准入期的盘活——土地使用权利的首次优化配置

矿地准入期是将土地应用于矿业产业、矿业用地由此诞生的过程，矿业权人以合法方式和正当程序取得蕴藏矿产资源的特定的若干面积的土地的使用权时，意味着矿业用地准入矿业活动，矿业生命周期由此起算。土地与矿业使用权的配置是准入期的核心内容，盘活在这一阶段是通过各种措施优化权利配置的过程，在如下方面实现矿地效益的最大化：

其一，在各种可能的土地利用规划与计划中，特定地块用于矿业活动的价值最大、效益最高。准入期的土地要在各种用途中选择矿业利用，前提是矿业利用综合效益具有比较优势，不仅仅体现于该地块的矿用预期效益与其他同类地块在矿业活动中收益的对比，亦需要同该地块其他可能的利用方式比较，确认矿用具有优势。

其二，矿地准入的使用权安排与矿业活动需求相适应，准入土地的空间、时间符合矿业利用的实际，不多占以免浪费，不少占以免因用地不足引发违法占地，造成更大的浪费。土地作为空间，可同时在不同空间层次（地上、地表、地下）上使用，即使同一层次，也可能同时容纳一个以上的使用权利，物尽其用方可效益最高，同时如土地使用权的规定期限与矿用的实际时间一致，则可在满足矿用地方需求的同时，降低取地成本及土地矿用后闲置概率，从而反向提升土地效益。

其三，为矿地退出预留路径，准入期获取土地的方式决定了矿业活动结束，土地以何种方式退出，故需要结合矿业利用实际以及土地再利用的预设，合理设定矿地准入方式，以确保土地再利用与矿业利用的有效转换、衔接，避免土地闲置以致不产生效益或效益低下。

2. 矿地利用期的盘活——土地使用权利的二次优化配置

矿地利用期包括基础设施建设、投产运营的全过程，在矿业活动结束之前都属于利用期，这一阶段的效益不仅包括矿业生产制造的正向经济效益，也伴随着土地破坏、环境污染以及开采条件恶化所带来的生态、社会效益的负向减损。矿地利用阶段的矿地盘活体现于矿业生产经营效益提升的过程（图3-10），效益不仅指经济效益，还同时包括环境效益、生态效益，这三者的综合协调发展是盘活的旨意。通常以能源消耗强度、污染排放强度为生态效益指标，以经济创造能力为经济效益指标，以公众满意程度等为社会效益指标，三部分指标相结合（各占一定比重）评定矿业综合效益并定期进行相应考核，考核不达标的生产经营单位是盘活的重点对象。

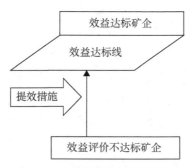

图3-10 利用期的矿地盘活含义

在当下矿业产业不景气的大背景下，待盘活的矿业企业数量庞大，已经不仅是少数企业的个性问题，而是涉及整个行业的结构调整优化、资源整合配置。因此，目前使效益不达标的矿企重新达到标准的方式不仅仅是就某一特定享有土地使用权利的矿企实施内部改革，增进矿业效益；而更多的是面向整个矿业行业，在不同的用地矿企之间，通过矿地使用权利的整合、流转实现二次优化配置，将矿地资源形成规模，集中于实力更强的经营主体，以便创造更高的综合效益。

3. 矿地复垦期的盘活——使土地权利具备第三次优化配置的条件

《土地复垦条例》所称土地复垦，是指对生产建设活动和自然灾害损毁的土地，采取整治措施，使其达到可供利用状态的活动。对于矿地而言，矿业利用结束后即进入复垦阶段，所谓"矿业利用结束"，一种情形是矿业权在事实上终止的矿地，即矿产资源开采殆尽，通常以资源储量、开采时间占设计年限比例等为指标评价矿业权；另一种是矿业权在法律上终止的矿地，即矿产资源尚未开采殆尽，因任何原因致矿业权终止，如矿业权期满未续期、因违法被吊销、矿业生产效益经整改仍无法达标或基于公共利益而终止矿业权的情形等。但并非全部结束矿业利用的土地都需要复垦，广场用地与道路基于用地性质的不可逆性，通常矿业利用后直接进入退出阶段，复垦主要集中于工区用地以及部分附属工程用地，具体包括：露天挖掘场、井工井场、尾矿库区域用地、露天排土场、通风口用地（井工矿）、排水用地以及管线铺设用地。

土地是可以被循环利用的客体，经由复垦即具备了重新启动新的土地使用周期的可能，矿地复垦期的所谓盘活要达到的目的是确保矿地复垦为土地使用权在矿业之外的重新优化配置奠定基础。盘活的过程是对复垦的优化，主要体现在两方面：一则，因地制宜地确定复垦方向，确保复垦土地的再利用价值性，复垦为农用有利于捍卫耕地红线，但农用对土地的要求较高，部分矿业用地受地理环境、区位及毁损程度所限，难以用于农业，则应另定其他合理的复垦方向，以免复垦的农地无法农用，其他适宜用途无地可用的矛盾局面；二则，保质保量按时完成复垦，确保复垦土地的再利用及时性。矿业用地包括若干不同功能的区域，每一区域进入复垦期的时间节点不同，局部地块的复垦与矿业用地的生产建设同步进行，可以提升土地再利用的转换效率。

4. 矿地退出期的盘活——土地使用权利第三次优化配置

土地结束矿业利用，通常经复垦合格具备了再利用的条件，此时即进入退出阶段。除此之外，矿地退出也存在一种较特殊的情形，即矿地准入后，通常因各种条件变化致矿业活动取消，未经利用直接退出。无论哪种原因导致矿地进入退出期，退出都指土地使用权利在矿业之外的重新配置，盘活则是优化这一权利配置过程，尽可能使土地用途与最适宜应用它的主体早日结合，避免因两者的不适应而导致土地被闲置或低效利用。在以出让或划拨为取得矿地主要方式的当下，绝大部分退出期的矿地使用权仍属于矿业企业，而矿企于矿业行业生产经营的资质与能力，无益于土地应用于其他行业，大部分矿业用地经复垦转变为非建设用地，其中以农用地为主，矿企显然缺乏农业技术与管理经验，难以妥善地利用农业地，即便少数矿地复垦为建设用地，也面临矿企是否可转型再用地的问题。因此，所谓土地与权利主体的配置，一种是使既有主体（矿企）具备利用土地新用途的能力，通过一定措施使矿企完成转型，可以称为土地与权利的既有配置得到优化，另一种优化配置的方式，则是直接选择具备用地能力的主体，将土地重新确定利用主体以实现资源的再度优化组合。

3.2.2 矿地盘活的性质分析

矿业用地盘活是一项或多项法律行为发生并由此形成一个或多个法律关系的过程。德国著名法理学家萨维尼（Friedrich Carl von Savigny）将法律行为定义为"行为人创设其意欲的法律关系而从事的意思表示行为"；我国法学界普遍将法律行为界定为"法律规范规定的具有法律意义的，能够使法律关系产生、存续、变更或消灭的法律关系主体的行为"。而矿地盘活是为了达到矿业用地综合效益提升的目标，矿企、政府、投资方及其他利益相关者依照法律规定出于真实的意愿作出促进这一目标实现的具有法律意义的行为，这些行为共同、相互作用以致矿地无效或低效状态中的法律关系发生调整，转换为高效利用土地的法律关系。

法律行为主要分为民商事法律行为与行政法律行为，这些法律行为相应地引起民商事法律关系、行政法律关系。民商事法律行为是法律地位平等的主体（公民或法人）之间关于设立、变更、终止民事权利和民事义务的合法行为，该行为须在遵循自愿、有偿的前提下由两方或两方以上主体共同完成，在矿地盘活中主要指矿企、其他市场主体与利益相关公众、矿企职工（矿企职工对于矿业企业而言，经济地位不平等，其处于经济劣势地位，但两者在法律地位上平等）等法律地位平等的主体之间自愿发生的有偿行为，进而建立相应民商事法律关系，如矿企收购行为及其法律关系、股权转让行为及其法律关系、矿地产权流转行为及其法律关系、利益相关方经济补偿法律行为及其法律关系以及矿工劳动合同变更或解除行为及其法律关系等；也包括特殊情况下，政府机构不作为行政管理主体，而是以一方平等的交易主体与第三方的互动行为，如土地有偿回购，由此形成土地使用权转让的法律关系。行政法律行为是享有行政权能的组织或个人运用行政权力对行政相对人所做的法律行为，具有单方性、强制性及无偿性，行为双方法律地位（管理与被管理）不平等，主要可分抽象行政行为与具体行政行为两类，其区分体现在行为对象是否特定，针对不特定对象的行政行为是抽象行政行为，针对特定对象的行为为具体行政行为。抽象行政行为如政府及其职能部门颁布盘活相关的具有约束力的政策举措，如出台矿企集中、规模经营的政策，以及废弃矿业用地复垦整治规范等；具体行政行为如工商部门对某一矿企股权转让的登记，土地管理部门对特定土地使用权主体、用途等变更的确认，以及环保部门对某一矿业区域环境污染的处罚等。当然，无论抽象行政行为抑或具体行政行为，均形成相应的行政法律关系（表3-12）。

表3-12　法律行为的类型与特征

类型	特征		
民商事法律行为	双方	自愿	有偿
行政法律行为	单方	强制	无偿

行政法律行为对民商事法律行为及其法律关系产生影响，在矿地盘活中尤为明显，依其影响程度可分为决定性影响、促进性影响及确认性影响：其一，程度最深的决定性影响，即行政行为决定民商事法律关系的产生、变更和消灭，如有权机构对特定国有矿企下达兼并重组、资产无偿划转的政策指令，此政策将决定相应矿企之间完成重组、资产划转的具体民商事行为，形成相应民商事法律关系；其二，程度一般的促进性影响，指行政行为对民商事法律关系的产生、变更和消灭有不可缺少的促成作用，通常表现为行政行为与民商事行为共同导致民商事法律关系的产生、变更和消灭，如为吸引第三方投资者参与矿地盘活，有权机构针对其制定税收金融优惠政策，促使第三方与矿企等达成合作或交易协议；其三，程度最浅的确认性影响，行政行为对民商事法律关系的产生、变更和消灭予以确认，如有权机构对矿企股权变动、土地产权重新配置等民商事法律行为进行的权利确认登记。

综上，矿业用地盘活是各种民商事法律行为及其建立的民商事法律关系，以及各种行政法律行为及其建立的行政法律关系有机结合的过程，兼具民商事与行政双重性质，同时受民商事法律与行政法律的调整与规制。

3.3　小结

本章在对矿业用地概念与类型进行分析的基础上，阐述了矿地盘活的内涵与法律性质，主要内容包括：

（1）在对法律、政策以及文献中的矿业用地相关概念梳理、辨析的基础上，结合矿业生产实践，主要从功能与土地使用权利等角度构建矿业用地的概念。同时以开采方式、功能、毁损状态、使用期限、土地性质、权利状态、复垦主体及资源性质等为标准，划分并探讨矿业用地的类型及与盘活利用相关的特点。

（2）在概括解释矿地盘活以综合效益提升为核心的内涵后，以土地使用权利优化为出发点，按照矿业用地的准入、利用、复垦及退出的全生命周期，分别详述盘活内涵在各阶段的侧重点与目标；同时基于法律行为理论，考察了矿地盘活的性质并认为其是行政性与市场性交叉互动的法律行为体系。

4

矿地准入期的盘活研究

准入期是矿业用地生命周期的第一阶段，土地使用权将完成与矿业利用的首次配置，通过矿业活动实践需求与土地权利属性、类型之间的结合，探讨如何提升此阶段的资源配置效益以实现用地盘活，由此亦为其后各阶段的矿地盘活提供良好前提或预留退出通道。

4.1 盘活模式的来源与依据

矿地准入期是确定土地用于矿业并为其配置相应使用权利的过程，这一过程中存在如下影响土地利用综合效益的因素：

一方面，在确定土地用于矿业时，面临矿业权与其他权利（含其他矿业权）的法律秩序问题。一则，矿业权与其他非矿业权的秩序不明，矿业权须经由土地使用权而得到落实，加之长久以来的资源本位思想，矿业用地优先具有普遍性，然而，基于公共利益保护、耕地红线控制以及建设用地指标紧缺的现实，土地很可能存在其他重大用途，同时矿业权指向的客体资源的稀缺性、重要性不同，如何在土地承载或蕴藏的不同价值中作出选择是确定土地用于矿业的首要问题。二则，同一矿业开发区域在横向上大多存在若干矿业权，对各矿业权相应的土地使用权范围进行界定是避免矿业生产中发生纠纷之必要手段，纵向上不同深度的土地也可能赋存不同的矿产资源并产生不同的矿业权，如何从土地空间性角度细分地权以对应矿业权，是维持矿业权秩序，土地资源效益最大化的前提。因此，理顺不同矿业权之间以及与相关权利的价值顺位，建立矿业权法律秩序，方可合理确定土地使用权的矿业准入。

另一方面，为土地配置相应使用权时，面临土地所有权与使用权捆绑，以及土地使用权匹配度与可实施性两项问题。其一，尽管在法律与政策层面上土地权利的形式尚可谓灵活多样，但实际配置于矿业准入的土地使用权仍以征收出让土地使用权为主，征收的本质是土地所有权与土地使用权的捆绑，即取得土地使用权以土地国有为必须，使集体所有土地的资源收益权被剥夺。这种权利配置方式，一则导致矿地准入之时的效益低下，既未能维护与实现集体土地权利的正当性，又同时使矿地使用权价格被抬高；二则阻断了土地回归于农民集体的可能性，增大了矿业利用后土地积压于矿企的概率，不能使土地资源发挥最大效益；三则土地权利捆绑与相关各方的实际经济需求与承受能力不符，易导致农民或农民集体与矿业企业越过法律进行交易，形成大量的违法用地，最终滋生废弃毁损、责任主体缺失的矿地。其二，多样的矿业用地类型与多样的土地使用权类型相互匹配，才能最大限度地实现土地效益，出让是普遍适用的权利形态，但其权利的法律属性、期限及权能特征并不适应任何一类矿地。与此同时，租赁权、授权经营权、地役权及承包经营权等法律允许的权利类型却无"用武之地"，未能得到有效利用，使用权与用地类型不匹配既使矿地准入时土地获取成本不合理、矿业资金效益低下，又令土地在矿业利用中以及退出阶段的流转处置需求无法在设定的使用权权能范围内实现，严重限制了土地发挥效能。

综上，为了提升矿业用地的效益，矿地准入期的盘活应建立使用权准入矿业的判定模式以及矿地使用权利优化配置的模式；前者以矿业权与其他权利的权衡作为是否准入的依据，以矿业权之间的分割范围划定相应的土地使用权边界，后者主要针对不同的矿业用地类型的特点，科学匹配相应的使用权形态，增强权利的实施性与运行效果。

4.2　盘活的模式

矿地准入阶段的盘活模式（图 4-1）依照时间顺序解决三个重大问题：其一，与其他用途相权衡，有权机关判断是否准予用于矿业生产活动并划定矿地界限，属于典型的行政法律行为；其二，如土地可以准入矿业，则针对具体情况进一步优化配置使用权利，权利配置的法律性质不一，对于现行法认可的权利配置方式，或为行政法律行为，抑或为民商事法律行为，如以划拨、国家授权经营方式配置土地使用权的行为为行政法律行为，而出让、入股、租赁及临时用地等权利配置属民商事法律行为，另亦于现行法之外创设适宜的权利配置方式，则须在行政行为推动下激发新权利取得的民商事行为；其三，如准入的矿地暂时无法利用，则政府通过行政行为安排暂时性的土地作其他利用，实现土地效益。

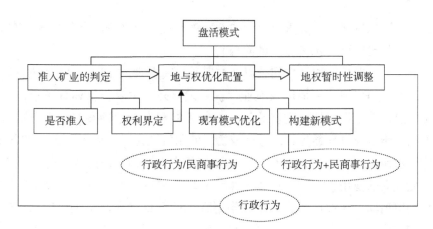

图 4-1　准入期矿地盘活模式

4.2.1　土地使用权准入矿业的判定模式

4.2.1.1　土地使用权是否准入矿业

土地使用权是否准入矿业活动是冲突权利之间（矿业权与环境权、公共安全权等）的价值选择过程，根据权利冲突的法理，通常以利益衡量法作为抉择依据，在分散的相关立法规范中亦贯彻了这一原则，具体言之，权利优先层次可作如下划分：

其一，重要矿业用地（主要指土地所附矿产资源重要，"重要"的衡量标准包括：资源品种稀缺程度高；关系国计民生或与国民生活联系的紧密程度高；出于公益目的或与公众利益相关性高，具体如国家规划矿区、实行保护性开采的特定矿种等）与其他用途用地在使用权利上发生冲突时，通常矿地使用权优先，但涉及《矿产资源法》《土地管理法》《基本农田保护条例》等法律规范中规定的特殊用地，如国家战略用地、生态环保用地、历史遗迹用地以及农业保护用地等时，须向国务院或相关主管部门申请矿业用地，经其同意后方可取得土地使用权，否则不可取得。

其二，一般矿业用地（非重要，但经国家批准的矿业用地）与国家战略用地、生态环保用地、历史遗迹用地以及农业保护用地等在使用权利上发生冲突时，通常矿地使用权让位于其他土地使用权。依照相关法律法规，优先的用地具体包括：港口、机场、国防工程设施圈定地区以内；重要工业区、大型水利工程设施、城镇市政工程设施附近一定距离以内；铁路、重要公路两侧一定距离以内；重要河流、堤坝两侧一定距离以内；国家划定的自然保护区、重要风景区，国家重点保护的不能移动的历史文物和名胜古迹所在地；基本农田划定区域（国家批准的除外）。

其三，一般矿业用地之间，以及与其他普通用地（国家战略用地、生态环保用地、历史遗迹用地以及农业保护用地除外，主要包括如普通承包经营农地、经营性建设用地、宅基地等）在使用权利上发生冲突时，由于实体价值相当，难以通过利益衡量法进行权衡，使用权通常通过以下方式确定归属：一则，遵循"时间在先权利在先"的物权优先性原则，通过程序优先进行判定，先成立的使用权优先，如处于申请阶段，矿业生产项目与其他生产建设项目均申请同一土地区域，通常以申请在先的项目优先取得土地使用权。二则，"时间在先权利在先"原则的适用例外，如土地之上有业已成立的农地承包经营权、经营性建设用地使用权及宅基地使用权等，仍希望以矿业用途取代上述用途，须满足的条件包括：就"征收土地用于矿业"向土地权利人征求意见，经其同意；同时符合土地利用规划、城乡发展规划等土地管制条件。

其四，用于普通建筑材料的砂、石、黏土等资源的开采用地与耕地在使用权利上发生冲突时，后者利益价值更大，通常应予优先地位，《土地管理法》亦作出相应规定"禁止擅自在耕地上挖砂、采石、取土等"，同时对于闲置、未利用土地（如四荒地等）同时面临普通建材开采与耕作利用用途的选择时，也应以后者为先。

4.2.1.2 土地准入矿业的权利范围界定

土地准入矿业的判定分为两步，即是否准入与划定准入的权利边界，在确定准入后，只有审慎、科学地确定使用权范围，方能避免纠纷，使用地效益最大化。由上文矿业用地的概念可知，矿业用地是一个立体空间，其边界必然包括横向与纵向两方面，横向边界划定不同矿业权之间或者矿业用地使用权与其他土地使用权利的范围，以物尽其用为出发点，如一片区域的矿物类型相同，则不宜分为若干块矿地供多个矿业权使用，应集中于生产效率与技术水平更高的唯一主体，同时在矿业用地与其他用地之间空出部分区域，作为矿业恢复区并将其使用权归于矿企，可以提升矿区附近居民的生活、环境质量，同时减少因生产过程所致矿业毗邻区域土地破损而产生的民企纠纷。纵向边界主要用于划定不同埋藏深度矿床的归属，包括三种划分方式：其一，土地纵向空间虽存在多个埋藏深度不同的矿床，但只对某一特定矿床设定使用权并配置唯一的矿业权主体；其二，将不同埋藏深度的矿床设定唯一的使用权，配置于唯一的矿业权主体使用；其三，将不同埋藏深度的矿床分别设定使用权，配置于不同矿业权主体同时开采。这三种使用权设定方式对矿业企业的开采技术水平、科学管理以及安全生产的能力要求依次升高，在第三种情况中，既要消除或降低不同深度开采导致彼此的不利影响，尤其在多主体同时共享使用权的情况下，须各主体协商确定开采进度并严格执行，否则会引发安全事故，同时还要厘清相邻矿地权利人之间的权利边界，并对不可避免形成的权利模糊地带进行协调。基于当下我国矿企技术实力、规则意识及法律控制水平等相对薄弱，只设定某一矿床使用权的方式较适宜，同时出于对储存于深层的资源的保护，应优先设定上层矿床的土地使用权。

经分析可知，此处的权利范围界定既指土地矿用的使用权，又指矿业权，清晰界定的权利可以进入配置环节，矿业权出让的配置过程可分为协议出让与公开竞价出让，中央全面深化改革领导小组发布《矿业权出让制度改革方案》(2016)，其中明确要求"扩大矿业权竞争性出让，严格限制协议出让"。而矿地使用权的配置模式呈现多元化，下文将单独详细论述。

4.2.2 现行法之内地权初始配置的优化模式

土地使用权的法定种类丰富，矿业用地根据不同标准亦形成多种类型，将两者优化组合，首先确定与不同法律属性相对应的使用权与矿业用地，土地使用权人与所有权人对土地的支配力程度是土地使用权属性（物权与债权）的划分依据，同时矿地也可以按照这两者的支配力需求归类，从而借助支配力这一种中介将同一法律属性的土地使用权与矿地建立匹配关系；而后结合矿地的不同类型，确定相符合的具体使用权利。在此从法律属性层面，对矿业用地（不区分类型）与土地使用权的初始配置做一讨论，不同类型矿地的权利优化与调整将在"不同类型矿地的具体盘活路径"一节中予以分析。

4.2.2.1 不同土地使用权的法律属性

财产权分为物权性财产权与债权性财产权，基于物权法定原则，依据我国的《物权法》，物权性财产权分为所有权、担保物权与用益物权，法定用益物权包括土地承包经营权、建设用地使用权（出让或划拨等方式设立）与宅基地使用权，然而立法与法律实践现实之间不可避免地存在分离现象，一则法定的物权性土地使用权仅是土地使用权的一部分，其他诸如入股土地使用权、授权经营土地使用权及临时用地使用权等如何定性，是否包含于"出让或划拨等"中"等"的范围值得商榷；二则出让或划拨被法定为物权，但是否为名副其实的物权，还要看其能否切实享有充分的物权权能。本书试图从法律实践的角度，对各类土地使用权的属性予以区分，并回应立法中的"疑问"。

在传统法学理论中，为了促进财产效益的最大化，土地所有权中的使用权能可独立成为土地使用权利，土地使用权利的法律属性或为（用益）物权，或为债权。应用型法学分析中，习惯于将所有权人与使用权人对标的物的支配力程度作为区分土地使用权的物权或债权属性的标准，支配力主要体现于法律赋予或规定的处分权能自由度大小、使用期限长短以及排他性强弱三方面，在使用权人可以租赁、转让等方式自由处分土地，用地期限较长（一般以 50 年为上限），能够自主排除第三方对其使用权或标的的侵害的情形下，土地使用权人具有完全支配力，其权利为物权使用权，反之为债权性权利，债权性土地使用权显著的特征是使用权人对标的物的处置需要获取所有权人确认（所有权人享有完全支配力）。随着社会的进步、经济关系日益复杂，所有人与使用人共同支配标的物的权利种类增多，呈现"债权物权化"或"物权债权化"的趋势，土地作为公共利益与私人利益结合、行政干预与市场运行共存的特殊物品，土地使用权的这一趋势尤为明显（图 4-2）。

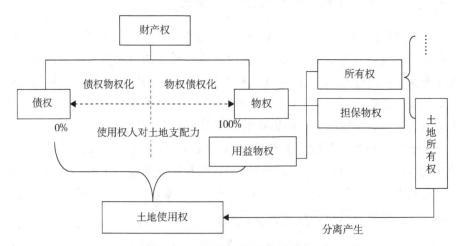

图 4-2　土地使用权的产生与属性

将不同类型的土地使用权按照主体支配力差异进行法律属性归类如下：

（1）出让土地使用权，土地使用权人依法享有充分的土地利用、收益、管理及处分权能，且可就任何第三方对土地的干涉、侵害主张权利，如要求消除妨碍、损害赔偿等，法定最高用地期限为 50 年，政府除因公益目的外，不得征收，可见使用权人支配力充分，出让土地使用权是名副其实的物权性权利；国有入股土地使用权，法律规范对其权能、排他性及期限的设定均参照出让土地使用权，故而入股地权尽管未经法律认定其物权属性，实践中仍以物权性权利运行。因此，出让土地使用权与国有入股土地使用权由使用权人绝对支配，可以被称为绝对物权。

（2）划拨土地使用权，是法定物权但其土地使用权人的处分行为（租赁、转让及抵押等）须全部或部分受制于土地所有权人，且土地所有权人享有收回土地的主动权，故土地使用权人享有受限制的支配力；授权经营土地使用权在主体支配力方面的特性类似于划拨地权，根源在于这两种权利形态均未由使用者支付对价，相应支配力自然会被削弱。而土地承包经营权亦是法定物权，但使用权人对土地的处分支配力受到现行法律规范的限制，如流转承包地依法须经发包人同意。因此，划拨土地使用权、授权经营使用权与承包经营使用权为债权化物权。

（3）国有土地租赁使用权，租赁是债权常见的类型，在《民法典》中予以阐述，基于"买卖不破租赁"的原则，土地所有权人对土地的处分不影响土地租赁使用权，因此租赁长期以来被认为是"物权化"的债权，而土地的租赁权在法律层面上更是突破了法定租赁最高期限 20 年的限制，以出让土地最高年限为准，物权化特征进一步被强化。

（4）临时用地使用权，土地使用权人依法享有土地利用、收益、管理的权能但不可处分，通常法定用地期限较短（2 年），临时用地被第三方干涉、干扰，须经由土地所有权人向侵害方主张权利、追究侵权责任，临时用地使用权人只能依据临时用地协议向土地所有权人主张违约损害赔偿之债。因此，土地所有权人享有对土地的终极支配力，临时用地使用权为绝对债权（表4-1）。

表 4-1 不同类型土地使用权的法律属性

支配主体及支配力	权利属性	使用权类型
使用权人绝对支配	绝对物权	出让土地使用权
		国有入股土地使用权
使用权人相对支配	债权化物权	划拨土地使用权
		授权经营土地使用权
		承包经营集体土地使用权
所有权人相对支配	物权化债权	国有土地租赁使用权
所有权人绝对支配	绝对债权	临时用地使用权

4.2.2.2 不同矿业用地的法律属性

根据矿地准入的判定依据，进入矿业的土地可为重要矿产资源用地，也可为一般矿产资源用地，而从土地利用与管理的实际出发，重要矿产资源用地事关国计民生、公共利益，适宜于计划性的宏观控制，通常应由国家以所有者身份完全或主要支配，一般矿产资源用地则适合纳入市场经济体制内，由使用权主体（矿企）在具备完全或主要支配力的前提下根据市场规则自由配置、实现效益最大化。因此，重要矿产资源用地对应债权使用权，一般矿产资源用地对应物权使用权，同时按照重要程度进一步细化矿地，分别适用绝对债权、物权化债权、债权化物权与绝对物权（表4-2）。

表 4-2　使用权属性与矿地的对应

支配主体与支配力	权利属性	矿业用地	
使用权人完全支配	绝对物权	一般矿产资源用地	应当以市场、公平竞争形式利用的矿地，其所附矿产通常为普通资源，即经济价值较小，不涉及公共利益、国计民生（特别不重要）
使用权人主要支配	债权化物权		可以以市场、公平竞争形式利用的矿地，其所附矿产通常为常见、重要程度一般的的资源，即经济价值一般，涉及公共利益、国计民生程度相对较低（非重要）
所有权人主要支配	物权化债权	重要矿产资源用地	可以以计划、国家垄断的形式利用的矿地，其所附矿产资源通常至少具有以下条件之一：资源品种少有；与国民生活联系较紧密的资源；与公众利益相关（一般重要）
所有权人完全支配	绝对债权		应当以计划、国家垄断的形式利用的矿地，其所附矿产资源通常至少具有以下条件之一：资源品种稀缺；关系国计民生的重要资源；出于公益目的（特别重要）

4.2.2.3 法律属性一致的土地与权利匹配

综上所述，将支配力或权利属性的需求不同的矿业用地与支配力供给或法律属性差异的各项具体土地使用权利相互对照，可以得出矿业用地与使用权利配置的基本范围（表4-3）。

表 4-3　矿地与土地使用权的基本配置

土地使用权类型	矿业用地
出让土地使用权	一般矿产资源用地（特别不重要）
国有入股土地使用权	一般矿产资源用地（特别不重要）
划拨土地使用权	一般矿产资源用地（非重要）
授权经营土地使用权	一般矿产资源用地（非重要）
承包经营集体土地使用权	一般矿产资源用地（非重要）
国有租赁土地使用权	重要矿产资源用地（一般重要）
临时用地使用权	重要矿产资源用地（特别重要）

4.2.3　现行法之外地权初始配置的构建模式

《民法典》已将承包地"三权分置"改革决策落实为法律上的权利义务配置，农民集体所有的土地在不变更所有权的前提下，将所有权、承包权与经营权分置，并以经营权入股已经取得矿业权的矿业企业，矿企范围不再局限现行法允许的乡镇集体矿企，可以在土地征收之外开辟有效的矿地使用权初始化配置模式。三权分置在农业领域的应用已得到政策认可，如《关于引导农村土地经营权有序流转发展农业适度规模经营的意见》（2014），而在矿业行业的适度引入可有效降低违法用地率与用地成本，便于土地矿用后恢复农用。

1. 农地经营权入股矿企的可行性

首先，土地经营权入股矿企具有法理适格性。股东出资的基本形式分为两类：货币出资与现物（含物权）出资，学界对现物出资标的适格性要件的认识以日本学者志村治美提出的"四要件说"（包括确定性、现存的价值物、评估可能性和独立转让可能性）以及瑞士学者主张的"五要件说"（即确定性、价值物的现存性、价值评估的可能性、有益性和可独立转让性）为主流观点。我国《公司法》规定"股东可用实物、知识产权、土地使用权等可以用货币估价并可以依法转让的非货币财产作价出资"。该规定包含出资具备确定性、价值物的现存性、价值评价的可能性和可转让性的四个特征，即采"四要件说"。土地经营权具备确定性与价值物的现存性自不待言，价值评价的可能性亦可以通过评估标准与规则的完善等技术性操作而得以实现，同时土地经营权经三权分置而产生，目的即为"可流转"。因此，土地经营权符合法学理论对现物出资的要求。

其次，土地经营权入股矿企具有比较优势。正如上文分析，入股土地使用权是绝对物权，使用权人对土地享有绝对支配力，相较租赁、临时用地在矿业企业与农民之间建立的债权关系，土地权利的稳定性更强，矿企用地的投机心理减弱，不会因获取短期的经济效益而滥用破坏土地与环境；相较转让在矿业企业与农民之间建立一次性收益的有偿交易关系，农民可以通过入股、成为矿企股东，有利于农民将土地增值收益长期化、持续化。

最后，农地经营权入股矿企不受企业所有制性质所限，但须受企业的"人""资"组织形式所限。以有限责任公司形式组织的矿业企业在法律特性上与土地经营权入股较为契合，不仅因为有限责任公司的"资合性""营利性"与土地经营权资本化入股的目的相契合；更因为相较股东众多的股份有限公司，《公司法》赋予"人合性"更显著的有限责任公司较大的自治权，如表决方式、议事程序以及股权转让等均可通过公司章程进行约定，这为入股农民利益的特殊保护提供了较大的法律空间，可通过章程约定的方式保障农民的分红权益、对公司管理的相应参与权与控制力。

2. 农地经营权入股矿企的风险控制

承包权与经营权分置制度确认了农民对土地的长久占有权利，使农民不会因经营权转移或消灭而失去对土地的最终占有，但仍然无法回避土地经营权入股矿企对农民的一切市场风险，风险规避机制尚属必要。农民股东出资主要产生两方面风险，对内分红权是否能如期实现，对外在认缴出资范围内为公司债权人的债权担保是否履行。故风险规避机制也相应包括：

其一，保障农民股东的分红权利。一则，优先股机制。《公司法》同股同权的原则是指同一种类的股份应具有相同的权利以体现股权平等，而不同种类的股份可以设置有差异的权利，只要股东利益平衡，亦不违背股权平等的原则，故可以引入"优先股"为农民股东所用，依据《优先股试点管理办法》（2014），优先股份持有人优先于普通股股东分配公司利润和剩余财产，但参与公司决策管理等权利受到限制，这一股权特性与以土地经营权入股的农民股东的利益需求相契合，农民股东期望获得稳定持续的股利，同时农民也没有能力参与经营管理，当然这并不意味着农民丧失对矿业公司的应有控制权，事关企业生死存亡以及农民自身重大利益的事项（如公司增减资、合并分立等），农民仍然享有表决权。二则，非农民股东垫付机制。农民股东作为优先股股东取得的收益分两部分：按照约定的股息率分配股息；同非农民股东一起参加剩余利润分配。而任一项收益的分配都须在完税、弥补亏损以及提取法定公积金之后进行，但在公司的起步阶段，很难形成剩余，即使在进入正常运营期以后，由于市场的风险性也难以保证分红条件的始终满足。故可以将按约定股息率分配的股息作为农民的生存保障，在公司未达到利润分配条件时，由非农民股东向农民支付等额借款，待具备利润分配条件时，农民股东以与非农民股东就一起参与分配的那部分利润进行偿还。三则，股权信托机制。股权信托可以帮助农民股东解决股权分散的问题，克服农民股东利益被矿企其他股东损害的现象，可参照职工信托持股的架构，设计农民股权信托的法律架构：出资农民（委托人、受益人），农民持股理事会（委托人、受益人的代理人），名义股东（受托人）。但农民须为此支付一定的信托报酬，同时信托机构的选择亦须由相关政府部门划定机构名录，信托协议也应由政府机构出具合同范本。总之，从维护农民利益出发，股权信托活动须在政府的指导、帮助与监督下进行。

其二，降低农民股权的债务承担义务。我国地域辽阔，各地经济社会发展水平差距较大，故债务承担义务的减免应根据不同区域农民收入及保障状况，分三类探讨：一则，农村社会保障体系已基本建立的区域，如沿海发达省份，入股股东应按照《公司法》的规定以其出资的经营权的价值对公司债权承担担保责任，可通过农户以自有资金赎买、置换或拍卖经营权的方式变现以偿付债权人；特殊情况如农民失地后确实生活困难、无法谋生的，由于这部分地区经济发达，可由政府财政对农民进行帮扶，但应以长效保障机制、技能培训为主，直接发放补助的方式不宜采用。二则，农村社会保障尚处于起步阶段的区域，如中西部地区，当地如实行土地经营权入股的政策，应在政策文件中明确农地经营权出资部分不承担公司债权担保责任，并且在营业执照中写明农地经营权出资金额。如此，债权人可在投资评估之时得到全面确实的信息以便进行商业抉择；且农民所持股权因之仅对内产生法律效力，故如农民股东退股只是公司内部事务，无须按照《公司法》规定的减资程序进行公示等操作，无抽逃出资之嫌，公司债权人也不会因农民股东退出而对公司产生负面评价。三则，农村社会保障处于形成发展之中的地区，这部分地区的经济发展水平在全国属于中等水平，农民股东的出资能够承担部分债权担保功能，如可以出资之时评估的经营权价值的一定比例偿付债权，剩余部分债权可考虑由债权人自担部分金额、政府财政偿付一部分。

4.2.4 矿地使用权初始配置后的调整模式

矿业用地按照既定的用途配置适宜的土地使用权后，也可能由于特殊原因而暂时无法进行矿业利用（永久不能矿业利用的，进入退出期），形成土地闲置，《闲置土地处置办法》（2012 国土部 53 号令）规定可延长动工期限并且根据闲置时间预期的长度，由政府负责合理安排土地以其他方式临时使用，如未征收的农村土地尚具备耕种条件的，可由原耕种该幅土地的集体或个人暂时恢复耕种，待原项目具备开发条件，矿业权人重新或继续开发建设；其他土地如仍具备按照原用途进行利用的条件，也可交原权利人继续使用直至启动矿业利用。闲置土地产生的原因既可能是矿企方面，如证照不齐、资金或人员未到位等，亦可能是政府的干预行为或其他不可抗力所致，但由于前者所致的矿地暂时闲置情形，政府有权收缴土地闲置费用，对矿企损失土地效益的行为予以惩罚并督促其尽快用地（图 4-3）。

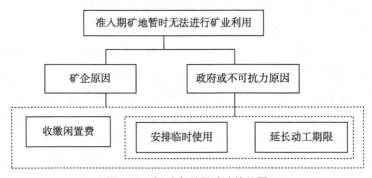

图 4-3　暂时未利用矿地的处置

4.3　不同类型矿地的具体盘活路径

各类型矿地均可适用上述矿地盘活模式，但因其各自的特性差异，也会在盘活模式下形成因地制宜的具体路径。根据上文对矿业用地类型之间的逻辑关系分析，自然状态中的矿业用地类型包含三个层级且各层级之间依次形成因果关系，故仅须针对因果链条的最后一个层级（第三层级）的矿地类型（毁损状态差异矿地类型、使用期限差异矿地类型以及性质可逆性差异矿地类型）进行盘活路径探讨，即可完成自然状态中类型矿地盘活的具体分析。对于法律意义上的矿地类型（复垦义务主体差异矿地类型、权利状态差异矿地类型），则应分别予以考察。

综上，需要进行具体盘活路径分析的矿地类型包括：毁损状态差异矿地类型、使用期限差异矿地类型、性质可逆性差异矿地类型、复垦义务主体差异矿地类型以及权利状态差异矿地类型。

4.3.1 类型矿地的权利配置路径

不论矿地的重要程度如何，特定矿业生产活动所用的土地分为不同的类型，须结合矿地的不同类型划分，对矿地使有权初始的基本配置进行细化、补充与修正，以达到最优组合的目的。在矿业用地准入期，土地毁损尚未形成，毁损状态差异矿地类型不在考虑范围之内，且这一时期既不涉及复垦义务主体的差异（历史遗留毁损矿地的盘活无准入期，故复垦义务主体在此阶段是唯一的，均为准入矿地的矿业企业）更未实施复垦，故也无须考察复垦义务主体差异矿地类型。与此同时，准入是将不同类型的矿地与某一具体使用权优化匹配的赋权过程，故权利状态差异矿地类型在此过程中形成，而使用期限差异矿地类型、性质可逆性差异矿地类型是进行权利初次配置的主要依据与考量标准。因此，针对使用期限差异矿地类型、性质可逆性差异矿地类型进行使用权状态类型的匹配，是差异矿地类型盘活路径的主要研究对象。

4.3.1.1 使用期与性质结合的矿地类型的权利配置

性质可逆性差异矿地类型以是否可恢复农用对矿地进行分类，与此相应，可恢复农用的土地匹配集体所有（未经征收）的土地使用权，前述土地的使用权可在矿用结束后回归农民集体，继续用于农业，这类土地使用权的可逆性与矿业用地的性质可逆相契合；反之，不可恢复农用的土地（矿业道路用地除外）相较适宜国家所有（经征收）的土地使用权。与此同时，使用期限差异矿地类型（工程配套设施暂时用地除外）会对如上的矿地与使用权的匹配产生调整，使用期的长短影响土地可逆性的效率，矿用时间越长，恢复农用的时间成本越高，效益越低，反之亦然。详言之：

（1）土地性质可恢复为农用的短期用地，匹配集体所有的土地使用权，且明确约定与实际用地时间相适应的使用权利期限；所有权匹配后，根据使用权状态差异的矿地类型对使用权续分，乡镇集体矿企的矿地可以适用承包经营集体土地使用权、农地入股使用权及临时集体土地使用权等，而非乡镇集体矿企合法利用集体所有矿地的权利在现行法律框架内可适用临时用地使用权，同时应尝试以农地经营权入股非乡镇集体矿企的农地作价出资入股使用权的新型权利形态，亦可在规划条件和申报手续满足时受让、租赁集体经营性建设用地❶，另对于农村集体"经营性"建设用地，也应响应国家农地

---

❶ 虽然《土地管理法》有条件允许集体经营性建设用地入市，但具体实施仍需配套措施出台。

有序市场化流转的政策，允许直接租赁用于土地性质可逆的短期矿业用途。

（2）土地性质可恢复农用的中长期用地，一般匹配国家所有的土地使用权，但在中期用地时，如原权利人愿意在相对稍长的时间后收回土地，也可选择集体所有的土地使用权。国家所有权匹配后，根据使用权状态差异的矿地类型对使用权续分，中长期用地不适宜临时用地使用权，其他权利形态均具备适用可行性，但须关注用地时间与约定权利期限的符合，长期用地适用授权经营使用权、租赁使用权时，可按照法定出让最高年限约定权利期限，适用作价入股使用权，如剩余使用年限短于矿用时间，应在初次权利配置时确认土地使用权终止时的二次取得权利方式，中期用地在任何权利形态中都应明确相应权利期限，以免土地无法适时退出矿用。

（3）土地性质不可恢复的短期用地，一般匹配国家所有的土地使用权，如原权利人（农民）自愿收回性质变更的土地，可选择集体土地所有权。此类用地更倾向适用临时用地使用权与短期国有土地租赁使用权。

（4）土地性质不可恢复的中长期用地，选择国家所有的土地使用权，不适用临时用地使用权，中期用地匹配权利形态时，因其实际用地时间与法定使用权的最高年限仍有一定差距，亦须在使用权让渡协议、权利登记证明文件中约定明确的使用期限。

综上，结合土地可逆性与矿业利用期限，形成四种复合土地类型（表4-4）。此处不考虑存在性质可逆性差异的矿业开采波及塌陷地、露天挖掘形成的采坑，因其在矿业准入阶段尚不存在，仅是随着开采工程的发展，具有形成的可能；而尾矿库仅考虑性质可以逆转的常态情形，因作业问题导致理化性质严重污染的尾矿库不可恢复农用，但属于异常状态，准入期初次配置土地使用权时难以预期。矿业开采波及塌陷地、露天挖掘形成的采坑以及严重污染的尾矿库将在矿业利用后续的其他阶段进行相应的盘活处置。

表4-4 使用期与性质可逆性结合的矿地分类

性质 & 期限	矿地类型
性质可逆短期用地	露天挖掘场/露天外排土场/露天尾矿库/井工井场（无资源可采）
性质可逆中长期用地	井工井场（有资源，可采）/井工尾矿库
性质不可逆短期用地	露天矿广场用地（厂房、宿舍）
性质不可逆中长期用地	井工矿广场用地（厂房、宿舍）

表 4-5　使用期与性质可逆性差异矿地类型的权利配置

匹配权利		矿地类型
集体所有	承包经营集体土地使用权/临时集体用地使用权/集体用地入股使用权	乡镇集体矿企使用土地性质可逆的短期用地
	临时集体用地使用权/租赁集体用地使用权（待定）/集体用地入股使用权（待定）	非乡镇集体矿企使用土地性质可逆的短期用地
国家所有	临时国有用地使用权以外的使用权形态	土地性质可逆的中长期用地
	临时国有用地使用权/短期租赁用地使用权	土地性质不可逆的短期用地
	临时国有用地使用权以外的使用权形态	土地性质不可逆的中长期用地

复合矿地类型形成差异化的使用权初始配置方式（表 4-5），但由于井工井场的资源可采与否在准入之时尚无法知晓，可先视为性质可逆短期用地配置使用权并同时约定"于确定资源可采时，变更土地使用权形态"。

4.3.1.2　暂时用地与道路用地的特殊权利配置

在使用期限差异矿地类型中，通风口用地、排水用地及管线铺设用地等工程配套设施的暂时性用地有其适宜的权利配置方式，不因土地性质可逆性差异而发生变化，道路用地作为农业性质不可逆的矿地之一，权利设定也相对独立。

配套工程设施用地与道路用地具有如下特征：一则，不直接涉及资源，故使用权配置不受资源用地的重要性影响；二则，均具有公共性，配套设施对土地的使用可与其他使用占地共存，道路不仅用于矿业生产运输，也为周边群众出行提供便利；三则，均具有辅助性，配套设施用地与道路均为辅助矿业活动，矿企对其并无独立的其他用地目标。前述特征决定了配套工程用地与道路用地的使用方式与地役权、相邻关系相契合，地役权、相邻关系均系《民法典》明确规定，与前文归纳的土地使用权为主物（债）权不同，地役权是为了需役地的便利而设立的从物权，相邻关系是调节土地利用权利冲突的法定方式，亦是地役权的补充，两者均是为了更好地服务其他土地而对另一特定土地的利用，同时也都不需要独占某一地块，地役权与相邻关系不妨碍所用土地之上另设其他权利。与此同时，这两种土地权利或权益形态与当下常见的临时用地使用权有相似之处，但又具有明显优越性（表 4-6）。

表4-6 地役权、相邻关系与临时用地使用权的比较

权利类型	特征比较				
临时用地使用权	须经行政审批程序	有偿	行政管控/保障性强	适用于开矿直接用地及辅助用地	三者均适用于短期、局部利用的土地
地役权	依法约定	有偿	相对自由/效率高	多种用地途径中的最优选择	从属性适用辅助用地
相邻关系	法定	无偿	法律管控/确定性强	适于无其他用地途径的情形	

排水设施、管线铺设及通风口（井工矿）属于《民法典》规定的相邻关系适用范围，除此之外的配套工程用地，可以适用地役权。而服务于矿业活动的道路设施虽理论上可以适用地役权或相邻关系，如在相邻的不动产上通行，但在实践中，基于道路的公共基础设施的属性，且规划的矿区道路多非现成已有，需要建设，矿企可以与政府合作出资共建并约定相应的道路用地使用权，也就是采用政企合营的模式。另外，以地役权、相邻关系配置矿业配套工程用地、以合建形式解决矿业道路用地，在满足矿企用地需求的同时，也节省获取土地的经济成本，相邻关系无成本，地役权与合建的成本大大低于其他的用地方式，更提高了土地配置的综合效益，地役权与相邻关系的用地方式可由多主体共用一特定地块，对空间的利用更加充分，合建道路不仅矿企拥有使用权，公众也获得了无偿（免费）使用的机会（表4-7）。

表4-7 特殊矿地的权利配置

匹配权利	矿地类型
地役权	通风口（井工矿）、排水设施、管线铺设之外的配套工程用地
相邻关系	通风口（井工矿）、排水设施、管线铺设的配套工程用地
矿企与政府共建，取得土地使用权	道路设施

4.3.2 权利属性匹配下的类型矿地使用权优化

结合特定类型矿地的使用权设定需求，以及依资源重要程度不同矿地的使用权法律属性匹配情形，对类型矿地的使用权初始配置进行优化。首先排除无须进行优化的矿地类型：其一，配套工程设施用地、道路设施。前述矿

地不直接涉及矿产资源，属于从属、辅助性用地，配置的使用权亦不是"主"物（债）权，因权利形态的调整一般发生在主权利之间，故此类地块依据法律属性进行权利调整的必要性不强。其二，短期用地（露天矿工业广场除外）。前述矿地通常配置临时用地使用权，少数适用短期租赁使用权，权利属性均为债权，基于这一类矿地单宗占地面积小、经济价值不高，如露天外排土场与其尾矿库、井工井场（无资源，不可采），或因矿用的实际期限短，如露天挖掘场，均令使用权人流转处分的概率大大降低，即便是一般性矿产资源，矿企也无取得物权性使用权的驱动力，因此无论资源重要程度，均无必要以权利属性调整权利配置。露天矿工业广场之所以除外，因其对于矿企而言，可能具有矿用之外的长期利用或流转价值，配置的权利可以更多元。

除此之外的矿地主要包括厂房、宿舍等工业广场，有资源可采的井工井场及其尾矿库，这些矿地的使用权配置均具有调整的必要性与可行性，应结合与资源重要性相适宜的权利属性进行优化（表4-8）。根据土地类型匹配的使用权如符合资源重要性确定的权利属性，则使用权选定，否则即尝试在法律属性相近的土地使用权中调整，包括物权与债权化物权之间，以及债权与物权化债权之间，债权化物权与物权化债权不属于性质相近，两者是物权与债权的差异，彼此之间不能调整。

表 4-8　准入期不同矿地类型的盘活路径

匹配的权利		矿地类型
法律属性	使用权利类型	
绝对物权	国有出让/入股土地使用权	一般矿产资源用地（特别不重要）以及非集体企业所用、不符合划拨目录与无授权经营资格的一般矿产资源用地（非重要）的工业广场（厂房、宿舍）及井工井场（有资源，可采）/井工矿尾矿库
	地役权	除通风口（井工矿）、排水设施、管线铺设之外的配套工程设施用地
	相邻关系	通风口（井工矿）、排水设施、管线铺设的配套工程设施用地

续表

匹配的权利		矿地类型
法律属性	使用权利类型	
债权化物权	划拨地权	符合划拨目录的一般矿产资源用地（非重要）的工业广场（厂房、宿舍）/井工井场（有资源，可采）/井工矿尾矿库
	授权经营地权	具有授权经营资格的一般矿产资源用地（非重要）的工业广场（厂房、宿舍）/井工井场（有资源，可采）/井工矿尾矿库
	承包经营集体地权	乡镇集体矿企的一般矿产资源用地（非重要）的工业广场（厂房、宿舍）/井工井场（有资源，可采）/井工矿尾矿库
物权化债权	国有租赁土地使用权	重要矿产资源用地（特别重要）的井工矿工业广场（厂房、宿舍）/井工井场（有资源，可采）/井工矿尾矿库以及重要矿产资源用地（一般重要）的工业广场（厂房、宿舍）/井工井场（有资源，可采）/井工矿尾矿库
绝对债权	临时用地	露天挖掘场/露天外排土场/露天尾矿库/井工井场（无资源，不可采）/重要矿产资源用地（特别重要）的露天矿工业广场
	政企共建地权	道路设施

具体而言：

（1）如权利可调整地块属于重要矿产资源用地（特别重要），按照权利属性应适用绝对债权，即临时用地使用权，但考虑到这些地块中，除露天矿工业广场与临时地权的短期性可以匹配外，其他地块都须调整至物权化债权，即国有租赁土地使用权，并根据实际用地时间，约定中期、长期租赁。

（2）如权利可调整地块属于重要矿产资源用地（一般重要），按照权利属性应适用物权化债权，即国有租赁土地使用权，各地块可以匹配，无须调整，仅需据其实际矿用期限，约定短期、中期或长期租赁。

（3）如权利可调整地块属于一般矿产资源用地（非重要），按照权利属性应适用债权化物权，即划拨地权、授权经营地权及承包经营集体地权，这三类地权的设定均有特殊限制，分别是符合划拨目录、具备授权资质以及用地方为乡镇集体矿企，如权利可调整地块既非集体企业所持有，亦不符合划拨目录、无授权经营资格，则无法适用债权性物权，可调整适用绝对物权。

（4）如权利可调整地块属于一般矿产资源用地（特别不重要），按照权利属性应适用绝对物权，即国有出让或入股土地使用权，各地块可以匹配，无须调整，仅需按照各地块的用地时间，明确约定出让或入股的权利期限。

4.4 盘活的障碍与对策

4.4.1 矿地使用权优化配置的导向不明

第一，土地征收用于矿业的条件限制不明，导致征地方式的滥用。征收土地是经济成本高、历时久、纠纷频发的一种用地方式，当下的矿地使用权绝大部分经由征收程序获取，主要是由于征地条件"公共利益之需"未作清晰界定所致，以致本不属于征地范畴的土地采用了征收方式，也因之错失了其他更高效的使用权配置选择。即便是2019年《土地管理法》以列举的形式阐释"公共利益之需"的具体情形，有益于合理收缩征收土地的口径，但对于因矿业利用而征地的不同情形依然没有做出明确区分，可以在《矿产资源法》中予以细化，亦可由此激活与倒逼征收之外的矿地取得路径。公共利益之需的分界可以矿地所附资源的重要程度作为关键的衡量标准，上文述及的所附矿产为普通资源，即非稀缺、经济价值一般或较小，不涉及国计民生或涉及程度相对较低的一般资源用地通常难以符合征收土地的"公共利益之需"要件，如普通建筑材料的砂、石、黏土等资源的开采用地；又如未由国家限制开采总量的非优势矿种，再如市场上供过于求的矿种；另如环境污染严重的矿种等。附着这些矿产资源的土地可以经由农民集体土地交易市场通过市价购买土地，但不能采取征收方式。

第二，土地权利设定的法律规制现状制约矿地以空间为权利客体的多层次高效利用。《民法典》规定在地上、地下与地表可分别设立使用权，但除此以外，分别取得使用权的程序、方式却未见于法律规范之中，权利形态中也没有以空间对象作为划分标准，因此土地空间权利体系无法在实践中应用。以空间为权利客体的用地方式可以在一个地块上同时设定不同的使用权利，最大限度地发挥土地效益，尤其在矿业生产活动中更为突出，因为我国矿业开采以井工为主，井场用地仅利用地下空间。故而，充分利用现有的法律资源，完善地上、地表及地下分别取得使用权的程序规范，可以促使有针对性地取得矿地，大幅度提高土地使用效率。

4.4.2 矿地使用权优化配置的路径不足

第一，经营性建设用地等农村土地直接用于矿业的路径有待具体设计。

党的十八届三中全会决定建立城乡统一的建设用地市场，在符合规划和用途管制的前提下，允许农村集体经营性建设用地出让、租赁、入股，实行与国有土地同等入市、同权同价。《土地管理法》亦对农村经营性建设用地有条件入市予以认可，但《民法典》及土地流转制度层面尚未依据政策、法律制定具体的实施规范，农村集体经营性建设用地直接流转的实践尚需时日。在一定的约束条件下，农村集体土地直接用于矿业，可以大幅度降低用地成本、提高用地效率，然而当下这一路径仅限乡镇集体矿企用地的情形，尚不能满足矿地使用权优化配置的需求。当下应针对农村集体经营性建设用地的流转制定程序规范，在应用中总结经验；同时农民集体所有的农业用地在尝试变更所有权之外的流转方式，如租赁与入股等时，还应注意通过租赁解除条件、优先股、股权信托等机制设计保障农民权益。

第二，临时用地路径尚未制度化。露天矿临时用地试点在临时用地利用与管理的经验基础上于具体的适用范围内制定了一系列规范，如《平果铝土矿临时用地土地供应办法》以及《平果铝土矿采矿临时用地采空区复垦项目管理办法》等；井场临时用地的规定也仅停留在国土部复函文件的层面。故至今，临时用地机制应处于实验阶段，尚未形成统一的有法律效力的规范以供全国范围普遍适用。临时用地制度对于露天挖掘场、露天外排土场、无资源可采的井工井场等矿业地块的高效利用、成本节约以及灵活退出，意义重大，当务之急是尽早制定普适规范，以便推行。

4.5 小结

本章从土地使用权与矿业生产经营活动的初次匹配为着眼点，对矿地准入时期的矿业用地盘活进行研究，主要包括以下内容：

（1）矿地准入期是确定土地用于矿业并为其配置相应使用权利的过程，这一过程中存在如下影响土地利用综合效益的因素：确定土地用于矿业时，面临矿业权与其他权利（含其他矿业权）的法律秩序权衡；为土地配置相应使用权时，须面临土地所有权与使用权的捆绑，以及如何解决土地使用权匹配度与可实施性等问题。上述影响因素为矿地盘活模式的设计提供了依据。

（2）从土地使用权的准入判定、矿地使用权的优化配置以及初始配置后的调整三个方面探讨了此阶段的一般盘活模式，并以此为基础，进一步探讨了使用期与性质可逆性结合矿地类型、暂时用地及道路用地等特殊用地的具体权利配置路径，同时结合类型矿地的使用权需求，以及资源重要程度不同矿地的使用权法律属性匹配度，对类型矿地的使用权进行再次优化。

（3）该阶段矿地盘活的障碍集中于使用权优化配置的导向不明与路径限制，应对之策主要包括明确矿业征地的条件、落实土地分层空间权、建立农村集体土地有序直供矿业路径以及促进临时用地路径制度化、规范化。

5 矿地利用期的盘活研究

利用期是实现矿业生产经营综合效益的阶段，以此为目标的盘活将着重于土地使用权利用过程中的使用价值提升，流转过程中的交换价值实现并为使用价值提升创造条件，由此引发的盘活模式设计与制度完善，是矿地盘活的主要内容。

5.1 盘活模式的来源与依据

法学理论中，习惯于从静态与动态角度对权利进行分析，静态权利指权利的归属，特定标的依法明确了归属后，则相应有了"是我的"而不是其他任何人的这样一种具有法律效力的客观判断；动态权利指权利的行使，包括对权利标的的利用、权利的流转两种情形，流转是为了更好地利用，故利用是权利行使时发挥价值与效用的主要形式。静态与动态是权利有机统一的两个方面，前者是权利价值实现的前提，后者是权利价值实现的过程，其中对权利标的的使用产生使用价值，权利的流转直接产生交换价值并为更优的使用价值产生创造机会（图5-1）。

法学理论中将动态权利作为价值本源的认知，与现代财产权理论不谋而合，后者尤其重视财产利用过程，认为只有选择最能利用财产的行为方式才能为产权人及社会创造效益，同时将财产权的利用状态视为主动财产权，即产生新收益的财产权。因此，对于矿业利用期的土地使用权，静态归属已定，需要通过动态行权实现权利价值。土地使用权价值实现程度决定了矿业用地、矿业企业的综合效益水平。因此，对此阶段的盘活应围绕动态权利展开，主要包括矿业企业提升矿地的利用效益、矿地使用权的让渡两类盘活模式。

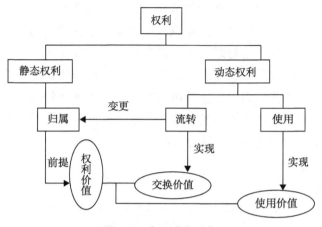

图 5-1　权利分析路径

　　动态权利区别于静态权利的本质特征是社会性，以与权利主体之外的其他主体建立各种联系为必须，使用权利标的时需要他方的支持、配合与容忍等，权利的流转则是与他方建立交易关系，交易关系建立前更需要广泛接触有意向的第三方并与之磋商。就矿地利用效益提升而言，社会性主要体现于产业链各环节企业的互动互助，故其盘活模式又具体分为权利人（矿企）的内部改革，与产业链的整合提升；就矿地流转而言，其本身就是一个相对行为，故无法独立出矿企自身的行为模式，而现实中潜在交易方的寻找仍缺乏平台，难以满足动态权利社会性的需求，故其盘活模式除了矿地使用权市场流转以外，还须考察政府干预，甚至主导下的矿企重组（矿地权流转）模式，政府的参与是对动态权利社会性需求供给不足的弥补，随着社会性需求逐渐被满足，这一特殊模式也将会退出历史舞台，但在目前较长时期内，其存在具有必要性。

　　综上，矿地利用期的盘活模式分为：在保持土地使用权主体不变的基础上，矿企通过企业管理经营的改善提升矿地使用效益，与在改变土地使用权主体的基础上通过矿地使用权流转实现矿地与矿企的二次优化组合；前者又包括矿企内部改革（绿色矿山建设）与产业链优化（矿业园区建设），后者则由市场化的矿地使用权流转与政府参与下的矿企重组组成。

5.2　盘活的模式

　　正在开发建设的矿业用地占全国矿地面积的一半以上（图 5-2），是盘活的重中之重。就盘活模式的法律性质而言，矿企内部改革、土地使用权的常规流转均属企业的自主经营决策范围，属于民商事法律行为；矿业园区建设需要政府的立项审批，运行过程中园区内企业之间发生自主意志的交易、合作行为，而企业间兼并重组本身是市场机制下的民商事法律行为，但从我国矿业行业的实际操作来看，矿企重组多数在政府干预下进行，并非纯粹的民商事法律行为，故而矿业园区建设与矿企重组这两种盘活模式均为行政法律行为与民商事法律行为的交互结合（图 5-3）。

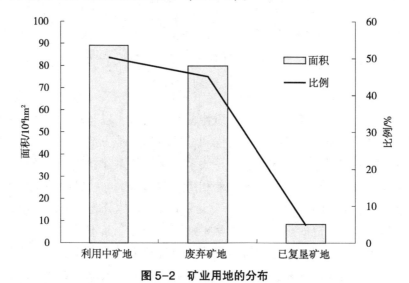

图 5-2　矿业用地的分布

注：数据来源于中国地质调查局 2014 年矿山地质环境遥感监测成果。

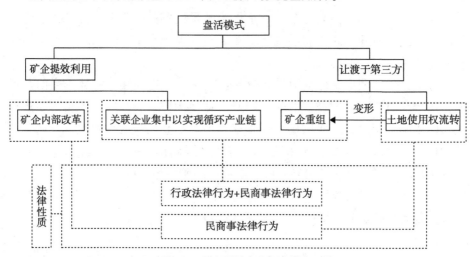

图 5-3　利用期矿地盘活模式

5.2.1 矿企提升矿地综合效益的模式

5.2.1.1 矿企改革——以绿色矿山建设为指引

矿企的自身改造路径正是矿地利用过程的优化，通过资金、管理与技术等的改善，达到综合效益（经济、生态及社会效益）提升，与创建绿色矿山的主旨与理念相一致，故绿色矿山建设为矿企自身改造指明了方向和路径。

1. 绿色矿山建设的含义与相关政策

绿色矿山建设是清洁（绿色）生产在矿业行业中的应用，《清洁生产促进法》将清洁生产定义为"不断采取改进设计、使用清洁的能源和原料、采用先进的工业技术与设备、改善管理、综合利用等措施，从源头消减污染、提高资源利用效率，减少或者避免生产、服务和产品使用过程中污染物的产生和排放，以减轻或者消除对人类健康和环境的危害"。可见，提高资源利用效率与减少环境污染、增进社会效益是清洁生产的最终目标，技术水平、资源综合利用水平以及管理水平的提升是实现这一目标的主要措施与手段。由此推及具体的绿色矿山建设，可以认为：绿色矿山建设是指矿业企业通过科学、规范的矿区管理与规划，矿产资源的综合与循环利用以及矿业生产技术、工艺的进步与创新，实现矿业生产更高的经济效益，提升环境保护的治理标准及增进社会公共福利。

截至 2019 年，原国土资源部已批准设立了四批国家级绿色矿山试点❶，主要分布在东部地区，西藏、青海最少，同时，"绿色矿山建设"自 2009 年首次见诸官方政策文件，历经 10 年，法律与政策规制现已初步体系化（表 5-1）。

---

❶ 2020 年第五批国家级绿色矿山试点发布，在前四批（总计 398 家）基础上新增 555 家国家级绿色矿山试点，绿色矿山试点数量的大幅增加，可见矿山环境保护工作成果显著，但试点数量在我国各地区的分布格局及比例未发生明显变化。

表 5-1　绿色矿山建设的法律与政策

类型	年份	名称	主要内容
绿色矿山建设专门政策规范	2010	《国土资源部关于贯彻落实全国矿产资源规划发展绿色矿业建设绿色矿山工作的指导意见》	明确绿色矿山建设的思路、原则与目标，为绿色矿山建设各项工作做出部署与规划
	2010	《国家级绿色矿山基本条件》	规定绿色矿山建设的基本条件为依法办矿、规范管理、资源综合利用、技术创新、节能减排、环境保护、土地复垦、社区和谐、企业文化
	2017	《关于加快建设绿色矿山的实施意见》	制定绿色矿山建设领跑标准，加大政策支持，以及创新评价机制
绿色矿山建设规划	2009	《全国矿产资源规划（2008—2015）》	"绿色矿山"的概念正式被提出
	2009	《矿业联合会绿色矿业公约》	详细阐释绿色矿业建设的主要内容
	2011	《国民经济和社会发展十二五规划纲要》	"发展绿色矿业"纳入其中，其地位上升到国家发展战略
	2016	《国民经济和社会发展十三五规划纲要》	提出绿色矿业发展的新格局基本形成的要求
	2018	《非金属行业绿色矿山建设规范》等9项行业标准	细化绿色矿山在不同行业的建设标准
清洁（绿色）生产法律法规	2002	《清洁生产促进法》	首次从法律层面明确清洁生产地位，使其具有强制约束力
	2003	《关于加快推行清洁生产的意见》	从法规政策、企业制度及监督管理等方面倡导清洁生产
	2004	《清洁生产审核暂行办法》	清洁生产审核有章可循
	2005	《重点企业清洁生产审核程序的规定》	
	2008	《关于进一步加强重点企业清洁生产审核工作》	
	2009	《中央财政清洁生产专项资金管理暂行办法》	从政策扶持角度激励清洁生产的推广

续表

类型	年份	名称	主要内容
与绿色矿山主旨一致或与局部建设环节相关法律、政策	2007	《节约能源法》	规制绿色矿山建设具体行为，如环境污染预防与治理、矿业生产新技术应用、矿业资源节约利用等；规定过于概括，且因"政出多门"与最终解释权差异，落实到某一具体行为规制上存在协调性差、指向不明确等弊病，须通过可操作性条款将相关高层级法律应用于绿色矿山建设
	2008	《科技进步法》	
	2015	《环境保护法》	
	2015	《生态文明体制改革总体方案》	提出"解决生态环境领域突出问题，改善环境质量，提高资源利用效率"的总体要求，与绿色矿山建设要求一致

2. 绿色矿山建设的外因（影响因素）

绿色矿山建设作为一项企业生产经营行为，受到市场竞争与政府调控的双重作用，而又由于其与一般的企业经营不同，关乎生态环境，关乎公众的生存、健康，故公众的态度和主张必须具有对矿山建设进程的影响力。因此，绿色矿山建设的影响因素须考虑：政府调控、市场竞争与公众意见。

（1）政府调控

政府调控将会影响企业的建设行为与经营决策，在我国，政府对绿色矿山建设的部分调控权下放给了矿业联合会，通常国土部门制定并出台绿色矿山建设的基本方针、政策及配套措施，批准绿色矿山试点，矿业联合会负责具体落实并制定细化标准，组织实施绿色矿山试点的相关评审验收工作，具体为按照国土部对绿色矿山的基本条件要求，矿业联合会制定《国家级绿色矿山试点单位验收评价指标及评分表》（中矿联发〔2014〕38号），其中设定评价指标及标准分值、评价方法。政府调控的影响主要体现在：

一方面，政府调控对矿企建设绿色矿山的行为形成约束，主要体现在管理机制方面：国土部门建立了国家、省、市三级绿色矿山申报评选机制，矿企经"申报—评审—（获批的试点）编制绿色矿山建设规划—验收"，最终取得绿色矿山称号；同时针对绿色矿山建设的具体环节分别进行管理，如通过对矿企下达节能减排任务、严令淘汰落后的生产设备等措施对绿色矿山建设的必要过程进行强制。目前，政府对绿色矿山的管理还有待提升的空间，如应强制矿企建设绿色矿山，结合矿业企业的矿区生产用地现状、矿业权剩余年限或实际可开采年期设定其绿色矿山建设的目标（如哪一级的绿色矿山）及达标时限，并通过政府与矿企签订责任状的形式予以约束，未能如期达到建设目标，应给予相应处罚或列入关停淘汰的范围；又如应就不同区域、规模及类型的矿地完善差异化的绿色矿山建设标准并设定量化评价指标，强化绿色矿山评选的科学性。《关于加快建设绿色矿山的实施意见》（国土资规〔2017〕4号）明确了煤炭、石油、有色金属、黄金、冶金、化工、非金属7个行业绿色矿山建设要求，即对部分资源性质差异矿地类型的绿色矿山建设提出了具体指导，多为定性要求。在此基础上，因不同区域决定了经济发展的阶段高低，矿业产业在整体产业结构中的地位、作用高低，须综合这些宏观条件制定相应区域的绿色矿山建设标准体系，并按照大型、中型和小型矿企的规模差异对各级（国家级、省级）已建成的绿色矿山企业生产开发中的技术指标、分矿种的"三率"指标等进行量化统计。以此为据，初步形成规模差异、资源性质差异的绿色矿山矿企在资源综合利用、科技投入及环境维护等方面的定量化标准。

表5-2　绿色矿山建设的资金支持体系

支持领域	主要依据	完善方向
技术创新	《重点产业振兴和技术改造专项投资管理办法（暂行）》（发改委发改产业〔2009〕795号）	其他申报条件相同时，优先支持绿色矿山建设
资源综合利用	《矿产资源节约与综合利用专项资金管理办法》（财建〔2013〕81号）	
节能减排	地方节能减排专项资金政策如：《山西省节能专项资金使用管理监督办法》《辽宁省节能专项资金管理办法》等	
环境保护	《矿山地质环境恢复治理专项资金管理办法》（财建〔2013〕80号）	当下资金主要用于治理计划经济时期建设的国有矿山因开采活动所致的环境损坏，资金使用的局限性明显，有必要扩大资金辐射范围，特别应支持绿色矿山建设
	全球环境保护基金，如《关于持久性有机污染物的斯德哥尔摩公约》（2001）、《联合国防治荒漠化公约》（2003）等文件的资金机制	政府帮扶建设绿色矿山的矿企向世界银行申请全球环境基金的赠款

续表

支持领域	主要依据	完善方向
矿地勘察	《中央地质勘查基金管理办法》（财建〔2011〕2号）、《危机矿山接替资源找矿专项资金管理暂行办法》（财建〔2006〕367号）	优先支持开采国家重点矿种的绿色矿山或位于重要成矿区带的绿色矿山接替资源勘查
矿产资源勘查、保护和管理	《探矿权采矿权使用费和价款管理办法》（财建〔2003〕530号）、《中央所得探矿权采矿权使用费和价款使用管理暂行办法》（国土资发〔2002〕433号）	当下探矿权采矿权使用费和价款中的部分专项资金主要用于国有矿企的地质环境治理支出，有必要逐渐扩大使用企业范围；特别应支持进行绿色矿山建设的企业
绿色矿山建设	无	应加大对绿色矿山的专项资金支持力度，开辟专门申报渠道，鼓励绿色矿山建设

另一方面，政府调控对矿企建设绿色矿山的行为形成激励，主要体现于扶持机制：一则，对于正在进行绿色矿山建设的矿企，给予贷款、财政补贴、税收等的优惠以及专项资金的支持（表5-2），帮助其弥补资金缺口，更好地实施建设行为。二则，对于以任何合法形式投资参与绿色矿山建设的第三方，给予红利免税的政策，鼓励其投资行为。三则，对于已经获得绿色矿山称号的矿企，为其创造更多进一步发展壮大的机会与便利，如给予矿地、矿业权的优先供给，同时在开采规模总量上给予倾斜；优先办理采矿权或者探矿权延期手续；在一定的开采规模幅度内，原矿区重新受让采矿权时，简化程序，如可不再重复编制矿产资源开发利用方案、环境影响评价报告等文件；登陆资本市场时，将绿色矿山企业作为优先考察的对象等。

（2）市场竞争

市场竞争是企业及产品优胜劣汰的过程，对优劣进行选择的主体主要是消费者与投资者，计划行为理论和管理组织理论都认为，企业的行为和决策与市场利益相关者的好恶直接相关，具体到矿业企业，即矿产品需求方的购买偏好、矿业投资者的投资偏好都可以对企业绿色矿山建设的行为产生重大影响。具体而言：矿产品需求方倾向于购买取得绿色矿山称号的矿业企业的产品，投资方将是否具有绿色矿山称号或是否正在进行绿色矿山建设作为其投资的重要考量条件，矿企对绿色矿山建设的重视程度与实施力度都会加强，反之则减弱。但是，当下的市场竞争尚未能发挥正向的引导作用，主要是由于相关市场主体尚未能意识到绿色矿山建设的价值与意义。具体而言：绿色矿山建设必然要增加矿企的投入成本（如引进新技术、购买先进设备及高薪聘用人才等），随之矿企可能负债、资金流紧张，也可能相对于不进行更大投入、维持现状的矿企，能承受的矿产品市场价格更高。在投资方、购买方未意识到绿色矿山建设价值时，反而会从经济角度出发做出抑制绿色矿山发展的市场行为，如投资者倾向于财务状况更佳的非绿色矿山企业，消费者偏爱于价格低廉的非绿色矿企矿业产品。

因此，为了使市场竞争因素对绿色矿山建设发挥良性影响作用，一方面，对于消费者，可以加大绿色矿山建设及其所生产的矿业产品的优势和效果的宣传与推广，提高消费者对绿色矿山及其产品价值的认可度，同时在产品上标注其生产于哪一级的绿色矿山，利于消费者对相应产品进行识别、选择。另一方面，对于矿业投资方，除了提升其对绿色矿山价值的认知外，政府还应加大对绿色矿山或正在建设的绿色矿山的投资优惠及企业发展优先性的承诺，以便社会资金向绿色矿山汇聚，促使矿业企业争相进行绿色矿山建设。

（3）公众意见

公众对良好生态环境的诉求对绿色矿山建设起到促进作用，但在当下的中国，这个影响因素相对不明显，主要是因为社会公众及公益性组织或者因环保意识不足致诉求少，或者缺乏表达的通道，或者诉求无法产生强制约束力，以致难于对矿业企业产生压力。公众意见是政府调控的重要补充，亦有政府调控所不具有的优势，如公众可以实时了解企业的生产状态、污染排放情况等，比政府调控的成本低但时效性更强，如能发挥其影响作用，将成为企业自愿开展绿色矿山建设的重要动力，使其更加有压力实施减排项目，进行减排投入，有利于污染的预防或避免扩大、蔓延。为了更好地发挥公众意见的正向影响，不仅须提高普通公众的环保意识，同时应畅通意见表达通道如政府监管部门建立匿名举报平台、拓宽环保公益诉讼的起诉范围等，亦须加大由公众意见所产生的对企业的惩处力度。

3. 绿色矿山建设的内因——矿企内部优化管理

（1）道德的管理——企业文化建设

企业文化是矿企实现绿色矿山建设的保障，建立与绿色矿山相适应的企业文化对于绿色矿山建设来说是至关重要的。企业文化是根治于特定企业的核心价值观，不同企业之间形成各异的文化，但基于企业文化为绿色矿山建设服务的出发点，安全、生态、节约与创新的理念都是必不可少的部分。矿业企业文化的管理主要包括：其一，教育机制，企业文化不仅需要通过制作和发布、发放海报、宣传图册等方式进行展示，更加需要通过定期组织员工集体学习并分享学习心得的方式将文化理念系统性地自上而下地灌输、渗透到每个员工的心中；其二，参与机制，员工参与企业文化建设是教育机制的补充，教育的方式只能使员工被动地接纳企业文化，通过团队建设活动等形式让员工参与、感知并深刻理解企业核心价值理念，对于矿企的文化建设可以起到自下而上的反馈作用，有效减少企业文化推广过程中的阻碍；其三，树立榜样机制，不定期地在矿业企业中发掘、奖励践行企业文化的优秀员工，通过先进榜样向员工传递、扩散企业的价值观念，不但可以最广泛地在企业内部发挥企业文化的影响力，同时也会激励员工向榜样看齐，把企业的精神文化切实转化成企业的物质财富。

（2）规范的管理——法律与企业制度约束

依法办矿与规范管理作为国家级绿色矿山建设的基本要求，都要求矿业企业的生产经营遵守规则，依法办矿指矿业经营符合法律法规与产业政策；规范管理则是指在企业内部形成完整的规章制度，明确各部门及成员的权责，相当于企业的"法律"，对企业决策者、管理者以及广大职工具有内部约束力，在其参与企业的经营活动中应予以遵守。因此对矿企而言，前者是法律的适用，后者是在法律框架下制定操作规则同时予以适用。

一方面，矿业企业在生产经营之初，需要满足法定条件并取得相应权利，主要包括矿业权（采矿或探矿许可）、矿业用地使用权以及安全生产许可等，并取得依法审批通过的矿山环境影响评价、水土保持措施等报告；在矿业生产经营的存续期间，上述权利及许可证照均在有效期内并且矿企严格按照权利、许可证照规定的范围进行矿业活动，同时按时履行依法缴纳税费（企业所得税、土地使用税等税金，矿山环境恢复治理保证金等费用）的义务（表5-3）。为了实现上述法律适用的过程，一则应在矿企间建立有效的自律机制，如设立法务督察部，对矿企的日常经营行为实施法律风险防控，并负责各项合法经营的证照、资质申请；二则还可在一定矿业区域范围内，由毗邻各矿业企业负责人与管辖区域的国土资源部门共同签署"依法办矿互相监督协议"，形成矿业企业相互监督检查、彼此制约的良性机制，签署企业定期举行依法办矿的交流座谈活动，总结这一阶段的合法经营状况，交流在安全生产、环境与水土保护等方面的经验教训，国土部门亦要派员参加交流活动，第一时间掌握企业动态。

表 5-3　矿企经营的法律适用

矿企经营的法律要求	法律适用依据
矿业权	《矿产资源法》及其实施细则 《探矿权采矿权转让管理办法》 《矿业权出让转让管理暂行规定》 《探矿权采矿权招标拍卖挂牌管理办法》 《关于进一步规范矿业权出让管理的通知》
矿地使用权	《土地管理法》及其实施条例 《城镇国有土地使用权出让和转让暂行条例》 《招标拍卖挂牌出让国有土地使用权规定》
安全生产许可	《安全生产法》 《矿山安全法》 《煤矿安全监察条例》
合格的环评及 水土保持方案	《环境影响评价法》 《水土保持法》
税费缴纳义务	《企业所得税法》及其实施条例 《城镇土地使用税暂行条例》 辽宁、陕西等多省出台《矿山环境恢复治理保证金管理办法》 黄石市出台《矿山地质环境恢复治理备用金缴存及使用管理试行办法》等

　　另一方面，无规矩不成方圆，矿企必须以企业规章制度的形式明确各层级、各部门在安全、环保生产以及资源综合利用等方面的工作责任、标准及赏罚规则等，并根据生产经营实践情况不断调整完善，确保明确分工，层层落实目标责任。同时分别针对规章制度形成与建立管理机制：一则，企业根据自身特点编制《企业内部控制应用手册》，对矿企生产经营行为、岗位职责、工作内容进行定性和定量的规定，同时明确考核标准，为了使规章具有科学性、认可度，可由部门草拟该部门岗位权责的详细方案，交由各部门查阅并提出修改意见，综合各部门意见后形成初稿提交管理层，管理层提出意见后继续由方案拟定部门修改，一般内控文件由管理层确认发布，重要文件须经决策层批准实施（图5-4）。二则，规章制度的贯彻落实，先要通过制度培训的形式使广大职工理解规章内容及对自身的约束，在实施过程中，成立专门的监管部门对规章制度的实施效果进行检查并定期形成执行情况报告提交管理层、决策层，同时企业根据具体情况以月或季度为周期举行内部信息交流活动，主要通过调度会、专业

会等会议形式，对上一阶段的履职情况及下一阶段的工作安排进行沟通部署，使规章中的权责在每一个工作周期里都进一步具体化。

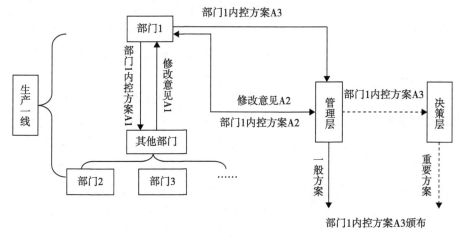

图 5-4　矿企内控文件拟定流程

（3）科技的管理

一方面，矿企应为矿业技术的创新创造环境。2016 年，中国地质大学（北京）的黄煦等人以调查问卷形式对绿色矿山开发现状与问题进行了调查，其中 49.1% 的受访者认为技术手段不够先进是造成矿山问题的主要原因，67.2% 的受访者认为提高技术是改善矿山现状的方法。矿业技术创新是矿业企业的当务之急，企业应着眼于绿色矿山建设中的技术攻关重点领域（表 5-4），从管理机制入手，为科技创新提供优良的土壤。

表 5-4　技术创新主要方向

绿色矿山条件	技术攻关重点
资源综合利用	低品位矿的选冶技术
	残矿、难采矿（共生伴生矿等）的采矿技术
	矿产资源深度加工技术
节能减排	废弃矿产资源（尾矿等）回收工艺
矿地复垦	工程复垦、生物复垦新技术

其一，矿企科技研发与生产经营的一体化运行机制。企业成立研究所，吸收管理层专门负责工程技术指导的工程师与生产一线的骨干成员加入，可以充分发挥一线职工工作经验多与工程技术人员理论技术资源丰富的优势，

将理论与实践相结合，及时解决科研过程各个环节的技术难题。研究所的研究人员既是生产的管理者、实施者，又是科技创新的研发人员和实施推广人员，形成一人多职、一职多能的管理及运行模式，以便矿业企业上下形成集管理、研究、推广、实施于一体的一站式科技创新体系，既保证了科研项目的研发，激发了职工的创造力与能动性，同时又避免了研究所与矿企两套人马产生的沟通障碍。

其二，建立与高校、科研机构的技术研发合作机制。一则，矿业企业可与高等院校和科研院所建立长期战略合作关系，企业科技人员参与院校的科研项目，院校的科研工作者参与企业生产，从实践中发现问题，共同开展高效、环保、安全生产工艺的科研和技术攻关；二则，矿企也可根据生产经营实际有针对性地设立研发项目，与科研机构订立有偿且具有时效性的科研项目委托协议，由科研机构专门针对企业需求进行研究并按时交付成果，以便及时应用。

其三，形成矿企内部科技创新的鼓励机制，矿企可定期在企业内部举行科技创新竞赛，凡企业员工就矿业生产实际提出优化的科技解决方案的，均可参赛，由企业内部技术专家与外聘专家组成评委会进行评选，评选获奖人员不仅一次性得到物质奖励，还将获得职位晋升的机会，将科技创新与员工的职业发展通道相联系，由人力资源部门制定相应的评价标准。

其四，建立同类资源的矿企之间的科技交流机制。资源性质相同的矿企在生产工艺、技术方法上的近似度越高，面临的技术攻关难题也类似，政府职能部门或行业协会应定期组织同类资源的矿业企业以会议的形式交流技术经验，可有效地避免闭门造车，凝聚创新力量，提升新技术的传播速率。

另一方面，矿企以信息科技手段实施生产管理。矿业生产就是资源开发利用的过程，绿色矿山也是要实现这一过程的集约高效、环保与安全，对其的控制是矿业企业管理的核心，随着互联网、物联网技术大繁荣时代的到来，信息科技与传统行业的结合愈加紧密，矿业企业可以通过对计算机技术、信息技术的应用，将矿产资源综合利用的设备设施与网络相连，资源利用的数据实时反映在计算机上，以此实现对矿产资源开发利用过程的信息化管理，提高信息的准确性、时效性。同时，矿企可为此单独设立部门——资源信息化管理中心，信息化管理可完成以下两项主要职能：

一则，实时反映资源利用的统计数据。统计指标的设置以上述管理标准为依据，须体现共、伴生矿产资源综合利用情况、低品位矿产资源开发情况、固体废弃物的综合利用情况以及再生资源的回收利用情况，等等。对于按照企业制定的资源利用评价标准，数值在低档范围的指标，系统自动发出红色报警，以便工作人员尽早发现、识别。

二则，资源生产利用设备的故障监控。信息系统检查运行中的生产设备是否属于正常状态，处于非正常状态的情况下，系统自动报警同时对事故原因进行快速的智能化分析并给出处理方案，以此保障能源系统的安全和经济运行。

综上，矿业企业内部改革要贯穿决策层、管理层与生产一线，从企业道德、规范制度与科技创新等方面入手，加强管理机制的完善（图5-5）。

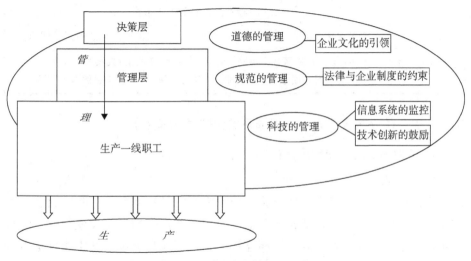

图5-5　矿企内部管理的示意

4. 模式实例——窑街煤电集团

窑街煤电集团的绿色矿山建设分三个阶段实施建设计划（表5-5），可以借鉴其规律。通常来讲，第一阶段，试点创建期。主要完成确定试点建设单位与编制建设规划，建设单位应优先考虑基础条件较好、建设难度相对较小的企业，有利于树立标杆，带动集团整体绿色矿山建设；第二阶段，全面建设期。实现试点单位取得"绿色矿山"称号，并推行其建设经验，促进集团内其他单位开展绿色矿山建设，着手处理历史遗留污染矿地等疑难问题；第三阶段，建成、持续发展期。以绿色矿山建设为契机，进一步实现集团所辖矿区的经济社会可持续发展。

表5-5　窑街煤电集团绿色矿山建设步骤

时期（年）	绿色矿山建设内容
2009—2012	建设好天祝公司、三矿、金河煤矿、海石湾煤矿等主力生产矿国家级绿色矿山试点单位
	编制集团矿山环境治理总体规划和窑街矿区矿山环境综合治理方案并报批备案
2012—2015	建成天祝矿区、窑街矿区、海石湾矿区三个国家级绿色矿山示范区，正在开发建设的肃北矿区按照绿色矿山建设有关要求标准进行规划、建设
	通过实施矿山环境恢复治理工程，处理历史开采造成的环境破坏问题
	建设成为国内先进的煤矿资源节约与综合利用示范基地，切实解决煤矿安全开采问题
	实现窑煤集团煤炭产量达到1000万吨以上，工业总产值达到100亿元以上
2015—2020	基本实现矿区经济社会协调发展，煤炭生产和利用方式发生重大改变，矿区生态环境明显改善，企业发展实力增强，实现人与自然和谐发展

5.2.1.2　矿业园区建设——以循环经济制度为指引

1. 矿业园区建设的理论依据

（1）矿业园区的含义

通俗地讲，矿业园区即是企业与企业之间的经济循环，一般以少数大型矿业企业为核心向上下游延长产业链，汇聚产业链中的中小规模企业，在核心企业带动下，园区内企业之间相互耦合、共享信息资源，物质能量得以流通循环。通常某一企业生产经营形成的废物成为另一企业的原料或动力，另一企业的剩余物又将供应于下一个对其有需求的企业，矿业园区内的工业废物和副产品如此循环往复，企业之间通过交换形成闭合回路，即便最后仍有少量无法在循环中被消化的剩余物，也将其经过处理以对生命和环境无害的形式进行排放。在矿业园区的运行（图5-6）中，产业链条随着矿业园区建设的精细化加深而逐渐延伸（由A1变成An）、增多（由A变成N）。

同煤集团建成的塔山循环经济园区是矿业园区形态的范例，园区由"两矿十厂一条路"13个项目聚合集成，以建设千万吨矿井为龙头，形成三条完整的产业链："煤—电"产业链，清煤经铁路专线运至秦皇岛港下水销售，分选低热值煤和煤矸石输送到资源综合利用电厂发电，电厂产生的余热用于居民集中供热，其余部分原煤输送到坑口电厂发电；"煤—化工"产业链，原煤经过深加工生产甲醇，甲醇制烯烃；"煤—建材"产业链，采煤伴生的煤矸石和坑口电厂排出的粉煤灰，作为水泥厂和煤矸石砖厂的原料。

总之，建设矿业园区，一方面，要通过矿产资源高效利用实现矿业用地在利用期的盘活；另一方面，基于园区建设一般呈现为企业之间、生产经营用地之间在地理位置上的汇聚，有利于多企业共用配套设施，减少行政办公、仓储、商服等区域的重复建设，集约利用土地。

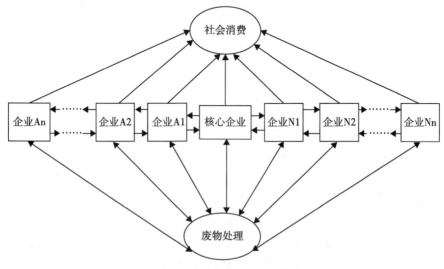

图 5-6　矿业园区运行示意

（2）矿业园区与循环经济的关系

循环经济是指仿照自然界生态过程物质循环的方式，以"减量化、再使用、再循环"原则规划工业生产的系统，循环经济的系统可形成于不同层次：微观上，一个企业可以建立循环经济，资源物质的循环存在于生产工序之中，亦是绿色矿山建设的内容，主要依靠于科技创新，是低污染、低能源损耗的先进生产工艺、设备设施应用于矿业生产的过程，故微观上的循环经济更多的是技术层面的问题；中观上的循环经济即是矿业园区，不同企业甚至相关联的不同产业的企业之间的经济循环，是产业体系的重塑、优化，须通过企业之间的合作来实现，主要依靠于政策机制的引导与规划，故中观上的循环经济是制度层面的问题；宏观上，一定区域内生态、经济与社会的平衡发展被认为是大的循环经济，区域可以是县、市、省甚至国家，涉及的范围远远超出了对特定产业、特定用途土地这一范畴，属于区域发展战略层面的问题（图 5-7）。因此，本书既然是从制度层面研究矿地盘活，那么对循环经济的探讨相应地围绕矿业园区展开。

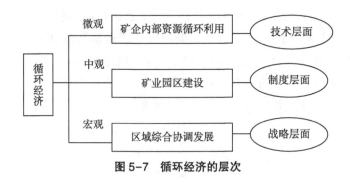

图 5-7　循环经济的层次

2. 矿业园区建设的实践路径

（1）矿业园区构建的思路

①产业链构建

通过上文对矿业园区的定义可知，园区建设就是以矿业生产为核心的产业链连接，在产业经济学中，产业链普遍被认为包含"价值链、企业链、供需链和空间链"四个维度，这四个维度彼此对接、达至均衡状态时，产业链形成，因此各维度之间的对接机制呈现了矿业园区产业链构建的过程。产业链以价值链的实现为根本目的，作为经济循环系统的矿业园区，"减量化、再使用、再循环"的经济原则是矿业价值链的核心；企业链是产业链构建的有形存在，即载体，园区的企业以矿业产业为中心，主要包括矿业技术研发企业、矿业生产企业及矿产品加工、销售企业等，同时向从事相关产业的企业拓展与辐射，如化工企业、电力企业及建筑企业等，相关企业进入矿业园区的意义在于促使矿业资源再利用。供需链以市场竞争的"无形之手"形成、优化产业链结构，园区企业为了适应供需链而展开竞争、组织形态的变化，比如某一类终端矿产品受到消费者青睐，相应的供给增长，整个产业链上企业，无论研发、生产、加工抑或销售都会向其倾斜，配套相关产业也会以消化该矿产品剩余物质的企业为主。空间链是产业链的组织形态，园区是较普遍的一种，企业在一定的地域范围内汇聚，空间链决定了企业之间的物流成本、资源共享程度等，通常以紧密的空间布局为佳。

产业链的预期价值作为目标价值链，即"减量化、再使用、再循环"，引导企业链、供需链和空间链的形成，同时，在企业链、供需链和空间链共同作用下，又会形成产业链的实际价值链，实际价值链与目标价值链之间的差距则是其他三个维度有待调整的空间。企业链、供需链和空间链之间相互作用、相互影响，三个维度之间无优先关系，旨在达到平衡、和谐的状态。假设"价值链 2"是预期价值链，"价值链 1"为实际价值链，在"价值链 2"的引导下，其他三个维度于相互作用之中发生正向调整，即企业链由 A1 至 A2，供需链由 B1 至 B2，空间链由 C1 至 C2（图 5-8）。

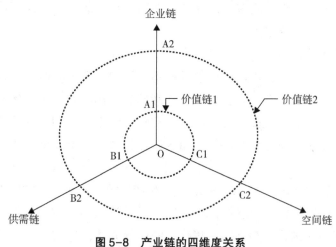

图 5-8　产业链的四维度关系

基于四维之间的上述关系，矿业园区产业链各维度的对接分以下三个层次：

第一层次，矿业园区产业链的价值链与其他三个维度分别对接。"减量化、再使用、再循环"的目标价值链对于企业链而言，要求产业链上的每个企业都实施绿色生产经营行为，如绿色矿山建设，而废物通过在前后承接的企业间的流转，得到消化、再利用，企业链由此进一步延伸；对于供需链，矿业产品的绿色环保品质成为矿业市场上供需双方博弈的关键；对于空间链，资源的高效利用、污染的预防与治理等核心价值需要产业链在相对集中的空间完成，园区建设无疑是较优的选择。

第二层次，企业链、供需链和空间链分别两两对接。矿业企业链对绿色节能生产技术、工艺的改革与供需链在矿产资源枯竭、污染严重背景下对健康、环保产品的追求相互对接；企业链的内部对接（企业之间关联性建立与调整）与空间链的建立与调整相对接，使企业的相对空间位置发生转移，如企业从四面八方搬入园区；空间链的对接产生了供需链对接，园区的配套半径以及与消费者的交通距离等与产品价格、时效等相互作用。

第三层次，企业链、供需链和空间链在各自内部完成对接调整。企业链中的各企业之间主要面临劳动分工（分别负责产业链中哪一环节工作）与交易关系（产业链中直接联系的企业之间如何约定双方的责权义）的对接；供需链体现市场竞争结构，根据市场的需求不同，供给情形也有差别，如市场对精细矿产品需求大时，供给的产业链以矿业纵向一体化的深加工为主，而供给链的横向扩展则适应多元产品类型的需求；空间链的内部对接则发生于不同空间的转换、调整中。

②法律体系构建

我国在矿产资源、矿业用地领域虽不乏法律、政策，但是，作为一种新型的生产经营组织形态，矿业园区存在特殊的法律问题，在构建矿业园区产业链的过程中，必须重视出现的问题并有针对性地构建相应的法律制度，应着重从园区规划、环境影响评价、园区矿业权准入及土地供给四个层面构建法律体系。

其一，矿业园区规划的法律制度。《矿产资源法》对规划的原则性规定是"对矿产资源的勘查、开发进行统一规划、合理布局"。《矿产资源规划编制实施办法》进一步细化了编制实施程序，园区规划法律应在这一框架下对以下问题进行规定，改变目前矿业园区规划方案混乱的现状：矿业园区规划的目标与原则、规划编制主体与生效程序以及规划的主要内容，通常包括园区管理机构、园区企业的选择标准及主导产业发展规划、环境保护规划及建设、运行的保障体系等。

其二，矿业园区环境影响评价的法律制度。《环境影响评价法》没有明确规定规划环评的审批机关，在矿区环评的规范中应综合评审主体与编制主体的行政管理关系以及评审所需专业能力后予以明确，同时根据园区主导矿业产业的差异设定不同的评审标准，加强环评与园区建设的适用性；《环境影响评价法》和《规划环境影响评价条例》规定"应当在园区总体规划制定中同步开展规划环境影响评价工作"，然而现实中的矿业园区建设中，多不进行环评或环评滞后于规划审批、完全流于形式，故须进一步强调环评应作为园区规划审批的前置程序，环评不通过，则矿业园区规划不通过，同时对未环评及滞后环评规定严格的处罚措施。

其三，矿业权准入矿业园区的法律制度。《探矿权采矿权转让管理办法》《矿业权出让转让管理暂行规定》等法律对矿业权取得进行了详细规定，但矿业园区的矿业权准入有其特殊性：一则矿业园区有其特定的规划要求，对获得矿业权的标准与要求更高（如规模、资金、环保与科技水平等），也更具体，如生产经营内容必须符合园区产业链的需求等；二则规划园区之内往往已经存在若干分散的矿业权，园区建设大多情况下要将分散的矿业权加以整合，集中于一个或少数几个核心矿业生产企业，以便实现规模生产，这需要重组若干矿企，难度大于单一矿业权转移。针对前述特殊性，矿业权准入园区的法律应从如下两个方面作出规定：

一方面，无论是原有的矿业权，抑或新设的矿业权都需要符合园区对矿业权的审批要求，方可继续存续或取得。对于园区新设的矿业权，严格按照矿业园区对矿企规模、资金、技术、生态保护条件等方面的要求进行审核；对于园区建设前该地区已有的矿业权，统一进行换证管理，使其达到矿业园区的要求，对于不符合条件的，不再颁发采矿许可证；对于采矿许可证超期的，根据矿业园区的规划要求审查是否准予延续登记，对于不准予延续登记的，不再颁发采矿许可证。另一方面，针对园区已有的矿业权，由政府组织重组各方企业协商，采取一揽子收购政策，一次性解决矿业园区占地范围内的全部矿业权的归属问题，同时简化收购程序、减少交易税费，为重组提供便利、创造条件。

其四，矿业园区土地供给的法律制度。矿业园区建设占地面积较大，除了部分已经由园区企业取得使用权的土地，为了引进关联企业、新建厂房、办公场地等，还须另行获取土地，同时土地的位置受限于园区规划，具有确定性。园区土地供给的困难集中于：在当前严格控制新增建设用地的情况下，面临获取建设用地指标的难题，同时征补拆迁需要花费大量资金。为此，一则应将矿业园区用地纳入土地利用总体规划，实行年度用地计划单列，新增用地计划指标应当优先保障重点园区；二则地方政府加大土地储备，为承接产业集聚项目提前作准备，同时对园区项目进行细致的规划构建，以便争取更多的用地指标；三则设立矿地复垦利用周转指标，组织拟入园的矿企对一定行政区域内零星分散需整合关闭或废弃的工矿存量土地进行复垦整治，以此置换园区内的建设用地，既节约用地指标，又优化用地布局。

（2）矿业园区的运行与管理

矿业园区的运行由多个生产环节相关的企业协同合作，依据园区企业联系的纽带差异，主要形成政府组织型与企业自建型两种运行方式。目前，由于矿业企业市场化自我组织的能力有限，我国的矿业园区运行方式以前者为主，具体言之：

一方面，政府围绕蕴藏矿产资源的区域规划并新建矿业园区，引进矿业生产企业，以及从事矿产品加工、销售等产业相关性强的其他企业；或者政府以现存的主要矿业生产区域为中心，设计、组织矿业园区并引进其他企业补充产业链上的空位。无论前述哪种形式，园区内企业之间仅存在地理位置上的集中整合，虽具备了资源共享的条件，但如要实现真正意义上的循环矿业产业链，还须政府持续性地统筹、组织。政府有必要建立专门的矿业园区协调统筹委员会，该委员会可为地方政府直属的事业单位，独立于国土、环保等职能部门，避免园区运行与政府管理的重叠，园区协调统筹委员会聘用具备园区管理经验、有矿业、环保等方面专业知识的人员开展工作，专门负责协调园区内企业之间就业务衔接的商谈、合作签约，以及企业之间纠纷、分歧的处理，同时制定园区的各项运行制度，如公用设施的养护、园区环境保护等义务的分担及惩处奖励办法。与此同时，政府为了引进优秀企业入园，还可拨出园区土地出让收益用于提升园区的土地利用价值和基础设施建设，并提取一定比例补助迁入矿业园区的企业。

另一方面，矿企以主要矿业生产区域为中心向四周辐射，通过入股参股的形式引入或整合产业链上的其他企业。由于矿业园区是通过股权关联形成的矿企集团，美国著名管理学家迈克尔·古尔德（Michael Goold）提出并受到普遍认同的企业集团管理模式可被适用于此，即财务管控模式、战略管控模式、运营管控模式（集权程度依次增高），矿业园区初建时期，产业链相对较短、产业规模较小及结构单一，面临的外部环境尚不平稳，此时更倾向于选择集权程度较高的管理模式。随着产业园区的成长成熟，产业链不断延伸，单个企业的业务更趋于专业化，矿企集团的管理逐渐分权，园区内各个企业得以形成自身的原动力。故矿业园区通常需要经历由运营管控至战略管控，再到财务管控的发展过程（表5-6）。

表5-6　企业自建矿业园区（集团公司）的管理

模式	集权程度	集团功能定位	管理目标	管理细化程度
财务管控	低度	投资决策	资本价值最大化	极少干涉具体业务
战略管控	中等	战略、投资决策	战略控制、运营协调	控制核心管理层、重大投资与业务
运营管控	高等	经营、指标管理	经营活动统一与优化	干预具体业务运作

政府组织型矿业园区与企业自建型矿业园区因运营模式不同，各自具有优势与弊端，只有扬长避短，方能实现园区效益最大化（表5-7）。同时，无论矿业园区的运行组织方式如何，都须遵从政府的行政管理，对矿业园区行

使管理职能的部门较多，如国土部门、环保部门及矿业产业管理部门等，为了避免多部门管理可能出现的冲突、责权不清、效率低下等问题，可以成立矿业园区监督管理委员会，由当地的国土部门牵头，其他部门派员参加，负责监督和管理园区内各企业的生产经营状况、矿业园区的生态排污状况并进行定期考核；建立有效的园区企业淘汰规则，设立定期考评机制，对于不按园区要求进行投资投产的用地，依法予以收回，相应企业予以清退；对于污染超标的企业予以罚款、暂停经营等处罚；对于环境保护较好的企业给予奖励。

表 5-7　矿业园区运行方式对照

类型	操作模式	优势	劣势
政府组织型	政府按照规划招商引资入园，通过政策制度组织协调园区运行	政府社会、经济管理经验助于园区科学管理； 政策扶持优势助于园区聚集社会资金； 政府特殊地位助于建立园区内外协调机制，减少建设阻力	行政手段为主，法律适用不足，易发生行政指导过细，干预园区自主经营
企业自建型	核心矿企根据产业结构发展延伸产业链，通过入股引进关联企业并组织园区运行	依照《公司法》确立的公司股权治理机制，适应现代企业制度，易于确保园区内企业决策、执行协调一致、高效	园区关联企业经股权控制，易致市场决策失误的连锁反应；依靠企业自主发展，存在生产成本高、产品市场竞争力小、公共设施不完善等问题

5.2.2　矿地使用权让渡于第三方的模式

美国著名法经济学家理查德·波斯纳（Richard Allen Posner）指出："有效率地使用资源必须借助于交易的方式，通过交易的方式各种资源的流向必然趋于最有价值的使用。"在矿地利用期，矿地使用权、矿业权随同流转以及矿业企业兼并重组，为矿业生产效益与价值的提升创造了机遇。

5.2.2.1　矿地使用权（随同矿业权）转让或出租

在某个矿业生产项目效率低下，矿企无法通过自身能力提效的情况下，可以选择将项目转让或出租给其他企业，即将该项目所涉及的矿业权与矿地使用权一并流转，以此实现矿地的盘活。

1. 两权转让或出租的规制现状

矿业权与矿地使用权同时流转于同一主体，是矿业活动顺利进行的前提，但由于我国的法律目前并未将矿业权与矿地使用权纳入同一流转规制体系，矿业权与矿地使用权依照各自的法律规范分别转让或出租，是否能够同时流转无法得到保证。故按照现行制度安排，现对矿业权、矿地使用权流转逐一、分别予以讨论。

（1）矿地使用权转让或出租

法律并未对矿地使用权流转做出任何特别的规定，因此，基于矿地的所有权性质差异，绝大多数的矿地使用权转让或出租适用国有建设用地使用权流转的规定，少数适用集体建设用地使用权流转的规定。矿地使用权流转须满足相应的法定条件（表5-8）。

表5-8　矿地使用权流转的法定要件

权利流转情形		流转要求	规范依据
流转形式	权利形态		
转让	国有建设用地出让使用权	依约支付出让金并取得土地使用权证书；转让已建成房，持有房屋所有权证书；房屋建设工程，完成开发投资总额25%以上；成片开发土地，形成建设用地条件	《城市房地产管理法》
	国有建设用地划拨使用权	获有权政府部门批准办理土地使用权出让手续，缴纳土地使用权出让金或上缴土地收益	《城市房地产管理法》《城镇国有土地使用权出让和转让暂行条例》
	国有建设用地入股使用权	同出让矿地使用权	《公司法》
	国有建设用地授权经营使用权	企业集团内可流转；企业集团外流转，须经批准并补缴出让金	《国土资源部关于加强土地资产管理促进国有企业改革和发展的若干意见》
	国有建设用地租赁使用权	通过租赁合同权利义务概括转移并重新进行租赁登记	《合同法》
	集体建设用地使用权	符合土地利用总体规划并依法取得用地；因破产、兼并等情形致使地权发生转移，限定在依法取得的建设用地范围内	《土地管理法》《国务院关于加强土地调控有关问题的通知》（国发〔2006〕31号）

续表

权利流转情形		流转要求	规范依据
流转形式	权利形态		
出租	国有建设用地使用权	签订租赁合同并依法办理登记； 租赁合同不得违反法律和土地使用权出让合同中的相关约定； 按土地使用权出让合同投资开发利用	《城镇国有土地使用权出让和转让暂行条例》
	集体建设用地使用权	同"集体建设用地使用权转让"	

同时，矿地使用权流转存在以下例外情形：

其一，划拨矿地使用权转让后的矿业生产活动如仍然属于国家划拨用地目录及法律规定的划拨用地范围的（通常为国家重点建设的矿业项目），则可以继续保持土地使用权的划拨属性，无须变更为出让并缴纳出让金。

其二，依据《土地管理法》《矿产资源法》的相关规定，划拨矿地使用权在矿企迁移、解散、撤销、破产时，由政府收回，无法作为企业的清算财产而流转于第三方，故在前述情况下，矿业项目的矿业权受让人只有通过一级市场（通常与政府达成土地使用权出让协议，或经由招拍挂出让程序），重新受让取得矿地使用权。

其三，依据《国有企业改革中划拨土地使用权管理暂行规定》的相关规定，国有矿山企业合并重组时，重组前矿企如持有划拨矿地使用权，重组后矿企可继续享有五年的划拨矿地使用权，此后则须依法缴纳税费，将划拨土地使用权转为出让土地使用权。

土地使用权流转在平等主体之间自愿建立交易关系，是典型的民商事法律行为，除经由行政行为而原始取得的划拨使用权、授权经营使用权（对外流转）须由政府批准外，其他使用权只需符合流转的法定要件即可自由流转，政府职能部门对土地流转无行政许可权。政府进行的土地变更登记是一项行政确认行为，行政确认过程中审查转让行为是否符合法定条件、是否存在擅自变更土地用途、规划条件等违法行为，并最终决定是否宣告土地权属的物权变更效力，但不对土地使用权转让本身的债权交易过程进行评价。利用期矿地的二次优化配置中，土地使用权交易的过程通常可由交易双方掌控，一般也不涉及征收问题（征收问题集中于矿地准入期），故对于矿业权出让方与受让方而言，此阶段土地流转的确定性相对较强。

（2）矿业权转让或出租

依据《探矿权采矿权转让管理办法》《矿业权出让转让管理暂行规定》等法律法规，矿业权可以转让（形式包括出售、作价出资、合作勘探或开采、上市重组等）、出租，矿业权流转既可在国土部门设立的有形市场交易，也可在国家依法批准的产权交易机构（如北京矿交所、天津矿交所等）进行交易。矿业权流转与土地使用权流转的本质区别是：后者通常是无须经行政审批的纯粹民商事行为，而前者在满足矿业权流转法定条件（表5-9）的基础上，仍须一律依照相关法律规定经严格的行政审批许可程序，方可实现。也就是说，民事行为与行政行为相结合才能最终达成矿业权流转。正因如此，矿业权流转的不确定性风险增大，特别是在实践中，矿业权出租被行政许可的概率较低，故在利用期矿地的优化配置中，相较地权，矿业权流转是主导与关键，矿地使用权附随矿业权流转。

表 5-9　矿业权流转的法定要件

权利流转情形		流转要求	规范依据
流转形式	权利形态		
转让	探矿权	依法通过行政审批； 自颁发勘查许可证之日起满 2 年/发现可深入勘查或开采资源； 完成最低勘查投入； 探矿权属无争议； 缴纳探矿权使用费、探矿权价款	《矿产资源法》《探矿权采矿权转让管理办法》《矿业权出让转让管理暂行规定》
	采矿权	依法通过行政审批； 采矿生产满 1 年； 采矿权属无争议； 已缴纳采矿权使用费、采矿权价款、矿产资源补偿费和资源税； 因企业合并、分立，与他人合资、合作经营，或因企业资产出售及其他变更企业资产产权情形，需变更采矿权主体	
出租	矿业权	适用矿业权转让的条件和程序	
备注：《矿产资源权益金制度改革方案》（2016）取消探矿权价款、采矿权价款，征收矿业权出让收益；改探矿权使用费、采矿权使用费为矿业权占用费；矿产资源补偿费适当并入资源税。故上述流转要求也会随之作相应调整			

2. 两权流转的实践问题

(1) 矿业用地的流转问题

其一，划拨矿地的矿企迁移、解散、撤销、破产时，继受矿业权的一方未能取得土地使用权，致使矿地盘活无法实现。矿业权受让人须经由在土地一级市场上的公平交易并支付出让金以取得出让土地使用权地（相当于重新经历土地使用权准入矿业），此时至少面临两个风险：一则，依照准入期对土地准入优先性的判定依据，矿业用途未必能在众多的土地需求选择中胜出；二则，即便该地块符合再次准入矿业的条件，矿业权人未必能够承担土地使用权受让的经济成本，可能在矿地使用权竞价交易阶段被淘汰。

其二，矿地使用权存在瑕疵或权属争议时，继受矿业权的一方难以取得土地使用权，致使矿地盘活无法实现。如上文所述，矿业权人未合法取得矿地使用权或地权存在权属瑕疵的情况仍然大量存在，继受矿业权人不能从非法用地或取地程序有瑕疵的原矿业权人手中合法取得土地使用权；同时，原矿业权人即便拥有合法、完满的矿地使用权，也可能尚未完成拆迁安置补偿义务，为继受矿业权人取得矿地增加经济、时间上的成本。如目前依法可以按照城市规划直接将农业户口转变为城镇户口，相应地，农村集体土地变成国有土地，村民的拆迁、补偿费用由此后的土地使用权人解决，部分取得此类土地的矿业权人虽已经取得《国有土地使用权证》，但尚未解决补偿安置问题，继受矿业权人可以依法通过矿地使用权流转从矿业权人手中取得矿地，但很可能难以承受补偿安置成本，最终难以实现矿地的再次优化配置。

(2) 矿业权的流转问题

其一，不当行政干预制约矿业权流转。目前，矿业权流转须经严格的行政许可程序，有权机关对受让人是否具有勘查、开采的科技能力及生产经营经验进行审查，以此决定是否许可权利流转。这种程序安排与物权性矿业权具有的处分自主的法律特质相冲突，受让方经营能力的评价不应与矿业权处置同时发生，资质审查对抗矿业权人作为民事主体对财产性权利的处分权，与法理不符，也直接导致了效益低下矿业权固化的现状。

其二，公允的市场化价格是矿业权转让的核心，在实践中往往会受以下因素的干扰：一则，客观上，矿业权自身的不确定性，矿产资源深埋于地下，关于矿产资源储量、品位及开采的难易程度等影响矿业权价格的信息，难以观察及证实；二则，主观上，矿业权人基于投机心理有虚报储量的倾向，而评估机构从自身经济利益出发，可能出具蓄意夸大资源品位和储量的评估报告，这都反映了市场定价过程中信用体系缺失，以及中介机构的管理监督机制漏洞；三则，部分地方政府考虑到上述市场定价中的问题，实行了矿业权的政府定价，政府定价强行剥夺了市场价值规律发挥作用，并非解决之策。

其三，"出租矿业权"无法通过流转实现矿地盘活。矿产资源开发是一个技术要求高、风险高的行业，基于此，法律对出租矿业权作出了严格的流转限制，如《矿业权出让转让管理暂行规定》规定"出租采矿权"不得出售、合资、合作、上市、转租以及抵押。这种限制虽出于对矿业生产风险的把控，但也严重影响了出租矿业权的高效利用，以致矿业用地无法实现交换价值。

3. 两权流转的机制完善

其一，针对矿业权取得后，矿业用地无法随同流转的问题，应完善以下机制：一方面，建立严格的矿地状况前置审查机制，欲继受矿业项目的主体有权要求原矿业权人在矿业权交易前一并提供或呈请矿业用地权属状况、土地债务或纠纷状况的相关文件供其评估矿地交易的风险、成本；另一方面，明确规范两权随同流转的统一程序，"土地使用者转让土地附着物所有权时，其土地使用权随之转让"是土地物权的法定流转原则，而矿业权作为法定物权，具有等同于物的法律效果，故矿业权转让时，矿地使用权随之转让符合法理，相关部门有必要筹划矿地使用权与矿业权捆绑流转的联动机制，并在《矿产资源法》中明确规定"矿业权转让时，矿业用地使用权随之转让，在矿业权存续的情况下，禁止将矿业用地使用权单独进行转让"；同时，制定矿地使用权可随同矿业权捆绑流转的具体程序安排，建立两权统一的交易平台，政府职能部门加强信息化建设，建立全国性的矿业权、矿地交易市场及与之配套的交易信息网，提供地勘成果等公益性资料，发布转让意向信息，便于当事方及时、方便、快捷地查询，降低交易成本。

其二，矿业权流转应由市场主导，政府的监管行为应体现在是否对矿业经营申请方予以经营许可上，经营许可申请人与矿业权人既可以是同一主体，也可以不是，即权利的实现与权利的所有并非必然统一，这一点与农地承包权与经营权分离的立法旨意相似，权利的实现追求效益最大化，权利的所有明确指向标的（土地）的归属。物权性矿业权与生产经营权的形成、确认不是同一过程，两者之间法律秩序的调整是激活矿业权的必然要求。与此同时，经营许可亦应根据矿产资源的重要性、稀缺性以及环境破坏性等社会因素而不同，形成差异化的许可制度，以便行政行为对矿业经营的干预范围合理、起到弥补市场缺位的积极作用，同时节省行政资源，如：就资源重要性、稀缺性与环境破坏性的其中一项及以上被认定为程度强或较强的，对经营者资质要求相应较高，自然资源部设定严格审查程序、实施实质审查以确定是否颁发经营行政许可；对于上述各项资源标准均被认定为程度中等及中等以下的，许可审查程序和要求相应简化、降低；而各项资源标准均被认定为程度较低的，可采取形式审查的简易许可程序。

其三，针对矿业权价格的市场化，可从以下几方面着手：一则，政府应通过"有形之手"对市场定价机制进行调控、引导，同时不剥夺其发挥作用，必要时政府可推出"一揽子"方案以处理分散的多个矿业权向同一主体让渡的情形，提高权利转移效率，但相应的权利让渡价款须按市场价格核算；二则，建立矿业权交易的信用评价体系，将矿业权交易双方及中介评估机构均纳入其中，以其长远的经济利益激励其诚信行为；三则，中介机构参与市场调节的前置程序，可有效减少公权力的过分干预，故须培育诚信、公正、规范化的中介机构，促进政府背景的矿业权评估机构逐渐市场化，同时建立科学的矿业权评估规范。

其四，为了进一步扩大矿业权出租对资源与土地的盘活优化作用，有必要从以下两方面改善出租矿业权的权能限制与监管：一方面，解除对"出租矿业权"合理处分的限制。对于出售而言，基于"买卖不破租赁"的合同法原则，业已成立的租赁法律关系不会受到任何影响；矿业权合资、合作及上市需要矿业权体现其使用价值，这与承租人对矿业权的利用相冲突，但完全可以通过违约赔偿的法律救济机制加以解决，如经济赔偿、置换其他可出租的矿业权等；而转租，原租赁关系保持不变，矿业权人依法在矿业权转租期间继续履行矿业权人的法定的义务，只要能够妥善监管矿业权的利用，转租亦能起到优化配置的作用；至于抵押，我国《物权法》规定"订立抵押合同前抵押财产已出租的，原租赁关系不受该抵押权的影响"，同时有利于矿业权实现融通资金的价值，为矿业权人的矿业生产活动提供支持。另一方面，强化政府机构对出租矿业权的监督管理。现行法对"出租矿业权"的处分限制主要是出于明晰矿业权法律关系，避免纠纷的目的，无法与上述解禁处分限制的优势相比，但在解禁权利限制的同时，有必要通过强化监管确保相对复杂的法律关系处于有秩序的状态。《矿业权出让转让管理暂行规定》中明确"出租矿业权与终止租赁时应向登记管理机关报备；承租人改变开采方式和主矿种的，须由出租人申报，经登记管理机关批准后办理变更登记手续"。如今后出租矿业权可以出售、合资、合作、上市、转租以及抵押，上述事项亦须向租赁登记的管理机关一并报备相关资料并于相应的法律关系调整时及时进行变更。

5.2.2.2 矿企兼并重组

矿企兼并重组可使具有经济、技术和管理优势的企业兼并重组落后企业，提高矿业产能与矿地利用率，其中涉及矿地使用权、矿业权、股权及公司经营权等一系列权利的交易，是权利流转的复杂形态。

1. 矿企重组的规制与实践现状

2005 年，《关于全面整顿和规范矿产资源开发秩序的通知》（国发〔2005〕28 号）要求解决矿山布局不合理的问题，使矿产资源利用的规模化、集中化程度逐步提高，标志着政策层面上吹响了矿业企业重整合并的号角；2011 年末，国家发改委颁布《关于加快推进煤矿企业兼并重组的若干意见》进一步明确了煤矿企业兼并重组的任务、要求及措施等；2014 年，《国务院关于进一步优化企业兼并重组市场环境的意见》（国发〔2014〕14 号）又就营造良好的市场环境，充分发挥企业在兼并重组中的主体作用做出了详细部署。与此同时，政策文件之外，法律法规也对企业兼并重组进行规制、调整，但主要散布在各类法规之中（表 5-10），矿业行业可依据待整合矿业企业的主体不同（图 5-9），选择适用特定的规范依据。

表 5-10　企业重组适用的法律规范

名称	适用主体	与企业重组相关的主要内容	规范等级
《公司法》	公司制企业	规制股权转让、合并、分立等重组形式	法律
《证券法》	公司制企业	对通过上市发行股票或上市公司股权交易进行企业重组的行为予以规制	法律
《反不正当竞争法》	任何企业	对通过不正当企业兼并达到排斥竞争对手和支配市场目的的行为予以规制	法律
《全民所有制工业企业法》	全民所有者企业	明确全民所有制企业合并、分立的行政审批程序	法律
《全民所有制工业企业转换经营机制条例》	全民所有者企业	对全民所有制企业联营、兼并予以规制	行政法规
《关于企业兼并暂行办法》	任何企业	对购买方式合并企业的行为予以规制	行政规章
《企业国有资产监督管理暂行条例》	持有国有资产的企业	规制企业重组中国有资产保值增值	行政法规

名称	适用主体	与企业重组相关的主要内容	规范等级
《关于出售国有小型企业产权的暂行办法》	国有小型企业（认定标准参见《企业所得税法实施条例》）	规制以出售企业产权实现重组的行为	行政规章
《企业国有产权转让管理暂行办法》	持有国有资产的企业	规制以国有产权转让实现重组的行为	行政规章

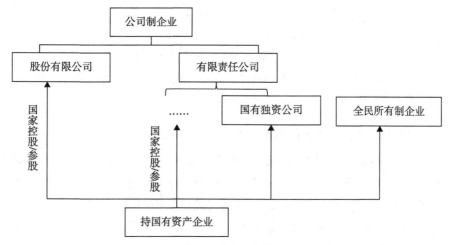

图 5-9　不同企业主体关系

随着政策、法律对矿业企业重组的规制愈加明确、严格，矿企兼并重组的实践步伐也在加快，煤炭矿企尤为突出，呈现集中化趋势（表 5-11），但距离矿业规模化经营的目标，还有很大的提升空间。而从生产固体矿产资源的企业来看，小型矿企的比重依旧占据绝对多数（图 5-10）。

表 5-11　2005—2013 年全国煤矿重组进度

时间（年）		2005	2013
煤矿总数（个）		12000	25000
大型煤矿（年产>120 万吨）	数量（个）	290	850
	占全国总产量比重（%）	35.7%	65%
小型煤矿（年产<30 万吨）	数量（个）	20000	9800
	占全国总产量比重（%）	30%	16%

注：数据来源于中国煤炭工业协会《2013 年度中国煤炭工业改革发展情况通报》。

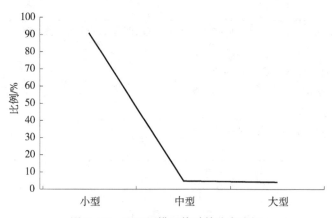

图 5-10　不同规模固体矿的分布比例

注：数据来源于《2011 年中国矿产资源报告》，年产大于 120 万吨为大型矿，小于等于 120 万吨且大于等于 30 万吨为中型矿，小于 30 万吨为小型矿。

2. 矿企重组的类型及其税收政策

依据我国现行的法律、政策，企业兼并重组的类型主要包括：资产收购、产权转让、资产划转、股权转让、授权经营与合并（表 5-12），每一类型都具有特定的利、弊之处，因此各自的适用范围呈现差异，参与重组的企业主体可以根据具体的条件，选取适宜的重组模式。与此同时，在矿业企业兼并重组中，不同的重组模式意味着差异化的税收成本，而且最主要的政府经济扶持举措也体现于税收的减免优惠，以此降低矿企重组的资金成本，为重组后的生产经营最大限度地积蓄资金（表 5-13）。

表 5-12　兼并重组的类型

模式	定义	适用范围	优点	缺点
资产收购	企业购买待重组矿企从事生产经营活动或与经营收入相关资产，主要指矿业权、土地使用权等资产的交易	股权结构及类型复杂的待重组企业，如存在隐名股、代持股、外资股等	无"或有债务"风险/尽职调查以资产价值为限，周期短	办理烦琐资产（如矿业权）转让审批手续/受资产所附他物权限制
产权转让	矿企全部或部分资产及相关债权、债务和劳动力一并转让于另一企业	个人独资企业、合伙企业，以及有限责任公司的分支机构	待重组矿企人、财、物保持稳定/便于公司制外经营组织重组	资产转让审批程序烦琐/重组后企业面临剩余劳动力处置

续表

模式	定义	适用范围	优点	缺点
资产划转	政府以行政决策的方式责令其管辖下的国企之间进行实质性经营资产的转移	多家小型国有矿企联合重组（主体较多）	效率高/操作相对简化	无法经由竞争机制体现资产市场价值
股权转让	企业购买待重组矿企的全部或部分股权，以实现对该企业的控制	负债少、股权结构清晰矿企，预见股价认定及股转程序顺畅、合法	益于重塑矿企法人治理结构/易于收购方避税	收购方面临被重组，矿企"或有债务"风险
授权经营	授权经营企业向待重组矿企提供管理团队并收取管理费，不产生任何资产或权利移转	管理技术落后，尚有一定资金实力的矿企	法律关系简单/易操作	无助于矿企规模化的改革目标
合并	矿企将其全部资产和负债转移于另一企业，包括吸收合并与新设合并两种	资金实力相对薄弱，但具有一定科技、管理能力的矿企	重组企业无经济支出/公告及债务清理后更安全	周期长/手续烦琐

表 5-13 不同重组模式的税收状态

重组类型	税收种类		政策扶持	
	被重组矿企	重组企业	优惠举措	文件依据
资产收购	企业所得税/增值税/土地增值税/契税/印花税	契税/印花税	转让资产比例不低于企业资产50%，转让方不缴企业所得税	财税〔2014〕109号
产权转让	企业所得税/增值税/土地增值税/契税	契税	企业全部产权转让，不缴增值税/转让产权占企业产权比例不低于50%，转让方不缴所得税	税〔2011〕13号、51号、〔2002〕420号/财税〔2014〕109号
资产划转	企业所得税/增值税/印花税	企业所得税/印花税	母公司向子公司、子公司向母公司以及子公司之间等四种情形的资产划转，可享受递延纳税待遇	税〔2015〕40号
股权转让	企业所得税/印花税	印花税	转让股权占比不低于50%，转让方不缴企业所得税、印花税	财税〔2015〕37号

续表

重组类型	税收种类		政策扶持	
	被重组矿企	重组企业	优惠举措	文件依据
授权经营	印花税	企业所得税/印花税	无	无
合并	无		合并后企业，已贴花部分不再贴花	税〔2003〕183号

目前，适用较广泛的重组类型为股权转让、（新设）合并，而国有非上市矿业企业在矿企中所占比例较大，是矿业经营规模整合的重点，其兼并重组过程涉及国有资产保值增值的监管审计。相较私营矿企而言，在资产评估上更加严谨，权利让渡形式上更加透明，重组程序也更加复杂（图5-11，图5-12）。

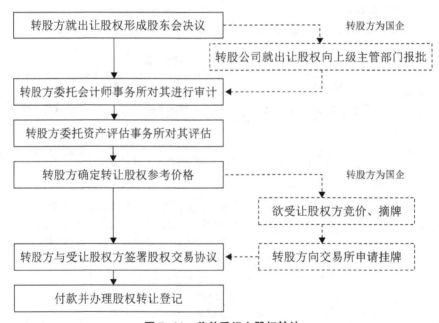

图 5-11 兼并重组之股权转让

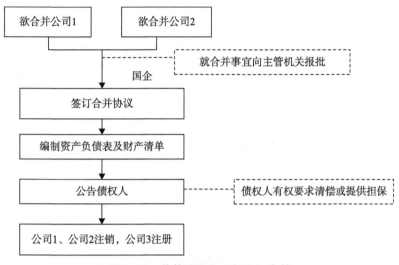

图 5-12　兼并重组之（新设）合并

3. 矿企重组模式的案例分析

2015 年 7 月，在通辽市政府主导下，内蒙古矿业集团成功重组霍林河煤业集团（图 5-13）。重组中涉及重组单位与被重组单位，重组单位相当于矿权矿地整合及矿业资本运营的平台，通常为规模庞大、资金雄厚且产业链较完善的企业。如该案例中的内蒙古矿业集团，是以矿产资源勘察与开发为主导的产业龙头企业，集探、采、选、冶、加五位于一体。被重组单位通常具备有发展潜力的业务领域，有整合的必要，如霍林河煤业集团具备发展煤—电—铝和煤—煤化工循环产业战略的基础和条件，是通辽市煤炭及深加工项目对外合作开发的主力军。而重组类型多样，可根据重组各单位的情况，结合应用多种重组类型，如本案例中，重组双方均为国企，在政府主导下可进行股权无偿划拨，另内蒙古矿业集团直接投资霍煤集团，进而持有相应股份，最终通过两个途径获得股权，实现对被重组单位的绝对控股。重组完成后，公司治理结构及资产结构也应做相应调整，霍煤集团依法调整股东会、董事会、监事会和经营管理层，实现以内蒙古矿业集团的增量激活霍煤集团存量，同时优化霍煤集团的资产结构，增加公司资本金，提高资产质量。

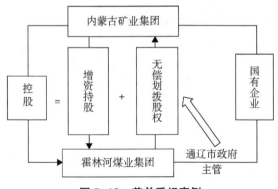

图 5-13　兼并重组案例

4. 矿企重组相关机制的完善

（1）矿企重组相关法律依据的调整

一方面，现行法律规范对兼并重组内涵、模式规定繁杂，且存在矛盾之处。《四川省人民政府关于推进煤矿企业兼并重组的实施意见》《山西省人民政府关于加快推进煤矿企业兼并重组的实施意见》等地方规定均列举多种重组模式，如企业并购、协议转让、联合重组、控股参股等。《公司法》对公司企业的兼并重组提供法律支持如股权转让、合并，而《关于企业兼并的暂行办法》则提及兼并、收购、合并。不同层级与适用范围的规范对企业重组模式的认定不同，同时既无内涵区分亦无适用程序差异，增加了矿企重组时法律适用的不确定性。故有必要梳理相关规范，厘清企业兼并重组的内涵与模式并在法律中予以明确，以此为前提，行政法规、规章及地方法规可以结合具体的规制调整目标，在法律设定的框架内对重组内涵、模式予以细化。

另一方面，多个矿业大省对矿企重组中的矿业权处置价格予以规定，如《山西省关于煤矿企业兼并重组所涉及资源采矿权价款处置办法》，其中对采矿权价格的规定与市场价值规律严重背离，影响了资产评估准确性、交易的公平性。重组矿企与被重组矿企在资产收购价格上有分歧，通常是后者认为规定的价格低于市场价值，其权益受到侵犯，由此导致整合程序停滞，重组矿企原计划注入的资金不能到位。故出于对矿业物权人权益的保护，法律应对矿业权的市场化交易、定价予以引导、监督，而非直接控制价格，如可借鉴商品房价格调整机制，由政府出台政策，结合地方经济发展水平对矿业权价格设定上下限，引导市场价格的形成。

（2）矿企重组中行政行为与民商事行为范围的合理分配

矿企整合的法律本质是企业间的商事自主行为，但基于矿企重组是我国能源产业结构调整升级政策的具体实施，对于一些传统矿业地区（如山西、河北、辽宁等省份），亦是区域整体经济结构优化的模式，故政府对矿企重组的引导、规范与监督必不可少，行政行为一定程度的介入可以提高整合效益。但是，目前政府有干预过度之嫌，部分政策措施缺乏合法性基础，如当下的矿企重组，很多是在政府主导下，确定整合目标、原则、范围、方法及措施，召开会议，组建机构，推进落实，限期完成的一项阶段性活动，政府逾越法律为权力设定的边界，成为矿企重组的主角，行政垄断逐渐形成，反而不利于矿企重组的资源优化组合。以山西省为例，一则限定国有大型矿企参与重组的地域范围和方式（购买式和折股式），与《反垄断法》关于"行政机关不得滥用行政权力，制定含有排除、限制竞争内容"的规定相冲突，违背了市场经济公平竞争的原则；二则限定重组后企业中被兼并企业（一般为民营）股份的比例上限（不超过49%），不仅违背了市场主体地位平等的基本原则，而且未能遵循《国务院鼓励支持非公有制经济发展的若干意见》明确的"平等准入、公平待遇"原则，尤其是山西以煤炭矿业为主，不属于我国法律法规明文禁止民间资本进入的行业，股比更不应受限。

政府干预无法取代企业内在的市场经济动机，须确保矿企独立的兼并重组主体地位，严格依法履行重组程序，地方政府通过地方法规、政策对具体的重组事项进行规范与引导，可结合当地矿企情况，从法律风险、财务成本及发展前景等角度建议不同类矿企的重组模式选择，如遇特殊需要突破现行法处理的问题，须遵照法定程序，经立法机关或最高人民法院的司法解释加以确定，设立法律制度除外情形，具备合法性后付诸实施，不能随意抵触上位法及法律原则。与此同时，政府将行政行为转移到强化矿企重组中的规划、服务、监管及纠纷处理等行政职能上来：一则加强矿企兼并重组规划的科学性，确保整合后每一个矿业权矿产储量规模达到中型以上，有的地方为完成上级下达的矿企整合计划，制定方案时缺乏深入研究，勘察程度低，对矿区资源储量、质量或矿体赋存状况调查不清，技术上是否具备整合条件未能充分论证，使整合方案流于形式，缺乏可操作性和科学性，难以实施。二则简化重组相关手续的办理，部分地区办理齐全储量核实报告、开发利用方案、环评报告及土地复垦方案等报审手续须数年时间，制约了矿企整合的推进。三则为重组矿企的权利界定提供规则及确认机制，在存量土地取得时间跨度长，分布范围广的情况下，复垦义务人的清晰确定较为困难。近年以来，矿业企业内部重组兼并频繁，存在着权利义务移交不清、产权关系复杂，账实不符等现象，以致相关主体对复垦义务相互推诿。通常对一定区域内矿企进行整合，须首先明确其中的矿业权数目、主体及内容，此后划分矿业权整合区，每个整合区设 1 个整合主体和 1 个矿业权，地权应与矿业权一一对应。四则，有效制约矿企参与重整。对拒不参加重整的矿企，国土资源、环保、安监等职能部门不得为其办理相关证照的年检、延续、变更手续，并在其相关证照期限届满时，依法予以注销或关闭。

（3）重组矿企的资源要素整合

重组与被重组矿企的背景、地理环境及管理机制不同，完成兼并重组手续后，应加强对企业各要素的整合。据有关研究显示，我国企业并购成功的比例在 30%，主要是由于并购后未能重视资产权益、技术设备、人力资源及组织制度等生产要素的整合所致。生产要素的整合计划应于兼并开始前进行设计并纳入兼并重组的整体方案之中，以便执行：

一则，整合生产系统，提高安全和生产装备水平。部分矿企取得重组主体地位后，仍由被重组企业使用原有生产系统各自单独进行生产，以致矿业权数量虽减少，但矿产资源开发利用水平、安全生产状况及矿区生态环境并未得到有效改善，故重组矿企应将改善安全条件、落后生产工艺、提高机械化装备水平作为首要工作，以重组企业的生产系统为标准，对被重组矿企遗留的生产设备设施进行优化升级和改造，全面提升矿业开采机械化程度，使企业逐渐步入安全高效的发展轨道。

二则，梳理遗留的劳动用工关系，结合企业经营实际建立多元化的用工模式。被整合矿企既有的用工关系包括哪些类型、是否予以延续是重组过程中人力资源制度建立的基础，在对此予以统计分析后，评估企业今后的发展方向和岗位需求，结合用工经济成本规划，适用差异化的合法用工形式（表5-14），建立科学的劳动（务）关系模式（表5-15），合理、合法降低用工成本，强化人力资源管理。另外，对于矿企重组整合前特定环节作业如采取外包用工，相较其他用工形式，因承包方对地质条件和环境熟悉，有利于矿企顺利交接、平稳过渡，延续既往的必要性更大。

表5-14　法定用工类型

用工形式	法律定义	法律关系	法律依据
劳动合同	用人单位与劳动者签署劳动合同，劳动者依约履行劳动，用人单位依约支付报酬，缴纳职工社保等	用人单位与劳动者间劳动关系	《劳动法》《劳动合同法》
劳务派遣	派遣单位与用人单位签订派遣协议，将与其签订劳动合同的劳动者派往用人单位劳动，用人单位向派遣单位支付派遣用人费用，派遣单位依约向劳动者支付报酬，为其缴纳社保等	用人、派遣单位间派遣关系/派遣单位与劳动者间劳动关系	《劳动法》《劳动合同法》
劳务合同	用人单位与劳动者就以劳动形式提供服务达成约定，劳动者提供劳动，用人单位支付报酬	用人单位与劳动者间劳务合同关系	《民法通则》《合同法》
临时用工	用人单位与劳动者约定临时用工，以小时计酬，法律限定劳动者每日/周工作时限，用人单位支付报酬	用人单位与劳动者间临时用工关系	《劳动法》《劳动合同法》
外包用工	企业与外包单位签订外包承揽协议，企业向外包单位支付承揽费用，承包单位派员完成约定劳动义务	用人单位与外包单位间承揽合同关系	《民法通则》《合同法》

表5-15　用工管理形式

用工形式	用工特点	矿企适用
劳动合同	稳定性强/用功成本高/利于人才培养	技术人才/延续重组前劳动合同关系的职工
劳务派遣	相对不稳定/用工成本低/不利于人才培养	临时性、辅助性或者可替代性的作业岗位
劳务合同	流动性强/用工成本与风险低/不涉及岗位人才培养	保洁、食堂服务人员等后勤人员
临时用工	流动频繁/用工成本与风险低/不涉及岗位人才培养	有周期性、间断性用工需求的可替代岗位
外包用工	企业与人力资源无关	需要特定资质的管理、施工团队完成的作业

三则，重建企业组织形式，形成现代企业治理机制。我国很多老矿企至今仍然采取全民所有制企业、集体企业的组织形式，以至于无法与现代企业制度衔接，借助兼并重组这一契机，矿业企业依照《公司法》的相关规定，

以产权为纽带，健全法人治理结构，完善规章制度。

5.2.3 盘活模式之间的联系与区别

（1）绿色矿山与矿业园区。绿色矿山与矿业园区作为国家推行的矿业矿地开发利用政策，与矿业利用期盘活的意旨相契合，建设绿色矿山、矿业园区过程中形成的规律化行为就是这一用地周期的盘活模式。绿色矿山建设、矿业园区建设均强调矿企技术、人才与管理的优化，并且都会贯穿循环经济的理念，只是前者是在一个企业内部，资源、能量等于各个工艺流程之间的循环利用，后者的循环在于产业链之中的企业之间。同时，绿色矿山建设主要围绕现有的某一特定矿企，以国家颁布的绿色矿山建设基本条件为目标，全方位地提升企业的综合效益（经济、社会、环保等）；矿业园区建设则关注一片蕴藏矿产资源的区域如何进行整体规划，整合该地现有的矿业相关企业，引入适于区域发展的产业集群，形成产业链。

（2）矿企重组与矿业园区。矿企兼并重组与矿业园区建设均包含企业之间的整合，但矿企兼并重组作为一项独立的矿地盘活模式，侧重从公司治理及现代企业制度建立的层面，对我国由于历史原因形成的以所有制为区分的矿业企业格局进行重塑，以图真正进入市场经济运行的轨道，因此区别于以产业链搭建为核心的园区建设。

（3）矿企重组与地权流转。矿企重组是矿业权、矿地使用权流转的复杂形式，通常涉及多项矿业用地、矿业权的让渡，两权捆绑流转较简单的形式是实现某个特定矿业项目的处置，一片矿区或一个矿企通常设立或拥有若干矿业开发项目，一个项目所附的矿业权与矿地使用权转移不会影响企业的变更、设立与灭失，也不会改变所在矿业区域的整体格局。

综上，以盘活客体观之，绿色矿山建设关乎一个企业的矿地盘活，矿业园区建设针对处于一定行政规划区域内土地的盘活，矿企兼并重组是两个或两个以上企业所占有的矿业土地的盘活，而纯粹的矿业权、矿地使用权捆绑转移则是针对一个具体矿业项目占据土地的盘活。

5.3 不同类型矿地的具体盘活路径

就矿业用地利用期而言，土地的毁损状态仍未既定，复垦义务相应也未履行，性质可逆与否已在上一周期（准入期）预设但尚未成为现实，此阶段任何盘活模式的应用，都须尽可能地绿色、科学用地，降低毁损率、减轻复垦工作量，并且确保被评估为利用可逆的土地具备恢复农耕的条件。与此同时，矿地的权利状态、使用期限正处于运行、被消耗之中，权利状态差异矿地类型分别在企业内部优化及权利让渡两大类盘活模式中，均有促进盘活的处理方式，而使用期限差异矿地类型也对特定地块的权利配置操作进行细化。

5.3.1 权利状态差异矿地的权利更正

对于矿企内部管理优化的盘活模式而言，重要一环是建立产权明晰的现代企业制度，适当、准确的土地权利配置十分关键：

一则，淘汰与市场经济环境不符的落后权利形态，在矿地使用权合法正当的前提下，划拨土地使用权作为权能不完整的土地权利形态，不利于企业融资、流转与使用方式的灵活变化，在其不符合划拨条件的情形下，应重新调整权利形态，借鉴国企改制中划拨土地的处置经验，依具体情况可转化为出让土地使用权、作价出资土地使用权、授权经营土地使用权以及国有租赁土地使用权等，使用权转化过程须矿企承担经济成本（如出让金、股权利息及租金等），故须依据企业的承受能力，逐步推进，可建立"划拨土地定期清算"制度，给企业留有缓冲余地，同时采取灵活多样的经济成本支付方式，如出让金、租金的分期缴纳，国有土地股权分红在一定时限内转增资本金等，同时对在规定期限内主动办理权利状态更正手续的矿企，采取优惠幅度逐年递减政策，以激励矿企的积极行为。

二则，梳理使用权期限与实际用地年限不符的情形，在确保权利形态合法的前提下，补充约定或调整土地使用权期限或权利形态。大量利用中的矿业地块在准入之时设定的权利期限与用地期限不一致，少数情况是因为准入之时无法确定实际利用时间，如前文提及的井工井场用地，资源可采与否不确定，先以无资源的短期用地对待，通过配置较短期限的使用权利而准入矿业；大多数情况则是由于权利初始配置时的优化不足，未能细分地块并安排权利形态相宜的使用权，如很多短期露天矿业地块适用出让地权并且未设具体时限。不论是哪一种情况所致的权利期限与用地时限不协调，在利用期仍可以通过补充约定的方式予以更正，租赁债权，通过当事方协议即可调整租赁时限及相应租金，承包经营权、出让使用权等物权，在协议调整权利时限后，还须至物权登记职能部门完成物权变更登记手续；若调整权利时限无法解决问题，如有资源的井工井场难以通过临时用地使用权的时限调整进行处理，则须将权利形态变更为出让地权、长期租赁地权等可以容纳较长时限的使用权。

三则，对于土地使用权利瑕疵、无合法使用权利的情形，在利用期须及时弥补瑕疵、更正权利。不符权利登记信息的用地，通过有权机构的审批及时调整登记内容；不符土地规划的用地，在符合规划调整的条件下，调整规划；取地程序缺陷的用地，完成或履行缺失的程序。无权用地须及时取得正当使用权，土地使用权的配置可参照准入期的优化配置模式，另有必要积极拓宽集体土地直接供矿业利用的合法路径，如集体土地租赁、入股等，为无权用地转化为有权创造更多机会。而对因条件所限，确实无法取得使用权的矿地及时清理，责令矿企恢复土地原状。

5.3.2 权利状态差异矿地的权利流转

对于矿地使用权让渡第三方的盘活模式而言，遵循法定程序，不同权利形态的矿地在流转中的具体操作不同：

一则，划拨使用权的处理相对复杂。划拨土地使用权经有权机关批准补交土地出让金后转为出让用地，按出让地流转方式流转；如流转后的权利主体是适格的划拨用地主体且经有权部门批准，则可不经补交出让金，直接以划拨用地的权利形态让渡；在矿企重组中划拨土地使用权转入重组后的矿企名下，如仍符合划拨用地条件，可依前述划拨土地使用权价格（根据土地的平均取得成本和开发成本评定）转让或记入原矿企的权益，划拨土地使用权经批准后，依法可随地上建筑物、其他附着物一同出租，矿业权作为物权，具有等同于物的法律效果，故亦可。

二则，其他使用权形态的特殊处理。乡镇集体矿企使用的集体土地仅于矿企分立、兼并时可以转让，重组后的矿企仍符合法定用地条件的或符合经营性集体建设用地入市的规划与申报要求，可继续使用集体土地，反之，一般仍须办理国有土地征收和出让的手续；授权经营矿地通常在企业集团内部流转，向外部流转须取得有关部门批准；临时矿地使用权通常不能流转，除非得到有权部门批准；国有租赁土地经出租人同意可转租，原租赁法律关系持续有效，或将租赁合同的权利义务概括转移。

5.3.3 使用期限差异矿地的优化处置

长期用地主要指井工矿中的工业广场（厂房、宿舍等），由于利用周期长，很可能存在暂时性闲置部分用地的情形，整合这一状态下的土地，有助于矿地效益的提升；中期用地特指取得合法使用权的井工矿中的尾矿库，其用地范围选择及集约度决定了土地利用率的高低；短期用地的盘活主要集中于统一规划外排土场与周边农地的使用权，使两者有机结合，以及合理处置赋予长期使用权的短期矿用土地；暂时用地，以排水、通风管线用地为主，在被赋予长期使用权时，用地过程中应注重解决不被矿业利用空间的"物尽其用"问题，用地结束后也应及时另作利用或流转安排（表5-16）。

表5-16　使用期限差异矿地的盘活路径

矿地类型	盘活路径	
	矿企提效用地（企业内部优化）	矿地让渡第三方（含矿企重组）
长期用地	工业广场由邻近矿企共用，节省用地及设施建设成本，避免资源浪费	将暂时不用的工业广场用地租赁于相邻矿企，避免重复建设
中期用地	尾矿库用地原则上应配置于荒山、荒坡、荒滩等未利用地，尽量避免占用其他有利用价值土地；邻近矿企可共用同一尾矿库，提升集约度	富余尾矿库用地，可流转于相邻矿企，避免重复占地，暂时不用，可出租；永久不再需要，可转让
短期用地	将向外排土过程作为土地开发整理的一部分，联系周边农田整理，统一的施工，将挖掘产生的废物用于周边农地的筑坝填沟，改善周边农田生产条件的同时降低高堆疏松体危险； 整合邻近矿企（外）排土场等短期利用土地，邻近项目可共用同一排土场，集约用地	赋予长期使用权的短期用地可在使用价值用尽后，转让于相邻矿业项目，避免重复占地
暂时用地	将配套设施占地以外的空间权利流转，在立体用地范围中，设置可视用地范围，设置地上空间使用权、地表空间使用权及地下空间使用权	赋予长期使用权的暂时用地可在价值用尽后，转让于相邻矿企，结合用地需求让渡特定空间使用权或地役权等

5.4 盘活的障碍与对策

5.4.1 矿地利用状态影响盘活模式实现程度

处于利用期的矿业用地可能存在两种状态，即虽已进入利用期但尚未开始矿业活动的土地，此时土地闲置，效益为零；以及矿业生产正在进行之中但效益低于通常标准的矿地。这两种状态的矿地将面临不同的盘活障碍，影响着盘活模式的可行性（表5-17）。

表5-17 不同状态矿地的盘活模式适用

矿地状态	盘活模式			
	未利用地		低效利用地	
	现状特征	对策	现状特征	对策
绿色矿山	无历史包袱或欠债	可直接按绿色矿山要求开发	以往经营活动中积累诸多问题，如环境污染、技术设备老化及人力资源配置不合理等	建设绿色矿山过程中解决既有问题，如修复污染并赔偿环境致损主体，更新老旧设备，及安置富余劳动力等
矿业园区	规划利用可塑性强	灵活、科学新建园区规划	资源剩余储量不明，区域内企业关联度待查	在分析既定条件限制因素后，完善园区规模、产业链结构
矿企重组兼并	因未开始运营，企业的债权债务相对简单清晰	重组进程可较快推进	债权债务复杂，较多面临或有债务，如因生产致环境污染、土地破坏的后果滞后发生，损害赔偿之债亦随之延后	重组前的尽职调查尤为重要，应充分关注"或有债务"风险，重组协议中应将可能发生的相应责任与义务予以明确，以免今后产生分歧
矿地矿权流转	未建设开发，无法达到法定流转条件	借股权转让、企业合并等方式达成矿地矿权流转	资源剩余储量不明；已开发建设产生后续的相应复垦、环保责任、义务	审慎进行矿地矿权剩余价值评估，据权利义务一致性确认已有开发产生的后续责任与义务，并在协议中明确

5.4.2　外部不经济致矿企怠于提升矿地效益

矿业用地利用期不可避免地产生环境问题，环境生态效益是矿业活动综合效益的重要组成部分。然而，环境污染作为一种外部不经济，矿企无法因对环境的治理取得内部的经济效益，甚至于这种外部性导致企业在矿业生产过程中的私人成本小于社会边际成本，当企业的生产量在一定范围之内时，产生的效益对于社会来说已经处于低下状态，而对于企业而言，边际利润仍大于边际私人成本。因此，矿地利用期作为环境问题预防、治理的重要阶段，却因环境损害外部性致使矿企缺乏动力积极作为，以致土地的综合效益下降。

矿企为实现矿业开采权利而实施的一系列行为难以避免地产生了对周边环境干扰的权利，基于权利义务的一致性，同时使矿企负有了治理环境损害的义务，解决外部性问题的关键是使矿业生产干扰环境的权利与治理矿业开采所致环境损害的义务相统一，环境治理义务须受到经济与法律的调整与约束，方可落实：一则，将企业用地过程中的环境污染等负外部性问题内化成企业的生产成本，既可通过深化能源资源价格结构促使损害环境成本内化，也可强制矿企将环境保护与修复资金在企业成本中单设会计科目；二则，将矿区环境绩效评价与信贷、新项目申请等矿企重大利益挂钩，对绩效评价不合格的企业予以管制、限制；三则，设定合理的环境治理相关资金（《矿产资源权益金制度改革方案》改环境治理恢复保证金为环境治理恢复基金）计征标准并强化缴存监管，各地在核算标准的选取上差异较大，一些地方标准偏低，不能保证矿地环境治理的支出需求，且征收监管力度不足，企业少交、迟交甚至不交、资金被挪用的现象时有发生；四则，加大矿企环境污染责任的追查与惩罚力度，追查不严致矿企投机心理滋生，环境违法成本低使其放任污染发生与持续。环保部门与国土部门联合制定例行检查机制，矿企定时提交"环境执行报告书"，如不提交，检查机构再次通知，仍不提交，终止矿业权。检查机构审查报告后派监察员抽查现场，发现情况不实的，责令限期整改、收取罚款，甚至吊销采矿许可证。

5.4.3　税费征收不合理降低矿地利用效益

矿企长期以来承担着较重税负，在资源产业黄金发展期尚可，但当下矿业行业下行趋势明显，税赋严苛的弊端突出，宜从经济上制约矿地盘活，提升效益。具体而言：

一方面，税收种类与标准不合理。资源税与矿产品价格脱钩，形成矿产品价格低、矿产资源税高的不合理局面；矿业生产企业的增值税税率高，利润空间被挤压；同时我国不区分工业品位，采用统一的矿产资源征税标准，而低品位矿石的选矿比高，综合利用低品位矿石，要支出更多生产成本及资源税。因此，须通过建立合理科学的税费征收机制为矿业企业减负，特别是挽救和保护一批经济技术合理、资源节约、环境保护较好的矿企，为企业进行矿地盘活保留更多的资金。首先，建立与矿产品价格变化相适应的弹性税制，取消矿产资源补偿费，设立矿业资源超额利润税和耗竭补贴，直接由国家从价征收；其次，完善和优化矿业增值税政策，实施消费型增值税，从而解决矿企投资成本大、可抵扣的进项税额少的问题；再次，明确对开采未达工业品位的矿产资源减免税费的特殊政策，有助于改变矿企"吃富丢贫"的现状。

另一方面，税收分配不合理。在企业重组盘活模式中，这一问题往往更加凸显，被兼并的矿企如为地方企业，涉及地方政府利益，地方政府要求重组后的矿企延续原有的地方利益，如关于被兼并企业的注册地问题，注册地变更影响当地税收，兼并企业通常为国有大型矿业企业，很可能隶属关系在中央，较难执行地方政府的要求，导致矿企整合工作难度加大。这种情况的出现主要是由于财税分级体制不合理，地方政府入不敷出所致，只有改变财政收支体制，方能化解此利益矛盾，促进矿业企业规模化发展。

5.5 小结

本章以土地使用权主体的保持与土地使用权主体的变更为依据，对矿地利用期的盘活进行研究，主要内容如下：

（1）以动态权利价值的不同实现过程为依据，构建矿业用地在利用期的盘活模式。静态与动态是权利的两面，前者是权利价值实现的前提，后者是权利价值实现的过程，其实现过程一则通过对权利标的的使用直接产生使用价值，二则经由流转权利产生交换价值，同时为更优的使用价值创造机会。利用期盘活从使用与交换价值实现过程的不同维度，形成土地使用权保持与变更两类盘活模式。

（2）土地使用权主体保持下的矿地盘活模式包括以绿色矿山建设提升矿企的综合经营效益，以及以矿业园区建设形成循环矿业产业链；土地使用权主体变更下的盘活模式包括矿地使用权、矿业权随同流转，以及复杂的权利转移形态，即矿业企业之间的兼并重组；同时，使用期限差异、土地权利状态差异的矿地类型在该周期内的盘活模式适用中存在特殊性，本章分别对其具体处理方式及路径进行了剖析。

（3）利用期矿地盘活的障碍主要包括：矿地形态差异影响盘活模式实现程度、外部不经济以及税费征收不合理三方面。通过不同形态矿地就盘活模式的适用性分析，找到相宜的盘活实施措施，并尝试向权义统一的不经济内部化与税费结构优化方向进行改革。

6 矿地复垦期的盘活研究

复垦期，土地的矿业利用使命结束，是土地使用权与其他用途重新结合的准备阶段，复垦方向的选择决定了土地权利再次匹配的新用途是否合理，复垦工程是否完善影响再利用的生产经营效益，故此周期的土地盘活承上启下，至关重要。

6.1 盘活模式的来源与依据

矿地准入、利用及退出三个阶段的共同点是均以土地使用权的优化配置为核心，而矿地复垦期则不同，不涉及权利的优化配置，而是进行工程建设，盘活的目标明确，即按时保质完成复垦工程，为土地再配置提供条件。如何使复垦工程的参与方实现这一目标，是盘活模式设计的出发点，法经济学理论认为"只要有良好的法律和制度保障，经济人追求个人利益最大化的自由行动会无意识地、卓有成效地增进公共利益"。为了使矿企、政府、其他复垦投资主体以及为复垦提供服务的机构等经济人共同促成复垦工程的顺利完成，须建立优良的政策制度体系。以政策制度的作用为依据，可分为激励制度、约束制度与保障制度，将其与复垦的一般时序（启动、运行、收益）相对应，可形成具体的盘活模式。

复垦启动以统筹落实政策、资金及项目方向为主要内容，对这三方面的优化，即为具体盘活模式，分别对应保障制度、激励制度与约束制度；复垦运行以产业形态的塑造与完善为主要内容，市场化的复垦产业形态（盘活模式）自有的特性，如充分竞争、契约精神等与制度的激励作用相契合，而政府通过合约管理、法律监督的方式约束复垦产业沿着正确的方向发展，利益挂钩、公众参与则从外部提供了产业化的保障机制；复垦收益以创造可实现的更多收益为主要内容，对收益渠道的挖掘、拓展无疑是盘活优化的模式，逐利是经济人的本性，经济利益促使复垦义务人勤勉工作，此盘活模式属于激励制度，在相应的规则设计中形成约束与保障收益落地的机制。

6.2 盘活的模式

复垦期的矿地盘活模式主要从复垦启动、复垦运行及复垦收益三方面进行分析，复垦启动要解决复垦土地用途确认及政策、项目、资金整合利用两个主要问题，以行政法律行为为主；复垦运行倾向于建立产业化、专业化的复垦市场，以民商事法律行为为主；复垦收益指复垦行为本身直接可产生的收益，从指标收益与资金增值收益进行探讨（复垦土地再利用的所得属于退出期的收益，不属于此范围），在法律与政策认可上述收益途径的前提下，可通过民商事法律行为取得收益（表6-1）。

表6-1 复垦期矿地盘活模式及其来源

复垦时序	制度类型		
	激励制度	约束制度	保障制度
复垦启动（行政法律行为）	统筹整合资金	科学合理规划复垦用途	统筹整合政策、项目
复垦运行（民商事法律行为）	充分竞争的复垦产业	合约管控、法律监督	利益挂钩、公众参与
复垦收益（民商事法律行为）	扩展指标收益渠道	建立指标兑现的交易规则	调整指标范围及供需关系

6.2.1 复垦启动的盘活模式

6.2.1.1 因地制宜确定复垦矿地用途

1. 我国矿地复垦的用途及其法律导向

依据《土地复垦条例》相关规定，复垦矿地的利用方向一则达到可利用状态，二则应当优先用于农耕。《国土资源部关于开展工矿废弃地复垦利用试点的通知》（国土资发〔2015〕45号）亦规定："工矿废弃地复垦应坚持山水田林路综合整治，优先复垦为耕地，复垦后的土地不得改变农业用途。"实际中，一方面，复垦矿地虽达到了可利用的状态，但多数环境状况堪忧；另一方面，矿地复垦后的利用方向确以耕地为主，相关资料显示长期以来的耕地复垦占全部复垦矿地的绝对多数比例（图6-1，图6-2），但其中部分耕地的质量较差，主要是由于部分矿地经矿业开采后已不再具备用于农耕的条件，强行恢复的效果必然不佳，原国土资源部土地整治中心对"十二五"期间的矿地复垦潜力评估也印证了这一点，林草地复垦潜力最高，耕地次之，建设用地复垦潜力在百分之十左右（图6-3）。故而，复垦矿地用途的现行法律导向虽在实践中落地，但却未能取得良好的效果。矿业用地的复垦用途不合理，则使土地无法发挥和实现其应有的价值，必将制约矿业用地在退出期的退出效率。

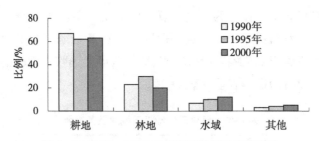

图6-1　1999—2000年我国矿地复垦方向对比

注：数据来源于赵淑芹、胡振琪著：《矿区复垦土地利用结构优化研究》，中国农业出版社2007年版。

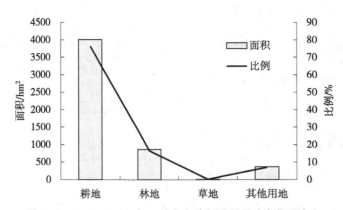

图6-2　2012—2015年工矿废弃地复垦利用试点复垦方向

注：数据来源于工矿废弃地复垦利用试点监管系统。

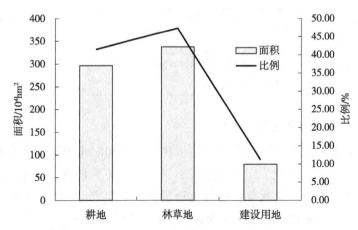

图6-3 "十二五"时期我国矿地复垦的潜力方向

注：数据来源于原国土资源部土地整治中心关于矿地复垦潜力评估的统计资料。

2. 域外矿业发达国家的复垦利用目标

美国科学院认为土地复垦的目标包含三个层次：复原、恢复与重建，即复原为土地被破坏前的自然状态；恢复到近似破坏前的地形、植物与动物群落；重建为稳定、永久的利用方式。这一目标体系强调了复垦土地的稳定性以及自然生态环境的和谐，而未对土地的用途做出分类。域外矿业发达国家实践中的复垦要求也是如此（表6-2），较少地提及复垦土地可利用或以何种用途利用，而是对生态修复提出了严格的强制性要求，这反映了矿业发达国家与我国在矿业用地复垦上的价值趋向截然不同，前者注重土地的生态价值，后者以土地的经济价值为重，这主要是因为发达国家经济发达、人均资源丰富，而我国处于经济发展阶段，人均资源匮乏，一定数量的耕地保障是满足粮食自给的必要条件。

表6-2 域外矿地复垦要求与目标

国家	复垦利用要求	关键目标
美国	不作社会与经济用途要求，仅要求恢复到原来状态，并改善与修复因矿业生产活动导致的环境破环	生态价值，恢复原状
加拿大	不能低于原有生态水平，各省及地区的复垦须因地制宜	生态价值，因地制宜
澳大利亚	将被干扰过的土地恢复到稳定、有生产能力的状态，且与周边社区相适宜或被社区认可的状态	生态价值，经济价值，社会价值

续表

国家	复垦利用要求	关键目标
德国	实现景观生态重建	生态价值
日本	实现矿业用地的生态治理，并针对各种金属矿业用地出台具体环境恢复治理的对策与措施	生态价值

3. 我国矿地复垦方向的优化

矿产资源的开发利用，在推动经济高速发展同时也破坏了生态环境，我国虽囿于土地资源匮乏、经济高速发展进行中的特殊国情，无法像美、澳等矿业发达国家以生态景观重建作为土地复垦的主要方向，但矿地复垦的目标须尽可能兼顾经济需求与生态环保标准，将"可利用状态"提升为"达到环保要求的可利用状态"，并同步升级复垦验收标准中的环境保护指标；与此同时，农耕为主的复垦用途符合粮食安全的国家战略，为了确保因地制宜地确定矿地用途，有必要从粮食产销区域以及具体矿业复垦项目两个层面对复垦用途做出差别规划：

（1）粮食产销区域层面的差异化复垦用途

我国有13个粮食主产区、7个粮食主销区以及11个产销平衡区，粮食主产区农耕的自然地理环境以及规模化生产条件优越，粮食产量高，该区域矿业用地恢复为农耕地相对其他用途的综合效益更高，故农耕复垦最佳；粮食主销区多为沿海发达地区，经济优越，城市化程度高，土地用于建设用地的市场价值较大，且零星的复垦土地难以形成规模化农耕区域，矿地复垦为建设用地较宜；产销平衡区均为中西部欠发达地区，生态环境脆弱、农耕条件差，复垦为耕地的价值不大，生态修复更有利于缓解环境压力，复垦为建设用地也可为经济建设、城市化发展提供条件（表6-3）。

表6-3　不同粮食产销区域的矿地复垦条件

粮食产销区域	农耕自然条件	农业规模生产条件	适宜复垦方向
主产区	自然环境条件优越，光热充足、水土条件佳、地势低平、土壤特性好且具备水利条件	农业产业活跃，生产规模大，专业人员、先进生产设备聚集度高	耕地

续表

粮食产销区域	农耕自然条件	农业规模生产条件	适宜复垦方向
主销区	农耕所需自然条件一般	城镇化水平高，土地利用集约，耕地数量少，难以形成规模生产	建设用地
产销平衡区	农业生产条件较差，水源、气候、地形等方面均对农耕生产形成制约	耕地质量、数量均处于劣势，规模化生产困难	生态用地（如林草地等）、建设用地

　　基于现实条件差异形成的各区域矿地适宜复垦的方向不同，若在国家层面以政策或法律的形式进行如此引导，则会形成针对不同区域的经济利益差别对待，加之我国尚未建立生态补偿机制，通常生态用地的经济效益为零，而农业产业效益远远低于工商业，相应的农耕地经济价值一般小于建设用地。因此，如若实现不同粮食产销区域的差异化复垦用途，必须配套经济利益不平衡的矫正机制（图6-4）。

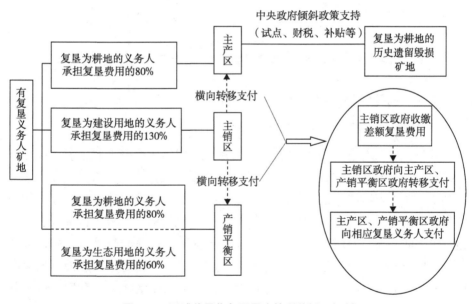

图6-4　区域差异化复垦用途的利益矫正机制

（2）矿业项目层面的差异化复垦用途

　　特定矿业项目的复垦用途须与城乡的总体发展规划以及更小的区域尺度（如项目周边用地规划）相协调，为了增强复垦用途的准确性、竞争性，应辅之以科学的复垦用途决策机制，首先根据自然、社会与经济条件，制定价值各有倾向的多个复垦方向，然后从工程可行性、经济合理性以及环境承载力等方面针对项目各种可能的复垦方向进行量化指标的评估，以权衡并最终确定复垦目标，最终目标是复垦方向的具体化，以此为基础开展规划、实施（图6-5）。

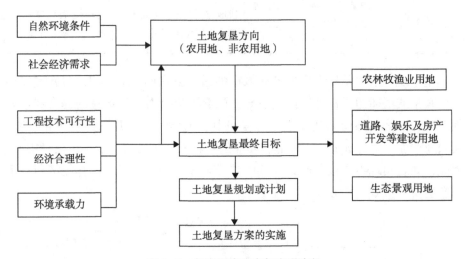

图 6-5　复垦用途确定与实现流程

6.2.1.2　统筹分散资源、合力推进复垦

1. 整合矿地复垦关联政策及项目

其一，加强用地政策之间的衔接。《历史遗留工矿废弃地复垦利用试点管理办法》（国土资规〔2015〕1号）提出"有条件的地方，可将工矿废弃地复垦利用与矿山环境恢复治理、绿色矿业发展示范区建设、土地整治等工作统筹推进，发挥政策组合效应"。矿地复垦是土地整治的一个分支，加强土地整治政策之间的组合使用将有力地推进历史遗留废弃矿地的复垦。将矿地复垦与城镇低效土地再利用相联系，将适应土地利用总体规划并为建设用地类的废弃矿地视为城镇低效用地，启动再利用；将矿地复垦与土地利用总体规划调整完善相结合，对土地利用总体规划确定的废弃毁损矿地，适用恢复耕种条件或生态环境等方式，把建设用地指标置换到其他区域；将矿地复垦与设立填海取土点相联系，据政府的海域使用规划与填海造地要求，将废弃矿地设为填海取土点首选，解决景观破坏和环境影响问题；将矿地复垦与打造特色景观相结合，对一些比较珍贵的矿业遗迹进行保护，同时修复周边生态，

将其打造成矿山公园等特殊景观。

其二，联立土地治理项目。因矿业废弃地损坏情形多样，与农村土地整治、矿山环境治理、土壤修复等多类项目相关，而实践中，一方面存在矿业用地（合法矿用区域）和地质灾害土地（开矿蔓延的非矿用区域）交叉地段，单个项目无法完成废弃地复垦；另一方面，各项目分别开展，有资金利用碎片化嫌疑。故如能尝试联合立项，可较好地解决上述问题，同时以综合整治项目为对象组建工作小组，由各单项项目的管理机构派员进入工作组，提高政府的管理能力与效率。对存量矿业废弃地，可参照地质灾害防治机制进行建设，把矿地地质环境治理、农地开发、基本农田建设、废弃矿地复垦、城乡建设用地增减挂钩、新农村建设、环保城镇建设、城市经济结构转型等相互联系，形成矿地综合治理体系。始于 2009 年的江苏徐州潘安湖综合整治项目在全国范围内首次创立采煤塌陷地复垦综合整治新科目，突破土地整理科目之间的限制，确立综合整治门类，集"基本农田整理、采煤塌陷地复垦、生态环境修复、湿地景观开发"为一整体，经由"挖土造田、开湖造景、培育湿地"等方式，建设包括湖泊湿地观光、生态休闲健身在内的生态湿地经济区，取得了良好效果，成为项目整合的范例。

2. 整合与优化复垦资金体系

（1）复垦资金的种类与利用现状

有复垦义务人的矿地复垦资金由义务人负担，此处的复垦资金指历史遗留毁损矿地，该类复垦土地的复垦责任依法由县级及以上人民政府承担，经权威数据整理汇总（图 6-6）可知：财政资金投入在复垦资金中占 78%，16% 的信贷资金本质上亦为政府的财政负担，与巨大的财政压力相反，1% 的社会资金投入说明多元化融资格局在复垦产业中尚未形成。社会资金投入少与上文探讨的以农耕地为主的单一复垦用途密切相关，低收益的复垦用途很难吸引社会资本，但是按粮食产销区建立差异化复垦用途后，粮食主销区矿业用地复垦吸纳社会资本的能力大大增强，为中央财政向其他区域倾斜奠定了基础。而财政支出本身还主要存在以下两方面问题：

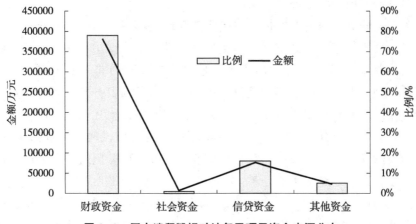

图 6-6　历史遗留毁损矿地复垦项目资金来源分布

注：数据来源于原国土资源部工矿废弃地复垦利用试点监管系统。

一方面，复垦资金分散，难以形成合力。《土地复垦条例实施办法》明确规定了复垦工程费用相关的财政资金范围（表6-4），同时还有也须纳入复垦支出的与复垦效果相关的生态环境治理资金，这些财政资金由不同口径分别独立、自行安排使用与验收，难以彼此配合，形成统一的目标，资金综合使用效益有待提升。

表 6-4　历史遗留毁损矿地复垦的财政资金种类

资金类型	来源	法律依据
耕地开垦费	占用基本农田，按被占用耕地前3年平均年产值的10至12倍缴纳；占用基本农田以外的耕地，按被占用耕地前3年平均年产值的8至10倍缴纳	《基本农田保护条例》《土地复垦条例实施办法》
新增建设用地有偿使用费	市、县人民政府按国土部或省、自治区、直辖市国土部门核定的当地实际新增建设用地面积、等别和征收标准缴纳，中央与地方按3∶7分成	《新增建设用地土地有偿使用费收缴使用管理办法》《土地复垦条例实施办法》
土地出让金中用于农业开发的部分	按各市、县不低于土地出让平均纯收益的15%确定，其中不超过30%的资金集中到各省、自治区、直辖市及计划单列市使用	《用于农业土地开发的土地出让金使用管理办法》《土地复垦条例实施办法》

资金类型	来源	法律依据
土地复垦费	复垦义务人在没有条件自行复垦或者复垦没有达到规定要求时，按照土地复垦方案确定的资金数额，向当地政府或土地行政主管部门缴纳的土地复垦所需费用	《土地复垦条例实施办法》
土地复垦的耕地占用税地方留成部分	以占用农耕地进行土地复垦的行为为征税对象，耕地占用税采地区差别税率，省、市、县各级财政按比例分成	《耕地占用税暂行条例》《土地复垦条例实施办法》

另一方面，各项资金的用途由法律规定，但在实际利用时，由于缺乏量化的激励与约束性机制，现有的资金利用方式很难保障复垦资金需求，甚至有一部分资金处于"睡眠"状态，比如矿山地质环境恢复治理专项资金，依据《矿山地质环境恢复治理专项资金管理办法》（财建〔2013〕80号），该专项资金用于矿山地质环境恢复治理工程支出及其他相关支出，但在调查中发现，这部分资金并未充分使用，主要是由于资金支配主体（政府职能部门）怠于行为所致。

（2）统筹矿地复垦财政资金，形成基金运行模式

《国务院关于印发推进财政资金统筹使用方案的通知》（国发〔2015〕35号）提出"推进财政资金统筹使用，避免资金使用碎片化，盘活各领域沉睡的财政资金，把零钱化为整钱，增加资金有效供给"。历史遗留废弃矿业用地的财政资金统筹势在必行，具体做法如下：

首先，梳理并细化用于复垦的财政资金的范围。一方面，明确法定复垦工程费用的提取比例，耕地开垦费、新增建设用地有偿使用费、土地出让金中用于农业开发的部分、土地复垦费以及土地复垦的耕地占用税地方留成部分可用于复垦。但现行法并未规定其用于复垦土地的金额比例，导致资金划拨使用的随意性较大；另一方面，统筹其他可用于复垦或与复垦相关的资金，主要包括：水土保持费、矿山地质环境恢复治理专项资金、向企业征收的废弃矿山治理费、采矿权和探矿权价款、开采许可证申请费、矿山开采违规罚款等，明确其如何用于矿地复垦以及具体的金额、比例。

其次，厘清各类财政资金使用中的障碍。通过对各类资金的梳理，资金使用效率较低、重复投资是普遍现象，根源于两个主要问题：一方面，不同财政资金的审计（尤其上级或行业审计）条块分割，较难达成共识，特别是

各审计部门的标准不统一，数据差异大，不同口径造成可比性差，参考性低；另一方面，政府部门缺乏利用资金的动力，具体而言就是专项资金的使用效率与地方政府的经济收益及政绩评价脱钩，政府不作为导致闲置的专项资金大量存在。

最后，将各类财政资金统筹为历史遗留废弃地复垦基金，以市场化方式运作，克服目前资金使用中的障碍。可在国家与省或直辖市两级设立矿业用地复垦基金，中央用于复垦的财政资金转入国家基金账户，省、市及县用于复垦的财政收入转入省级基金账户，同级政府设立复垦基金管理委员会，由委员会通过市场选聘第三方专业机构对基金进行使用与投资安排，并且针对复垦基金委员会及其工作人员建立严格的怠于履职问责制；与此同时，国家复垦基金账户根据不同粮食产销区域的矿地复垦方向、目标和任务，补充特定地方的复垦基金账户，实现复垦任务与资金投入的匹配与平衡。如此，一则审计对象指向唯一，即复垦基金，既有助于统一审计的标准口径，形成统一审计工作方案、以统一审计报告对外公布，也便于群众监督；二则基金管理专业机构作为市场主体，在自由竞争机制下积极行为，资金活力被唤醒。

6.2.2 复垦运行的盘活模式

6.2.2.1 推进矿地复垦的产业化模式

现行的矿业用地复垦运行（图6-7）中，参与主体通常仅有政府部门、矿业企业，少数情况还包括引入的第三方投资者，这些主体就矿地复垦而言，并不具备专业的技能和实施优势，严重影响了复垦效率、质量以及成本控制水平，培育专业化的复垦实施主体及相应的市场，形成复垦产业体系，可以有效地扭转上述不利现状，具体可以设立专门从事复垦服务的企业，由其代复垦的法定责任主体组织、协调并最终完成复垦，同时设立复垦工程设计企业、工程施工企业以及融资企业，具体完成复垦的方案设计、工程施工以及资金筹集。复垦产业体系的建立需要法律支持、政府作为以及市场自治的共同努力，法律认可并明确前述专业服务机构的设立、资质评定及运营方式等，使其成为合法的市场主体；地方政府亦应于复垦产业发展的初期，向准入这一产业的企业提供融资、财税等方面的政策优惠，引导、帮助其蓬勃发展，形成广泛的市场；市场的自发作用，在竞争机制作用下专门服务企业优胜劣汰，有助于复垦运行各环节的质量与效率提升，同时催生应用效果好的复垦新技术并扩大使用范围，在价格机制作用下，逐渐形成稳定、合理且科学的复垦成本与服务方利润。

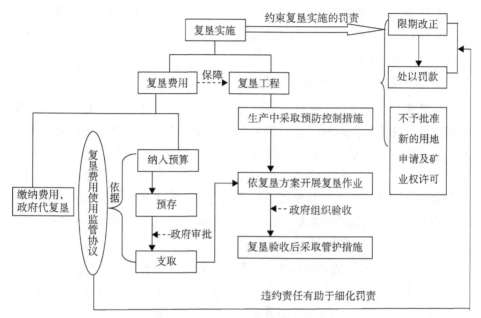

图6-7　当下的矿地复垦运行过程

复垦的产业化运行需要通过契约建立参与各方之间的法律关系，明确各自角色，形成约束与威慑：

一方面，复垦法定义务主体（地方政府、矿企等）与复垦服务企业签订委托复垦协议，使复垦服务企业成为具体实施复垦的义务主体，而复垦法定义务主体仍然向土地所有者（国家）承担最终的复垦责任，如复垦工程未依照复垦方案保质、按期进行或未能通过验收或复垦验收合格后，土地再利用过程中的任何时候出现因复垦不完善而导致的问题（如利用效能显著低下、环境潜在污染显现等），法定复垦义务人都应依法承担行政、经济等法律责任，而后其可依委托协议另行追究复垦服务企业的民商事违约责任；与此同时，复垦法定义务主体与复垦服务企业也可以选择直接流转附带复垦义务的土地使用权的方式，签署土地转让协议，此时受让土地的复垦服务企业成为复垦法定义务主体，承担复垦的最终责任。

另一方面，复垦服务企业或复垦法定义务主体（地方政府、矿企等）与专项服务机构签署委托工作协议。通常包含两种情况：第一，复垦法定义务主体将矿地复垦事宜委托复垦服务企业后，服务企业就具体工作分解后另行委托专项服务机构；第二，复垦法定义务主体具体实施复垦，并在必要时就复垦环节的特定部分直接委托专项服务机构完成。专项委托协议一般包括：与复垦设计企业签订委托复垦设计协议，由复垦设计企业进行复垦方案设计；与复垦施工企业签订委托复垦施工协议，由施工企业进行具体的复垦施工；与复垦金融企业签订委托融资协议，由金融企业为复垦工程实际募资。

6.2.2.2 提升矿地复垦的监管机制

依照现行法律法规，复垦运行过程中的监管主要体现于对复垦工程质量与复垦费用的监管，前者的执行机制是土地复垦义务人定期汇报，政府部门核实报告并将土地复垦义务履行情况年度报告作出网上公告，同时辅之以年度检查、专项核查、例行稽查、在线监管等；后者则由复垦义务人、政府部门及银行共同签订《土地复垦费用使用监管协议》并适用费用预存机制。为了适应复垦产业化模式的发展，监管机制也有必要从单一的行政强制，向法律性、契约性的监管措施转变，具体如下。

1. 通过复垦资金管理的法律机制调整，落实并服务于行政监督

目前实施的复垦费用预存制度减少了矿企现金流，亦为流动资金不足的企业增添了生产建设的障碍，在确保、落实用于复垦资金的前提下，赋予企业灵活的资金支配与使用权利，更有助于合理安排生产建设与复垦进程，以下两种改革路径均具备可操作性。

(1) 借鉴住房公积金法律制度，改复垦费用预存制为复垦公积金制

预存复垦费用是为了确保复垦工程有经济保障，住房公积金则是为了确保住房购置有经济保障，两者亦同时均具有以下根本属性：强制性，复垦费用与住房公积金均为依照相应法规必须缴存的资金；私有性，复垦费用由承担复垦义务的主体所有，住房公积金属于企业职工所有；专用性，两类资金均为专款专用，复垦费用用于实施复垦工程，公积金用于购、建、大修自住产权房。然而，目标与性质相近的这两项资金管理制度仍有一定区别，公积金制对费用缴存主体的经济压力小，但同时能够令目标资金落实，而复垦资金预存制不但使缴存主体经济负担增加，执行效果也不佳，不缴、少缴等现象普遍存在。本书认为，根源在于公积金制度实现了缴存主体之间互帮互助的利益共享机制，而复垦资金预存却将特定资金与特定缴存主体、特定复垦项目捆绑，使资金无法发挥公共保障功能。因此，可以参照住房公积金的相关机制，完善复垦资金的筹措管理机制，改复垦费用预存制为复垦公积金制：

其一，仿效住房公积金，形成复垦公积金缴存与提取机制。复垦公积金按月度缴存，月缴存额为矿业企业上一年度月平均经营收入的一定比例；复垦工程开始实施时，矿企可凭复垦建设的相应书面文件申请支取已经缴存的复垦公积金。

其二，仿效住房公积金，形成互助性的低息复垦工程贷款机制。复垦公积金资金实行专户管理，专向用于发放低息的复垦工程贷款，正常履行复垦公积金缴存义务的矿业企业，在符合贷款条件时，都能向公积金管理机构申请复垦公积金贷款。贷款条件中最重要的一项是担保物，住房公积金贷款的担保物是房产抵押，资金投向的待复垦土地虽可用于担保，但待复垦土地的评估价值很可能低于贷款额度，此时矿企仍须补足担保价值之不足，如将在建的其他项目抵押。

其三，仿效住房公积金，形成复垦公积金的管理机制。由国务院制定《土地复垦公积金管理条例》，直辖市和省、自治区人民政府所在地的市以及其他设区的市，分别设立土地复垦公积金管理委员会、管理中心，前者依据《土地复垦公积金管理条例》，制定复垦公积金的具体管理措施并监督实施，同时委托特定银行办理公积金贷款、结算业务以及公积金账户的设立、缴存、归还手续；后者负责公积金的具体管理运作。

其四，仿效住房公积金，形成复垦公积金增值机制。复垦公积金管理中心可将资金投向收益稳定、风险小的投资领域（如购买国债等），取得的增值收益继续投入复垦公积金，可极大地充实用于矿业用地复垦的资金。但公积金融资的前提是：实体上，保证公积金提取和贷款；程序上，经复垦公积金管理委员会批准。

（2）利用担保法律制度资源，改复垦费用预存制为复垦资金担保制

引入担保机制，不仅可以缓解矿企现金流压力，同时相较依约按复垦工期进程拨付的预存资金解除方式，担保的解除以复垦验收合格为条件，复垦义务人为了争取尽早解除担保，必定激发更大的复垦动力。土地复垦发达国家多采用灵活的保证金给付方式，如美国、加拿大等，保证金的形式主要包括现金、支票、定期存款、政府债券、信托基金、不可撤销信用证、资产抵押、母公司担保等。我国尚不具备发达的金融市场环境，无法照搬发达国家的做法，但可在现有法律资源内循序渐进地拓展复垦资金担保的途径，《民法典》提供了若干担保方式且应用广泛、担保公示制度完善，不动产抵押、动产或权利质押、反担保以及信用担保均可被复垦资金保障所用，其中信用担

保的风险较大，只适用于信用良好的担保方。

复垦担保的实施还须辅之以具体的机制安排：其一，建立担保额与复垦信用评定结果的挂钩机制，澳大利亚根据复垦效果确定复垦抵押金缴纳比例，如复垦工作做得最好的企业只需缴纳 25% 的复垦保证金，而其他企业须 100% 缴纳，我国可借鉴澳大利亚的经验，将复垦效果与担保额度挂钩，通过为矿企建立复垦信用档案并将档案信息联网，依据以往复垦工作完成情况评定复垦信用等级，新复垦项目资金的担保额度与复垦信用等级相互对应，促使企业从长远节省经济成本的角度出发，勤勉复垦；其二，建立复垦成本动态评估机制，复垦成本可能因复垦方案调整等原因而发生变化，有必要随成本变化调整担保物价值、担保额度，防止担保物价值、额度低于复垦成本而致复垦义务人怠于复垦；其三，建立分阶段的担保解除机制，复垦发达国家通常采取分阶段返还保证金的做法，如美国分三阶段返还保证金，矿地达利用状态时返还 60%，生产力进一步恢复返还 25%，植物生长达一定年限返还 15%，也即在复垦与复垦后的管护过程中分配担保解除权。本书以为，在复垦阶段也有必要进一步划分解除权，无须到全部复垦工程验收合格后再解除担保，矿地复垦是分阶段分地块开展的工程，针对具体的矿业用地，如尾矿库，达到一定库容量即闭库，通常在矿业活动进行的同时已复垦，若在该部分复垦工程完成并验收合格之时，返还（解除）相应额度的保证金（担保物），则会更大限度地鼓励复垦矿企尽早复垦，同时保证金的分阶段返还亦为矿企后续复垦提供了持续的资金支持。

2. 通过复垦契约拟制与备案的管理，落实并服务于行政监督

复垦法定义务主体应与当地国土部门签订复垦执行与监管协议，作为矿地使用权取得协议的补充文件，使复垦执行与监管的法定义务与权利进一步在协议中得到落实。该协议在纳入复垦方案的基础上，细化复垦运行各环节的标准与时间节点，将无法按时完全履行复垦的罚则具体化为协议中的违约责任，执行与监管双方都能通过协议对未来的行为形成预期。与此同时，当地土地管理部门可通过复垦相关协议（表 6-5）的内容编制、备案管理，为复垦工程监管提供依据与参照，具体言之：

表 6-5　土地复垦合约体系

合约名称	缔约主体	法律关系	适用矿地类型
复垦执行与监管协议	政府、矿企	土地复垦法律关系,兼具行政性与契约性,复垦义务方履行复垦义务,政府机构履行监管义务	有复垦义务人矿地
复垦担保协议	政府、担保方（矿企或第三方均可）	担保法律关系,通过保证金、抵押、质押及信用担保等方式提供担保	
复垦委托服务协议	承担复垦责任的地方政府、复垦服务企业	土地复垦委托服务法律关系	历史遗留毁损矿地
	矿企、复垦服务企业		有复垦义务人矿地
复垦专项委托协议	复垦服务企业与第三方机构（金融、设计及施工企业等）	融资法律关系/委托施工法律关系/委托设计法律关系等	历史遗留毁损矿地或有复垦义务人矿地
	矿企与第三方机构（金融、设计及施工企业等）		有复垦义务人矿地
	承担复垦责任的政府与第三方机构（金融、设计及施工企业等）		历史遗留毁损矿地

　　矿地复垦执行与监管协议具有行政强制性,应由土地管理部门统一制定协议文本内容;复垦费用担保机制亦应落实为详尽的担保协议,担保协议的性质是土地复垦执行与监管协议的从合同,故内容亦由政府机构制定;复垦委托服务协议与矿地复垦专项委托协议属于市场环境下的民商事行为,依协议各方意思自治达成,但在复垦服务产业发展的初期,政府部门可提供示范合同文本以扶助其规范运行。前述协议达成后都应在国土管理部门留存备案,以便监管人员全面掌握矿地复垦的情况。

6.2.2.3　完善矿地复垦的保障机制

1. 复垦进度与义务主体利益挂钩

　　其一,对于复垦义务主体为地方政府的矿业用地,一方面,复垦进度与行政绩效考核挂钩。将复垦进度纳入各级政府国土部门正职领导、主管领导及具体履职人员的绩效考核之中，根据遗留矿地治理在该区域发展的重要程度、影响力等合理设定所占绩效的比例，绩效考核结果作为对干部工作评价的依据。同时，针对矿产资源枯竭地区，矿地治理绩效可对国土部门正职领导、主管领导及具体履职人员的职位提升具有一票否决权，对于执行情况严重不达标或连续一定年期不达标的，不予提升职位、级别。另一方面，复垦进度挂钩采矿权指标。采矿权指标直接关系当地的矿业项目数量，进而影响财政收入及就业率，特别是对于矿业重镇而言，财政收入主要来源于矿业，利益影响更为突出，故将复垦进度与采矿权指标配额挂钩，为政府复垦废弃矿地提供内驱动力。

其二，对于复垦义务主体为矿企的矿业用地，一方面，复垦进度与其土地持有成本挂钩。依据我国现行土地税费征收法律，用地使用过程中涉及的税费主要包括城镇土地使用税、耕地占用税以及建设用地有偿使用费。对于复垦进度延后于复垦计划的矿地，增收上述税费，同时另行依据《闲置土地处置办法》征缴闲置费。费用收缴相对征税，强制性不足，实践中减免的随意性较大，强化对费用收缴工作的监管是该项调控措施能否达到效果的关键。另一方面，借助复垦信用评价体系，将复垦进度与新项目获取挂钩。建立矿地复垦的信用档案并将档案信息联网，依据以往企业复垦土地的时效、质量评定其信用等级，并将评定结果作为矿企参与新的矿业招标项目的考察内容之一，以此促使矿企勤勉用地。

2. 复垦进程的公众参与（社会监督）

只有完善的公众参与机制，矿业用地复垦的过程才能公正、公平、透明。《土地复垦条例》中已引入公众参与理念，但仅仅停留在原则性规定阶段且内容非常简略，其中规定相关权利人对复垦初步验收结果的异议权，但"相关权利人"的外延较"公众"狭窄且界定标准不明，对如何行使异议权以及异议权的法律效果规定不明确。《土地复垦方案编制规程》对公众参与进行了规定，但该规程并非法律性文件，不具有法律约束力，其中列明的公众参与形式仅是意见征询的过程，无法对复垦产生制约作用。而观国外复垦发达国家，公众参与对复垦事项产生约束控制力，如澳大利亚的矿业公司随时可就土地复垦和环境保护等方面问题遭到公众起诉，南非矿山的复垦与环境保护得不到社区的认可，无法取得采矿许可证，验收阶段亦然，英国公众对土地复垦规划的公众参与采审问式，而非讨论。

总之，当下的公众参与局限性明显、可操作性差，大多流于形式，应尝试从以下方面建立公众参与机制对矿地复垦的约束力：一方面，明确公众参与的人员，应至少包含社会组织代表、当地居民代表及能够证明自身利益与矿地利用相关的人士。另一方面，明确参与方式与效力。公众应对重大矿地复垦事项通过听证会进行投票表决，否决票达到一定比例将暂停事项实施，经和相关利益方就争议问题协商、达成一致方可进行；公众意见应随相关事项一同上报相关部门审核批准，相关部门应对公众意见予以考量后作出判断；相关组织或个人如认为矿地复垦等致自身利益或公共利益受损并可提供相关证据，可向法院提起诉讼，法院应予受理。另外，公众不仅在方案编制、初步验收阶段参与矿地复垦，针对复垦启动、运行到收益的全过程中预定的、突发的任何涉及公众利益的事项，均可启动公众参与程序，启动方式既可以是一定人数的公众申请听证，也可以是矿企及当地政府主动组织听证会。

6.2.3 复垦收益的盘活模式——拓展复垦土地指标收益

《土地复垦条例》规定"县级以上地方人民政府将历史遗留损毁建设用地复垦为耕地的，可作为本省、自治区、直辖市内进行非农建设占用耕地时的补充耕地指标"。《关于加强耕地保护促进经济发展若干政策措施的通知》（国土资发〔2000〕408号）、《土地开发整理若干意见》（国土资发〔2003〕363号）等政策亦明确了可运用建设用地指标置换政策，整理废弃建设用地。复垦矿地可获取的指标如城乡建设用地增减挂钩指标以及地票（其实也是增减挂钩指标）、耕地占补平衡指标，本质上都是建设用地指标，因其所适用的项目以及流通范围不同而有所差别。通过查阅地方矿地复垦利用专项规划与实施规划，目前指标收益主要适用于县域范围内的建新区与复垦区捆绑规划项目，以建新区土地增值收益的一部分覆盖复垦土地的指标收益。当下的矿地复垦指标收益同时受以下条件限制：

其一，指标流通在行政行为安排下进行，未能激发市场蕴藏的活力。建新区与复垦区捆绑规划项目通常由地方政府制定并组织实施，不仅增加了地方政府工作人员的工作压力，更没有充分利用市场及大众的力量，亦未能发挥潜在的建设用地需求方的作用，难以使复垦矿地指标收益最大化。

其二，指标流通范围过窄，建设用地供大于需，以致指标价值实现的空间很小。复垦矿地指标能否流转取决于指标流转区域内的建设用地供需关系，矿业用地多处于偏僻不发达的三、四线地区，如在所辖矿地的县级或地市级行政区域内进行指标流转，较少量的建设用地需求无法满足复垦矿地指标的变现。

其三，不同复垦矿地指标的差异化价值尚未得到区分。指标所在的区域影响指标收益的价值，我国建设用地管制区类型分为允许建设区、有条件建设区、限制建设区和禁止建设区四种，配置于管制程度越低的区域的指标价值越大；同时指标本身因复垦矿地的区位、毁损程度、发展环境等也存在质量差异，价值不同。但上述这些差异目前尚未反映到指标的评估价格上。

其四，目前法律、政策允许的可形成指标的复垦矿地用途仅为耕地，其他农用地及林牧渔业用地等尚不可形成指标，但如上文所述，非耕地的复垦土地潜力很大，耕地形成指标的限制不仅影响了其他用地的收益，更对因地制宜选择复垦方向造成不利影响。

因此，针对上述限制条件，将从以下几方面拓展与完善复垦矿地指标的收益机制：一是宜将流转范围设定在省或直辖市一级，在这一指标流转的空间内通常包含局部建设用地需求大的区域，如省会城市、城市中心区，这为指标流转提供了更大的可能，同时矿业地区的政府应发展特色产业，招商引资，增加当地的建设用地指标需求；二是利用市场力量，探索指标流转的市场化运作模式，可借鉴重庆市地票交易制度的经验，搭建市场化交易平台（图6-8）；三是评估土地所在区域及地块的具体条件，建立复垦矿地的级差价格体系，引导指标合理入市；四是修订相关法规、政策，允许在其他复垦为非建设用地的矿地之上形成收益指标。

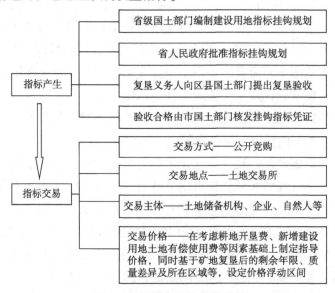

图6-8 指标市场化交易流程

6.3 不同类型矿地的具体盘活路径

就矿业用地复垦期而言，由于这一阶段不涉及土地使用权的优化配置，仅是进行复垦工程，权利状态差异的矿地无特殊性，适用上述盘活模式即可，且矿地一旦进入复垦期，意味着矿业利用的时期已经结束，故矿用使用期限差异的矿地在此时无区分意义。而复垦期本身就是针对不同毁损状态矿地，由相应的复垦义务主体适用差异化的技术工程措施进行修复整治的过程，故复垦义务主体差异矿地类型、毁损状态差异矿地类型将对这一阶段的矿地盘活产生重要影响。另外，性质可逆性差异矿地类型也会作用于复垦方向的选择。

6.3.1 复垦义务主体差异的矿地类型影响资金筹措方式

一方面，有复垦义务人矿地的复垦是市场行为，除极少数大型国有矿企可以得到政府财政支持外，其他均须经由市场融资渠道：一则，传统证券融资的要求较高，《证券法》对公司发行债券设定了严格限制条件，如净资产、可分配利润等均须达到一定标准，只适合大型矿业公司，中小型矿企较难适用，有必要进一步培育资金融通市场，为更多企业提供平台，如规范私募及增发、配股等融资模式，发展新三板、创业板市场等，同时发展信托融资与资产证券化也可降低融资门槛，为更多矿企融资难题提出解决方案。信托公司按照融资矿企的经济需求，向社会投资人发布信托计划筹集资金，兼有效率高、资信状况恒定、资本可掌控等优势。而资产证券化是以特定资产组合或特定现金流为后盾，发行可交易证券的一项筹资举措，将流动性不足的矿业用地、矿业生产设备设施等资产，转换为在金融市场上能够顺畅流通的证券，另其具备流动性。二则，通过企业之间的资金拆借，也可缓解矿企生产经营的燃眉之急，提供借贷的一方通常为关联企业或与矿企建立合作关系的产业链上其他企业，这些企业基于利益相关性，较为可能"伸出援手"。企业借贷主要有两种途径：其一，委托贷款。在过去很长时间，企业之间直接进行资金拆借未得到法律的认可，委托贷款是唯一的合法方式。企业委托人通过金融机构（受托人）向其他企业提供贷款，金融机构根据委托人确定的金额、期限、利率等发放贷款，监督使用并协助收回，不承担任何形式的贷款风险，而取得贷款的矿企一般除须依约支付利息外，还将承担此项委托融资交易所产生的税费。其二，企业间直接拆借资金。随着市场经济的繁荣，规范化的企业之间拆借在一定程度不仅不会影响金融秩序，而且能缓解中小企业的融资困难，促使其快速发展。基于此，《最高人民法院关于审理民间借贷案件适用法律若干问题的规定》（2015）认定"企业之间为生产、经营所须签订的民间借贷合同具有民间借贷合同的法律效力"，由此企业间融通资金的效率大大提高。三则，担保融资也较为适合以不动产为生产经营基础的矿业企业。除了常见的不动产（土地）抵押，矿业开发项目、矿产品经审核亦可纳入担保物范围，前者以矿业项目本身良好的经营状况和项目建成、投入使用后的现金流量作为还款保证来融资；后者只要企业矿产品抵（质）押物价值充足即可担保融资。

另一方面，历史遗留毁损矿地的复垦是政府行政行为，以财政支出为主要资金来源，同时政府举债与吸引社会投资并行：一则，合理筹划财政资金使用。依据历史文件中对矿业开采管理机构及财税收缴主体的记载，确定由哪一层级政府作为国有土地所有权的授权代表，由其作为复垦资金的筹措主体，以便"县级以上人民政府负责复垦"的规定能够切实落地。考虑到当前土地整治项目投资所涉及的财政资金主要为县级财政资金，而部分经济发展较好的乡镇也存在建设用地需求量大、存量废弃矿地多的问题，故可以统筹这类乡镇财政资金进行工矿废弃地治理。与此同时，基于我国税收体制导致的财权事权不匹配，因矿业生产经营的利税大部分上交中央财政，为确保权力与义务的一致性，中央政府应通过专项财政转移支付方式弥补资源枯竭地区用于矿地复垦的资金缺口；另外，在矿业产业的黄金时代，资源输出地并未获取资金积累，而是由资源输入地攫取利益，故中央有关部门亦应组织经济发达、矿地治理任务轻、矿业资源利益占有多的地区向经济落后且矿地复垦负担重、矿业资源利益占有少的地区进行转移支付。二则，政府应充分利用合理举债的政策。采取负债方式取得的财政资金，具有当年举借当年获取资金、在较长期限内享有资金使用权的特点，符合历史遗留毁损矿地治理的资金使用期限长与投入大的特征，如发行国债，所筹资金可列入当年的预算收入中，利息和本金的偿付可在以后的财政年度通过发行新债或使用财政盈余来实现，又如根据《国务院关于加强地方政府性债务管理的意见》（国发〔2014〕43号），复垦遗留矿地属于公益性资本支出范围，地方政府享有依法适度举债的权限。三则，尝试吸引社会资本投资。其一，矿地复垦可增进公益，借鉴体育彩票的成功经验，也可发行矿地复垦类的公益彩票；其二，依照《公益事业捐赠法》，发展社会公益性捐赠，尤其是鼓励因矿致富的个人或企业积极参与；其三，根据"谁受益谁负担"的经济学原理，向矿地复垦直接受益方收取费用，矿地复垦退出必然带动辐射区域内土地价值增值、环境质量提升等，使相关主体受益，但须由政府制定相应收费规则，确保公平、公正；其四，政府提供财税减免、低息贷款及担保等优惠政策，吸引社会资本参与矿地复垦在开发项目，或者以其他优势土地资源出让捆绑复垦义务，受让优质土地的部分出让金抵销复垦义务成本。

总之，复垦义务主体差异的矿地类型在资金筹措上，形成明显差异（表6-6）。

表6-6　复垦期复垦义务主体差异矿地的盘活路径

矿地类型	复垦启动之资金筹措
历史遗留毁损矿地	合理筹划财政资金的使用
	政府合理举债
	吸引社会资本投资
有复垦义务人矿地	建设多元证券融资平台
	企业之间以发展生产为目的的资金融通
	担保方式多元化为融资创造条件

6.3.2　毁损状态差异的矿地类型引发复垦权责问题

不同的毁损状态导致采用的复垦技术措施存在差异，而毁损形态之一的塌陷毁损矿地由于特殊的使用权利设定为复垦制度设计提出新的问题，塌陷矿地因矿业活动的持续或结束，面临的复垦问题截然相反，矿业活动存续中的塌陷矿地复垦，矿企处于被动地位；矿业活动结束后，土地受损的农民处于被动地位（表6-7），故有必要分别细化盘活路径予以解决，具体言之：

一方面，矿业活动进行中的毁损形态之塌陷矿地，须应对农民就受损土地的持续补偿诉求。实践中，对采矿损毁未征收的集体土地，农民常常为了持续性地获取企业支付的青苗费等补偿资金而拒绝矿企复垦，以至于部分沉陷程度非常小，原本可以通过简单工程措施恢复生产的耕地无法实现复垦，同时沉陷区长期大量积水，因不能复垦排水给矿井生产造成很大的影响，易引起矿井诱发透水事故，而企业因此承担高额青苗补偿费与耕地占用税等支出，经济负担沉重。因矿业利用受损土地的处置在各层级法政策中均有规定，

《土地复垦条例》明确了矿企复垦与赔偿的责任，各地均出台具体办法（如《安徽省人民政府办公厅关于采煤塌陷地复垦及征迁工作有关问题的意见（试行）》等）进行规定，主要包括两方面：无法恢复原用途的，征收并搬迁农民；可恢复原用途的，复垦后交回农民。但农民妨碍土地及时修复的问题未在法规中体现，建议参照《民法典》"损失扩大"的责任承担方式，做如下完善：对于可修复的破损土地，因任何一方原因而未能及时修复的，由此造成的土地破损程度加重的损失由过错方承担。享有受破坏土地使用权的农民拒绝或阻碍矿企复垦土地的，矿企暂停支付无法复垦期间的补偿。

另一方面，矿业活动结束后的毁损形态之塌陷矿地，复垦责任主体的追究与确认是重点。因矿企撤离、塌陷原因认定难以及地方政府不作为等致补偿修复无法及时到位、农民利益受损，对矿地周边的生态环境和居民身体健康造成极大的破坏，此类情形的关键是追究与确认责任主体：其一，矿企拒绝承担责任的抗辩理由主要是土地致损原因并非矿业生产，故政府应组织经矿企认可的专业检测机构对塌陷地的形成原因进行鉴定并出具鉴定报告，若鉴定报告中确认为矿业生产所致，则可作为向矿企追责的依据；其二，责任方矿企存在的，由其承担责任，其发生合并、分立或重组的，如未对或有债务进行事先约定，则由责任矿企的财产继受方承担修复责任；其三，责任方矿企如已解散、破产，则属于《土地复垦条例》及其实施办法规定的复垦义务人灭失的矿地，由县级以上人民政府复垦，政府应将其纳入复垦规划与计划，尽快实施。

表 6-7　复垦期塌陷毁损矿地的盘活路径

矿地类型	复垦运行
矿业活动进行中的毁损形态之塌陷矿地	应对农民就受损土地的持续补偿诉求
矿业活动结束后的毁损形态之塌陷矿地	复垦责任主体的追究与确认

6.3.3　性质可逆性差异的矿地类型影响复垦用途选择

性质可逆性差异矿地类型直接影响复垦的目标（表 6-8），性质可逆矿地通常可视具体情况用于农林牧渔业，性质不可逆矿地则或不经复垦，或生态复垦。

表 6-8　复垦期性质可逆性差异矿地的盘活路径

矿地类型		复垦启动之复垦方向确定
土地性质可逆	露天挖掘场、外排土场	一般可复垦为优质农地，以耕地为主，同时由于排土地貌重塑等原因，复垦后土地状况（原数量、原结构、原位置等）会发生一定变化
	井工井场/尾矿库（通常）/井工矿的通风口用地/排水、管线用地	农业用地
	井工矿波及的塌陷地（通常）	塌陷平原地适宜复垦为农业用地；塌陷山地或丘陵地适宜复垦为林业用地；塌陷盆地一般适宜复垦为渔业用地
土地性质不可逆	露天挖掘形成的采坑（深）/尾矿库（理化性严重污染）/井工矿波及的塌陷地（严重破损）	生态复绿，可进一步规划为生态景观公园或其他工业遗迹展示的主题公园，成为观光旅游、科普教育用地
	广场用地（厂房、宿舍）	不经复垦

6.4　盘活的障碍与对策

6.4.1　基础信息缺失致复垦风险增大

基础信息的缺失主要体现在两方面：一方面，1989 年以前，我国的土地复垦工作处于无组织、零散阶段，未有专门的法规政策对其予以约束和规范；《土地复垦规定》颁布，至 2011 年《土地复垦条例》开始实施，这一阶段的法规虽然对复垦规划、方案编制等提出要求，但强制性不足，故 2011 年以前，用于矿业活动的大量土地的复垦规划与方案缺失，年代久远的历史遗留毁损矿地情况更为严重。另一方面，在较长历史时期内，矿业企业对档案管理不重视，以至于采矿数据资料残缺不全，对于遗留矿地，不但无法准确了解矿地的利用毁损状况以及地理自然条件，而且导致仍有矿业利用价值的残余矿地未被发现（老矿由于开采年代的技术条件有限且节约资源的意识不强等原因，资源残余现象较多）。因此，复垦此类矿地存在着更大的不确定性和风险。

基于上述现实，复垦责任主体首先应组织专业人员对这部分土地的基本情况（损毁土地的开采方式、破损现状及剩余资源潜力等）进行详细的调查了解，同时建立地质调查机构与矿地复垦整治部门之间的协同工作机制，以便充分利用土地调查的成果。在此基础上，完成两项工作：其一，对复垦方向、复垦难度、复垦效益、复垦费用等问题做出科学评估，并编制土地复垦专项规划与方案，同时注重与当地的城镇、道路、河流及生态环境保护统一规划、综合治理；其二，统计并保护有资源潜力的土地，在土地调查的同时完成老矿山找矿。

6.4.2 复垦试点政策的相关问题

《关于开展工矿废弃地复垦利用试点工作的通知》（以下简称"通知"，国土资源发〔2012〕45 号）、《历史遗留工矿废弃地复垦利用试点管理办法》（国土资规〔2015〕1 号）明确在 10 个省区设立工矿废弃地复垦利用试点。

6.4.2.1 适用问题

1. 适用条件与待复垦的矿地现状不符

《历史遗留工矿废弃地复垦利用试点管理办法》（国土资规〔2015〕1 号）明确了纳入历史遗留工矿废弃地的前提条件是在全国土地调查时已确定为建设用地的矿地，故违反现状地类的矿地无法适用该政策。现实中此类情况较常见，如黄石市部分历史遗留工矿废弃地在全国第二次土地调查时，被划分为草地、林地、耕地、裸岩石砾地、裸地等地类，按现行政策，不进行地类变更难以纳入试点范围。导致实际地类与调查登记地类不符的原因较多，主要由于我国土地调查中地类确定的标准存在漏洞，且采矿用地变化快，变更调查严重滞后，土地调查数据库信息可能未能得到及时更新。与此同时，矿业城市的耕地总量不断减少，为保持耕地总量的动态平衡，因矿业利用而受损的农地仍不归入建设用地，如一些塌陷区积水高达十多米，还划为耕地，甚至基本农田。基于上述问题，可做如下处理：

其一，对确需适用复垦试点政策的矿地，使登记信息与实际用地状况相符。一则应对矿业用地进行全面的摸底调查，重点调查废弃地损毁前利用类型、利用状况，损毁后废弃地的类型、程度以及当前的权属状况，以及废弃地复垦的影响因素等；二则应针对实为矿地而土地调查登记为其他土地类型的情况建立更正机制，通过有权机构的审批及时调整登记内容；三则修订地类确认的标准，减少地类认定与实际不符的概率；四则借助"多规合一"试点契机，根据矿产资源总体规划矿业权的配置，及时调整与之不相符合的土地规划。

其二，对可通过其他政策复垦的矿地，可不予调整登记信息并积极筹划其他的政策措施。变更土地性质的调查登记信息必然影响耕地数量统计及建设用地指标，在矿地可通过低丘缓坡地、未利用地综合利用等其他政策获取治理资金，将矿地复垦时，可暂不调整土地性质的登记信息，同时其他政策的适用也可能主动地创造建设用地规划的新增规模。

2. 历史遗留工矿废弃地的认定范围不全面

《历史遗留工矿废弃地复垦试点管理办法》中将"无土地复垦义务人"，以及"因政策原因关停"作为历史遗留工矿废弃地的认定标准，而未将"《土地复垦规定》实施前毁损"纳入认定标准，这与《土地复垦条例》的认定不相符，同时意味着《土地复垦规定》实施前毁损但复垦义务人并未灭失的土地被排除在试点之外，较为不妥，在试点继续推行的过程中应加以完善。

《土地复垦规定》实施前毁损的矿地面临着复垦责任落实难的困境，自1989年开始，复垦制度方才初步建立，在此之前真正落实复垦的矿企较少，矿企通过支付补偿费，将矿地与复垦义务一并转移于村集体的情况甚多（集体组织通常不会主动复垦）。即便当时用地的矿企或继受复垦义务的农民集体可追溯，这些主体现在也很难有能力、资金完成历史欠账，其复垦义务仅停留在理论上。

6.4.2.2 执行问题

在实践中，工矿废弃地复垦调整利用政策在很多情况下将因政府原因关闭的矿企作为复垦义务人，将相应矿地纳入有复垦义务人的矿地类型中，不作为政府主导的复垦利用项目立项。而被关闭的矿企因不具备经济与技术上的条件进行复垦，以至于这部分毁损矿地无法及时进行复垦利用。出现此状况的根源在于市场运行导致的矿企破产与政府原因的矿企关闭之间的界限不清，为地方政府逃避复垦再利用的责任制造了空间。大量的市场运作原因导致的矿企关闭与我国的资源产业结构调整政策的引导方向一致，但如政府以行政手段责令或强制某一特定矿企关闭，则不属于符合政策导向的市场化破产，而是应由政府承担复垦退出责任的因政府原因关闭的矿企。故今后有必要在规范中厘清市场化破产与政府原因关闭的差异，对政府原因关闭情形下的复垦再利用责任作出详细规定。

6.5　小结

本章依照矿业用地复垦的一般时序，对复垦期的矿业用地盘活进行了研究，主要内容如下：

（1）以矿地复垦时序与政策制度的作用类型相互比照，形成矿地盘活模式的分析依据。矿地复垦期相较其他生命周期阶段，拥有更清晰的时间顺序，即复垦启动、运行与收益，结合激励制度、约束制度与保障制度的作用效果不同，在复垦启动、运行、收益中分别形成集三种制度作用为一体的盘活模式。

（2）就复垦启动的盘活模式，主要从区域与特定矿业项目两个层面探讨了复垦方向与用途的优化；就复垦运行的盘活模式，主要以推进复垦产业化为核心，同时分析了相应的运行监管与保障机制建设；就复垦收益的盘活模式，主要考察如何拓展、完善复垦土地的指标收益。与此同时，具体分析了类型差异矿地在适用盘活模式中特殊的处理方式，主要体现于复垦义务主体差异、土地性质可变性差异以及毁损（塌陷）状态差异的矿地类型。

（3）复垦期的盘活障碍主要集中于：复垦基础信息的缺失、试点政策的适用局限以及执行障碍上，需要通过部门协作补足缺失信息，调整试点政策的适用条件及认定范围以增强政策的可操作性，厘清市场化破产与政策原因关闭的差异以矫正政策执行中的不当。

7 矿地退出期的盘活研究

近年以来，矿业产能严重过剩，受到国内宏观经济增速放缓，能源消费总量控制、能源结构优化等因素的影响，矿企经营状况日趋恶化，尤其钢铁、煤炭等行业几乎是全行业亏损，多数企业开始减产、停产，工资大幅下降，下岗人员不断增加。预计 2021—2022 年，这种局面会进一步恶化，形势异常严峻。因此，在产业转型的大背景之下，矿业用地的有序科学退出势在必行。

7.1 盘活模式的来源与依据

退出期与利用期的盘活均为土地使用权的再次配置，按照权利动、静态的分析，此处的盘活模式亦可从动态权利的两个方面入手，即权利标的的利用以及权利的流转。然而，退出期与利用期有两项显著差别，其一，土地及其使用权不再服务于矿业活动，其二，退出的土地除有复垦义务人矿地外，还包括历史遗留毁损矿地，这部分矿地在利用期盘活中不存在；前者影响权利标的（土地）的利用方式，后者扩展了盘活模式的考察范围。具体而言：有复垦义务人矿地，权利标的利用以矿企转产自用模式为主，权利流转包括市场化让渡与返还所有权人的模式；历史遗留毁损矿地，权利标的利用以政府规划安排用地的差异化模式为主，权利流转主要指引入社会资本开发利用的各种盘活模式。

7.2 盘活的模式

对于历史遗留毁损矿地，政府主导下的盘活模式以行政行为为主，但政企合作、合营开发土地的模式下，政企之间建立民商事契约关系，合作的进程遵循契约，而非政府决策；而有复垦义务人矿地，除政府以行政干预的方式回收矿地外，土地无论自用实现使用价值，抑或流转完成交换价值，都是在自由市场环境中进行的纯粹的民商事法律行为（图7-1）。

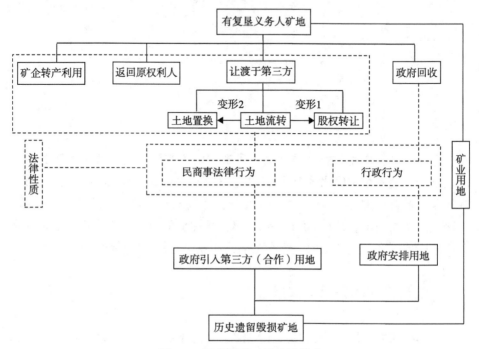

图7-1　退出期的矿地盘活模式

7.2.1　有复垦义务人矿地盘活模式

7.2.1.1　政府回收矿地使用权

1. 矿地回收的现状

（1）矿地回收的路径

政府回收矿地适用于有复垦义务人的国有矿业用地，结合使用权状态差异类型与用地期限差异类型，其回收行为的法律依据不同（表7-1）。具体言之：

其一，对于符合法定闲置条件的矿地，即准入后未利用，直接进入退出期的土地，以及开发面积不足1/3或投资额不足25%而进入退出期的土地，无论土地之上设置何种形态的使用权，均可依据《闲置土地处置办法》进行处置。在非政府行为致土地闲置满两年时，政府有权无偿收回；政府行为致土地闲置时，政府可与矿企协商有偿回收。

其二，对于与公益利用冲突，如城市建设发展和城市规划要求等，而进入退出期的矿地，无论其处于矿用生命周期的哪一阶段，以及土地之上为何种使用权利，政府均有权无偿收回，但可对矿企进行适当补偿。

其三，对于已历经矿业准入、利用及复垦而进入退出期的矿业用地，政府回收与使用权形态、实际矿用时限密切相关：划拨使用的矿地，收回的方式是政府与矿企协商还是政府有权回收，要依据《划拨土地决定书》是否限定矿业用途而定，如限定矿业用途，政府有权无偿收回；如未限定，则由双方协商收回。出让使用的矿地，如实际矿业利用期限为长期，和出让使用权的最高年限（50年）基本吻合，依照《土地管理法》，出让矿地使用权期限届满，政府有权无偿收回；如实际利用期限为短期或暂时，退出期的矿地与法定最高使用年限相差较多，而目前多数出让协议并未明确限定用地期限，故须政府与矿企协商收回。对于作价出资矿地，通常入股土地使用权期限的设定与实际用地期限吻合，用地结束时土地使用权自动回归所有权人；如短期或暂时性用地却设定较长入股土地使用权期限，政府此时仅能通过收购矿企特定资产的方式收回该土地。授权经营矿地、租赁矿地以及临时用地的方式，仅须依照土地使用权配置时的政府批文或协议文件的约定执行回收，如约定不明则由双方协商决定。

其四，对于开发面积已达1/3或投资额已达25%，非因公益，在矿业生命周期运行的任一时点停止利用而进入退出期的矿业用地，通常由政府与矿企协商收回，但有以下例外情况：一则，划拨用地因矿企迁移、解散、撤销、破产等原因停止使用，政府可以无偿收回；二则，政府强制关闭矿业企业，并通过行政行为强制收回土地。

表7-1 使用权差异矿地的政府回收法律依据

矿地类型	政府回收依据
划拨矿地	因企业迁移、解散、撤销、破产或者其他原因，停止使用原划拨的国有土地，无偿回收
出让矿地	出让合同约定使用期届满，土地使用者未申请续期或者申请续期未获批准，无偿收回
国有出资矿地	入股土地使用权期满，回归所有权人
授权经营矿地	按批准授权经营文件处理

续表

矿地类型	政府回收依据
租赁国有矿地	按租赁协议处理
临时国有用地	按临时用地协议处理
任何矿业用地	非政府行为致未动工开发满两年，无偿收回；政府行为致未开发，协议有偿收回土地 已开发面积不足 1/3 或已投资额不足 25%，非政府行为致中止开发满两年，无偿收回；政府行为致中止开发，协议有偿收回 因公益或城市建设发展和规划要求（如旧城改造）或矿场经核准报废，可以无偿收回

参见：《城镇国有土地出让和转让暂行条例》第 47 条/《国务院关于促进节约集约用地的通知》第 2 条第 6 款/《土地管理法》第 58 条/《闲置土地处置办法》第 14 条第 2 款/《公司法》第 27 条

(2) 矿地回收的对价

通过分析土地回收的法律法规，可将退出矿业用地按照有偿/无偿进行划分（表7-2），有偿回收通常集中于土地使用权非正常（受外部环境干扰）退出的情况，其中矿企继续使用复垦后的划拨用地（未限定矿业用途），如收回，是否有偿，法律规范中未见明确的正面规定，但基于"停止用地"是划拨土地回收"无偿"的法定条件，本书认为此情况应属"有偿"。

表 7-2 矿地的有偿/无偿退出

有偿退出情形	无偿退出情形
政府原因致闲置而退出的矿地	矿企原因致闲置而退出的矿地
使用权期限未届满而退出的矿地	公益目的而退出的矿地（适当补偿）
复垦后继续使用的划拨矿地（未限定矿业用途）	使用权期限届满而退出的矿地 复垦后继续使用的划拨矿地（限定矿业用途） 法定原因停止使用而退出的划拨矿地

对于有偿回收而言，有偿的对价范围依据使用权的性质为划拨或出让而有差异，其他有偿使用土地的权利形态，有偿回收的对价可参照出让用地：

一方面，出让土地有偿回收对价的规定主要包括：根据土地使用者使用土地的实际年限和开发土地的实际情况给予相应的补偿（《城市房地产管理法》第 19 条，《城镇国有土地使用权出让和转让暂行条例》第 42 条）；依照征收房屋程序给予补偿"并"退还相应"剩余年限"的土地出让金（《民法典》第 117 条、第 358 条)。本书认为,出让土地回收的对价应依照《民法典》的规定,包括剩余土地出让金返还与补偿两部分,两者的法律性质不同,无法相互取代,前者是未尽的土地使用权的对价,后者是因使用权被终止而致损失的对价。就补偿而言,只有对土地的实际年限和开发土地的实际情况进行价值评估,才能体现土地市场的价值,故由有评估资质的中介机构按照现状用途进行评估确定。

另一方面,划拨用地使用权的对价应结合其投入成本的评估价值而定,《关于改革土地估价结果确认和土地资产处置审批办法的通知》(国土资发〔2001〕44 号)提出"企业改制时,可依据划拨土地的平均取得成本和开发成本,评定划拨土地使用权价格,作为原土地使用者的权益,计入企业资产"。矿业企业虽然没有缴纳出让金,但是在取得土地时企业也支付了征地补偿等相关费用且在后期建设中也有成本投入,如土地熟化、基础设施建设等成本,在有偿回收时应予考虑。

(3)回收土地的处置

依据《土地储备管理办法》的规定,收回的国有土地属于土地储备的来源之一,依法由土地储备机构对其开展前期修整、保护、管理及暂时性利用,并为储备土地、实施前期开发进行资金筹措。收回的土地在再次供应前,储备机构可将其或连同地上建(构)筑物,通过租赁、临时利用等途径加以利用,一般上限为两年,同时不可妨碍土地供应。收回土地在前期开发整理之后,计入所在地市、县土地供应计划,由市、县人民政府国土资源管理部门统一安排供应。另外,土地回收所需支付的款项、前期开发费用可按照《土地储备资金财务管理暂行办法》的规定使用专项土地储备资金,资金主要来源于已供应储备土地产生的土地出让收入、国有土地收益基金及土地储备机构举借的金融机构贷款等。

2. 矿地回收的机制完善

(1)矿地回收的执行力提升

对于依照法规强制规定、政府批文、协议文件明确约定的回收以及法定使用权期限届满的回收,由于执行依据明确,通常可顺利进行,但"政府依法可以(有权)回收"与"政府与矿企协商回收"这两种情形,回收行为能否执行是一个利益博弈的过程(表 7-3)。政府依法可以回收矿地,但如果回收行为无法为政府提供利益(或利小于弊),则政府无动力实施回收;而就双方协商回收土地的情况而言,由于是市场行为,要使矿企、政府双赢，方可成行。

表7-3　土地回收或持有的成本与收益

地方政府		矿业企业	
回收成本	回收收益	持有成本	持有收益
下岗矿工安置再就业成本，土地整理改造费用，矿用而致潜在环境损害赔偿，重新出让前土地使用经营相关税费，收入损失的机会成本	建设用地指标及耕地占补平衡指标，重新出让后土地出让金收益	职工工资等用工成本，土地使用及经营相关税费，矿用而致潜在环境损害赔偿，土地再利用投入	建设用地指标及耕地占补平衡指标，土地流转收益，土地再利用所生利润

政府回收土地收益的获得取决于土地质量、区位以及政策等因素，矿企继续持有土地的收益水平除上述因素外，还取决于其自身再利用土地的能力以及土地二级市场的建设程度等；政府回收土地成本的预期主要需要结合当地产业发展对劳动力的消化能力而定，矿业企业继续持有退出矿业利用土地的成本须视土地再利用规划而定。因此，具体到特定的退出矿地，将出现四种情况：政府回收有净收益，矿企继续持有有净收益；政府回收无净收益，矿企继续持有无净收益；政府回收有净收益（收益—成本），矿企继续持有无净收益；政府回收无净收益，矿企继续持有有净收益。对于政府回收有净收益的情况，政府会积极主动地开展回收行为，如属于法律规定政府可以回收或依土地使用权取得时的批文或协议可以回收的情形，通常可以顺利回收；但若属于政府与矿企协商回收的情形，如矿企继续持有土地也有净收益，矿企很可能也希望继续持有土地、获取收益，或者其选择不同意回收，或者提出高额的土地被回收的对价。对于政府回收无净收益的情况，如矿企继续持有土地也无净收益，则矿企会积极主动地寻求政府回收，但政府则通常怠于行为，即便依照法律规定，政府可以回收矿地，但由于无强制政府回收的法律约束力，也难以制约政府行为；如矿企继续持有土地可以获取净收益，则回收模式不会被启动（表7-4）。

表 7-4 矿地回收的执行力分析

回收类型	净效益比较			
	政府回收有净收益＆矿企持有有净收益	政府回收有净收益＆矿企持有无净收益	政府回收无净收益＆矿企持有有净收益	政府回收无净收益＆矿企持有无净收益
政府有权回收	回收顺利执行	回收顺利执行	不执行回收	政府怠于回收，企业请求回收
协商回收	政府主动协商回收，企业提出较高回收对价	政府主动协商回收，通常易达成一致	不协商回收	企业主动协商回收
依法规强制	回收顺利执行			
依约（批文）回收	回收顺利执行			
期满回收	回收顺利执行			

考虑到退出再利用存量复垦后的矿地是地方政府的职责与义务，为了解决政府怠于土地回收的问题，可在法规、政策中赋予矿业企业申请政府回（收）购处于退出期矿地的权利，地方政府除有合法理由可不予回收外，有义务限期回收，法规应通过列举的方式明确政府有权不予回收的情况以限制政府怠于回收；企业仍可通过经营利用退出矿地获利的情况下，企业不同意回收的主张如基于合法的使用权利，政府回收亦无强制性法律依据，则此时矿企与政府只能通过协商土地再利用收益的分配，以便土地回收，如无法达成一致，基于物权处分自由的法理基础，企业有权保留土地并加以利用，但如企业一定时期内对土地不予利用，应准予参照执行《闲置土地处置办法》对闲置土地处理的规定。

（2）土地回收后的管理提升

当下，储备机构对回收土地的管理与开发不足，重回收轻管理的现象普遍存在，加之回收的矿地通常分布零散，多处于郊区、城郊接合部等偏远地区，储备机构无专人专职监管这部分土地，收储后再行出让前或撂荒、闲置或被侵占、破坏，甚至部分土地被附近农民随意利用，待供应时又产生补偿纠纷。同时，储备机构对收储土地临时利用管理无积极性，甚至在熟人关系或收取好处的情形下无偿交与农户使用，造成国有资产流失。因此，为了使回收土地有效再利用，相关法规应对储备土地如何管理、保护，临时利用的条件及程序，以及就储备机构的考核机制等作出明确规定，并建立和完善相应的管理机制，如储备土地验收入库、日常管理、供应移交、台账核查与统计等。

7.2.1.2 土地使用权让渡（含以股权形式转让土地）

土地使用权让渡的法定形式包括转让和租赁。此处的权利让渡既指退出期土地的使用权让渡，受让或承租土地一方通常为有能力利用复垦后的土地用途的主体；又指复垦期土地的使用权与复垦义务捆绑让渡，受让或承租土地一方除了是用地主体，也可能是复垦专业机构，复垦后将土地另行流转获利，复垦义务的对价折抵相应的价款，如矿企已缴纳环境治理或复垦保证金、预存复垦费用，将使用权利转移至受让或承租土地一方名下，依矿地的具体条件差异，最终的交易价款可为正值、零或负值，公式为：土地交易价款＝土地使用权利让渡市场价格－复垦成本（如已预存复垦费用，则无）＋环境治理或复垦保证金（如有）。

与此同时，借股权转让完成土地使用权让渡是一种效率更高的途径，矿企股权的受让方借受让股权取得企业法人名下的土地使用权，也为退出期不符合土地使用权转让条件的土地提供了流转机会，具体言之：一则，条件限制少、更易执行，提高商业效率。以股权方式转让国有土地使用权仅需符合《公司法》关于股权转让的规定，有限责任公司股东向公司外的人转让要经其他股东过半数同意，股份有限公司转股甚至不受此限制；而国有土地使用权转让，则需要满足《城市房地产管理法》《城镇国有土地使用权出让和转让暂行条例》等规定的条件，如土地须满足一定的开发投资要求，划拨土地须补缴出让金等。二则，缴纳税费少，经济成本低。国有土地使用权转让需要缴纳税款种类繁多，由于涉及土地使用权主体的变更，须缴纳土地增值税、印花税、契税、企业所得税、城市维护建设税和教育费附加费等；而股权转让所缴纳税款种类及金额较少，仅包括企业或者个人所得税（如为自然人股东转股）、印花税。

7.2.1.3 土地使用权置换

土地使用权置换的本质也是使用权的让渡，只不过其对价的形式为其他土地的使用权，而非货币资金，由于置换的交易形式相对复杂，特单独予以讨论。

1. 土地使用权置换的现状

（1）置换政策与实践

土地涉及"权属"与"用途"两项基本属性，土地置换即将两块土地的权属与（或）用途进行调换，以便调整土地利用结构，提高土地利用效率。土地使用权的置换过程受到市场、政府共同的调整、约束，市场调整指置换行为遵循市场价值规律且出于当事各方自愿（如涉及农民集体所有土地，须严格履行农民集体内部成员的决策程序）；政府约束指置换中的土地用途变更符合土地利用规划等管制要求（置换土地通常不涉及土地利用规划中的基本农田）。土地置换的政策最早出现于《关于土地开发整理工作有关问题的通知》（国土资发〔1999〕358 号），其中规定"国有工矿企业可用复垦原国有废弃地增加的数量和质量相当的耕地，置换因生产被破坏的农村集体耕地"。《土地开发整理若干意见》（国土资发〔2003〕363 号）提出运用复垦土地置换政策，复垦历史遗留的工矿废弃地。此后，安徽、河北等省份陆续出台土地置换的具体实施办法，对土地置换的适用范围、复垦要求、报审流程等作了简要规定。目前，土地置换在矿地退出中的适用主要包括以下情形：

其一，矿企自有的处于退出期的矿地置换新地。此制度设计的重点放在矿地及时退出与新项目土地取得的联动上，主要指矿企将已征收受让的被破坏土地复垦并经验收合格后，用以交换矿业生产所需的新土地，对新的矿业用地不再实行征收补偿，如此一方面将复垦后土地背负的税费和管理成本转化为新项目的启动资本；另一方面实现了耕地占补平衡、有效控制城镇矿业用地规模。

其二，矿企将非自有的处于退出期的矿地置换新地。此置换的前提是矿企承担非自有矿地的复垦，使其进入退出期。受建设用地计划指标的限制，取得采矿权的拟用地矿企合法取得矿业用地，也并不容易，可以尝试复垦非自有矿地置换需求土地的方式绕开指标限制，可通过设立矿业用地复垦利用周转指标，组织拟用地的矿业企业对一定区域内的零星分散需整合关闭的矿业用地和废弃工矿存量土地进行复垦整治后，置换为质量与数量相匹配的建设用地，以为矿业开采项目所用。这一方面节约了用地计划指标，提高了土地利用效率，优化了用地布局；另一方面避免了矿企违法用地或因无法取得土地致矿业生产延迟的情况出现；另外，也有助于历史遗留毁损矿地的整治恢复。此类矿地改革模式已在实践中应用并取得一定成效，如攀枝花市从 2009 年开始对原有废弃闲置的矿业用地进行科学的复垦和规划整理后转为农用地以及居住用地，通过用地指标的空间置换，冲减新增建设用地，达到退出废弃闲置土地，保证新增用地指标的目标。

其三，重组矿企以处于退出期的矿地置换企业扩建用地，兼并重组后的矿企缺乏扩建用地，而被重组关闭的矿地则闲置，可结合矿业企业用地需求和矿业存量土地情况，将扩建用地确定为"建设区"，同时设定零散关闭重整的小矿为"（复垦）退出区"，两区捆绑，分别对两区进行土地勘测定界工作，编制（复垦）退出区土地复垦方案，以（复垦）退出区土地置换新建区土地。如此可有效地解决矿产资源整合、矿企兼并重组后新一轮的企业升级改造的矿业用地问题。

（2）置换形态的理论分析

土地置换的本质是土地使用权的交换，被置换土地与置换土地的"所有权权属"及"用途"决定了特定土地置换的差异性，如置换过程是否涉及土地所有权变更、土地用途变更。从矿业用地的角度出发，被置换土地为国有或农民集体所有建设用地，前者为主。置换土地所有权或归属国家，或归农民集体所有，其现用途与被置换土地的复垦后用途通常一致，一则建设用地用途的被置换土地如置换农地，其目的通常是将农业用地转换为建设用地，为其所用，这与维持耕地保有量与建设用地存量的初衷相悖；二则农业用途的被置换土地置换建设用地的概率也很小，因为工商业用地主体参与农业生产经营的可能性较小，特别是在复垦农地的土地质量不高的情况下（图7-2）。现结合矿业活动现状，对土地置换的形态分述之（图7-3）。

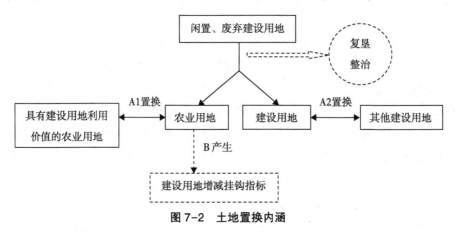

图7-2　土地置换内涵

注：A1、B 不共存。

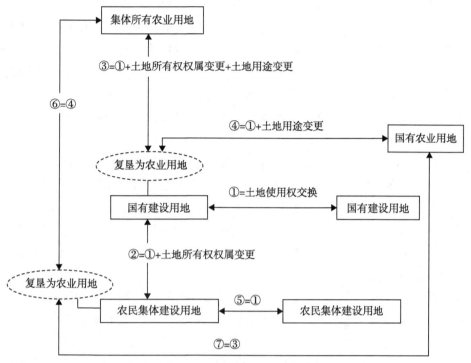

图 7-3　土地置换形态细分

　　其一，国有建设用地置换国有建设用地。矿业用地性质一般为国有建设用地，其中少部分复垦后为建设用地用途，由于其地理位置所限，当矿企难以对该地块进行有效利用时，可以通过和其他区位的国有建设用地置换，利用置换土地开展新的矿业项目或转产从事其他经营项目。如置换的新地块无使用权人（荒地），政府可收回矿企复垦的土地并授予其置换地块的土地使用权；又如置换的新地块之上存在使用权利，则须由矿企与其权利人协商一致，签署置换协议并办理相应土地产权变更登记手续。

　　其二，国有建设用地置换农民集体建设用地。置换土地是土地使用权流转的一种形式，集体土地流转目前尚未得到我国法律的确认、规范，故此类土地使用权置换的前提是集体土地所有权性质的变更，依照《土地管理法》等相关规定，征收是使集体土地转为国有的唯一途径，征收补偿成本由矿企承担，被置换国有建设用地的使用权价值可抵销部分征补成本。这一过程历经以下程序：国家征收集体建设用地、矿企以被置换的土地使用权及其他资产补偿被征地农民，矿企取得国有建设土地的使用权利。

其三，复垦为农业用途的国有建设用地置换国有农业用地。复垦土地优先用于农业是我国复垦法律一贯的导向。实践中绝大多数的矿地复垦为农业用途，矿企由于已经获取了农地占补平衡或增减挂钩的指标，可以出售该指标，也可以选择直接置换其他可用于矿业活动的农业用地。这一过程历经的程序包括：被置换的复垦矿地变更用途为农业用地，被置换土地与置换土地的双方权利人签署置换协议并办理相应产权变更登记，矿企就置换土地办理农用地转用审批手续。

其四，复垦为农业用途的国有建设用地置换集体所有农业用地。绝大部分农业用地属农民集体所有，而适用于矿业的土地亦以集体所有农业用地为主，故此置换的意义更大，且同时涉及土地产权、用途的变更。程序为：被置换的复垦矿地变更用途为农业用地，国家征收集体农业用地、矿企以被置换的土地使用权及其他资产补偿被征地农民，矿企取得征收土地的使用权利，以及矿企就置换土地办理农用地转用审批手续。

其五，农民集体建设用地置换农民集体建设用地。截至目前，此种情况较多出现在乡镇集体矿企或与农民集体联营的矿企中，这类矿企长久以来可以直接取得农民集体建设用地的土地使用权，随着农民集体经营性建设用地的入市，此类置换方式的利用将会增多。根据《农村土地承包法》，农村土地在农村集体组织成员之间可以互换，故双方权利人直接签署土地置换协议即可。

其六，复垦为农业用途的农民集体建设用地置换集体所有农业用地。这一过程经历的法律行为包括：被置换的复垦矿地变更用途为农业用地，被置换土地与置换土地的双方权利人签署置换协议并办理相应产权变更登记，矿企就置换土地办理农用地转用审批手续。

其七，复垦为农业用途的农民集体建设用地置换国有农业用地。同时涉及土地产权、用途的变更。程序为：国家征收集体建设土地并变更为农业用途、置换土地一方以置换的国有农业土地使用权承担征收成本，矿企取得置换土地的使用权利，以及矿企就置换土地办理农用地转用审批手续。

2. 土地使用权置换的机制完善

一方面，规范效力层级低且层次不分明。在中央层面的法政策中，土地置换仅以效力层级较低的部门规章形式进行了原则性的倡导，未见关于土地置换操作程序、审核方式的规范，更无专门涉及矿业用地复垦置换的详细规定。中央规范与地方规范均为规章（部门规章、地方规章），在效力层次上难以形成贯彻落实的机制，导致规范缺乏系统性。建议在行政法规的层次出台中央的土地置换政策，作为土地流转的补充形式，并且规范内容保持与矿地退出相关政策的衔接，以便置换政策在矿地退出领域可适用，同时地方规范以实施细则具体落实中央规范。

另一方面，现行规范明确适用于复垦后的"耕地"置换，将复垦为其他用途的土地排除在土地置换退出的政策之外，不利于激励耕地复垦方向之外的土地复垦义务人积极实施复垦、退出行为。特别是在耕地外的复垦方向实施不足的情况下，土地置换适用范围的扩大具有更重要的现实意义，林草地的复垦潜力占全部待复垦土地的将近一半左右，但落实的数量却不多，如林草地的退出机会增加，必将激励这部分土地的复垦比例。

7.2.1.4　土地退还原权利人（农民集体）

国有土地使用权期限届满由国家收回是一种土地退还原权利人的方式，这种方式在前文已经论及，此处主要针对集体所有矿地返还拥有土地所有权的农民集体，如无法依约归还用地，应及时办理土地征收和农用地转用审批手续，原为耕地但仅能恢复为耕地以外的农业用途，应由矿企负责耕地占补平衡。此退出方式主要适用于临时使用集体土地、集体矿企入股、承包使用集体土地以及以租代征的情形。

问题集中于退还的土地未完成复垦或复垦质量低，主要是由于这部分用地（尤其是以租代征用地）往往处于政府监管的漏洞区域，同时农民的家庭收入主要依赖外出务工所得，农民的务农积极性不足，相应更多地关注交易获利，而非土地的修复程度，甚至部分情况下，矿企以支付补偿金为对价将复垦义务转移于农民集体，农民集体并不将补偿金用于复垦，因此导致土地退还农民集体仅是形式上的退出，无法实现土地的真正效益。土地管理部门应采取定期检查与不定期抽查相结合的动态监测方式，全面掌握这部分矿地的利用、复垦情况，严把矿地复垦质量关；复垦质量未经国土部门审批确认的矿地，退还农民集体的行为不发生法律效力，用地方仍须承担复垦义务；复垦义务向农民集体转移的，须经国土部门认可（考量农民集体的复垦能力及补偿金数额能否完成复垦等因素后，决定是否同意），否则此义务的转移亦无效；承继复垦义务的农民集体履行复垦及验收，也须处于国土部门的监管之下。

7.2.1.5 矿企转产再利用土地

1. 矿企转产用地的原则

前述退出方式都涉及复垦后土地的使用权利调整，矿企转产再利用土地则是在土地使用权不变的前提下，由矿企在复垦土地上开展其他生产经营项目，转产用地需要遵循一定的原则：

一方面，区域转型目标决定矿企转产项目的选择。《国家"十三五"规划纲要》提出"加强政策支持，促进产业衰退地区发展接续替代产业"，故不同于资源产业黄金期，资源区域产业转型是当下矿企转产的时代背景，矿业企业转产只有与其所属区域的产业转型方向保持一致，才能获得发展壮大的空间，矿业资源区域试图通过转型实现高效、集约、环保的产业格局，矿企应在这一框架内选择转产项目，才能得到当地政府的政策支持，增强可行性。

另一方面，矿企转产应因地制宜，结合当地资源、地理及人文条件选择适宜项目，以便通过土地功能整合创出更有效、更具当地特色的产业形态，如北京市门头沟区的塌陷矿地基于紧邻城区的地理位置优势，将地下空洞部分用作地铁交通枢纽，其上建车库和商娱场所，地表开发为公园绿地。

2. 矿企转产的项目

矿企转产的项目根据矿地复垦方向而具体区分，对于可以持续产生收益的项目交由市场调整，对于收益较低但具有宏观战略意义的项目，政府应予以扶持并推动其价值逐渐通过市场交易实现。

（1）农林牧渔业生产项目（复垦为农、林、牧及渔业用地）

通过对已完成验收的工矿废弃地复垦利用项目信息进行统计分析发现，复垦后的耕地仅有4%用于农业企业规模化经营，退出的矿地通常是集中的面积较大区域，适宜规模化农业生产，规模经营的增长空间非常大，林牧渔业亦如此。但这些转产项目，尤其是农林牧业生产经营的经济效益较低，存在明显的比较劣势，但同时从国家粮食安全与生态环境安全的战略出发，这些产业又尤为重要，政府应建立相应的经济补偿机制，促进转产农业等的永续利用，如可将农村土地综合整治和垦造耕地项目纳入种粮补助对象，明确种植面积达到可耕种面积一定比例以上的，均可享受种粮补助。

（2）高科技、旅游及城镇延伸产业项目（复垦为建设用地）

高新技术项目：用于矿业活动的土地通常地处偏远农村，如复垦整理为建设用地用途，大部分土地的商业、服务业利用价值并不大，高新技术产业则是比较合适的选择，可使土地高效利用，同时符合国家产业发展导向，更易享受鼓励、支持政策。与复垦矿地较为契合的高新技术项目，可作为再生能源（光伏、风能等）的场地，如湖北黄石将复垦矿地作为光伏发电项目用地，推动了地区产业发展。风电场和光伏产业用地对相应场地的条件与矿业废弃地的情形十分类似：一则，风光电场的重点就是不断且丰富的风能与太阳能供给，而复垦矿地多数位于拥有持久风力流动与优质太阳能的中西部山地；二则，风光能项目的场所通常面积大而且开放，复垦矿地一般都拥有可供大规模风力发电机与光伏板放置的宽阔区域；三则，很多矿业用地都有道路等交通基础设施，能够降低项目的成本。

观光旅游项目：矿企可尝试在复垦矿地上建设矿山公园，如投资改造矿山设施，将露天采矿坑蓄水，建成人工湖，矿井改造为观光通道，利用矿物和化石标本等实物，配以辅助设备再现模拟矿物采掘、加工过程。矿山公园以展示矿业遗迹景观为主体，供游览观赏、科学考察与科学知识普及。

城镇相关产业延伸：对紧邻城镇、交通便利、土地贫瘠且面积较大的区块，应纳入城市区域规划范围，将城市的现有产业向复垦地块延伸，积极打造产业平台，引导城镇优势产业集聚与空间布局优化。

（3）生态养护项目（复垦为生态用地）

因矿业生产活动严重破损的土地经复垦后难以继续利用，则作为生态景观之用，矿企负责地块的日常维护修整，但如何获取收益是关键问题，在市场机制尚未建立的阶段，有必要通过财政转移支付、财政补贴对生态保护者给予合理补偿。

同时逐渐建立市场化的生态补偿机制，使生态保护经济外部性内部化是当务之急，环境的污染超过一定标准的主体应对环境保护起到正面积极作用的主体支付相应的费用，如矿企管护退出的生态用地时可通过碳排放权交易等市场化方式获取生态收益，将生态补偿机制与矿地退出结合起来，从而使退出的生态用地有保障。近年以来，绿色权益交易市场在我国的部分城市建立，尚处于起步阶段，如北京环境交易所、上海环境能源交易所、天津排放权交易所等，主要以碳排放交易、污染权交易为重点。本书认为，环境权益交易应在权益配额分配、交易技术平台建设、权益价值实现路径多元化等方面加以完善，形成科学、可行的生态补偿机制（图7-4）。

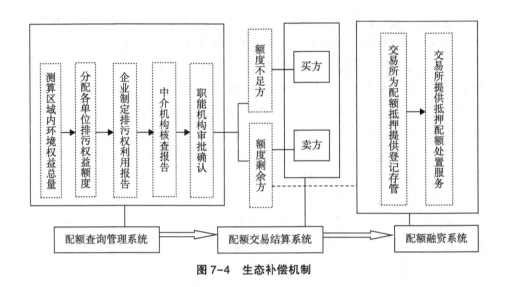

图7-4　生态补偿机制

3. 矿企转产的难点

首先，转产需要支付成本，因矿企通常能力有限、难以承担，以致制约了转产用地的退出路径。一方面，依据《民法典》《土地管理法》等，矿企继续使用用途变更的出让土地除须经有关部门批准外，还须补缴土地出让金，有偿用地根据新旧用途、出让年限和市场价格确定补缴金额；划拨用地及授权经营用地的转产用途不符合相应无偿用地条件，缴纳出让金。另一方面，转产还须对新项目进行前期投入，如购买设备、建造厂房等，均需较大花费。然而，目前我国的矿业行业整体下行趋势明显，矿企多处于亏损状态，且大批进入矿地退出期的矿企未积累转产资金（《山西省煤矿转产发展资金提取使用管理办法（试行）》等规范虽对经营中的矿企建立转产基金、储备金机制作出规定，但实践中执行效果不佳），故大部分矿业企业无力再对退出土地承担高额的再利用成本。针对上述情况，就待转产的矿企，政府可以与企业达成协议，以企业应交付的土地用途变更成本作价国有股份或设定债权，待企业盈利时分红或还本付息，同时在税费征收、贷款融资等方面提供一定的政策优惠；就经营中矿企，严格执行转产基金提取机制并通过稳妥的融资渠道使基金保值增值。

其次，对于转产项目，因矿企缺乏生产的经验与技术，形成了转产障碍。既可以通过引入其他具备经验与技术优势的股东的方式实现互补，共同创业，如转产农业经营项目的矿企可以尝试引入比较成熟的农业企业、经验丰富的承包经营农户，优化企业股权结构；也可与具有这方面资源的单位建立顾问咨询合作关系，对企业经营予以指导，如转产高新科技项目，矿业企业应加强与高校、科研院所的合作，充分利用其科研优势。另外，对于企业的员工，应结合转产项目进行专门培训，同时引进必要的技术与管理人才。

7.2.2 历史遗留毁损矿地盘活模式

7.2.2.1 政府安排用地

政府出资复垦的矿业用地与回收的由复垦义务人复垦的矿地相似，均由政府纳入土地储备库、另行安排再利用，安排利用的流程在"回收土地的处置"部分已经述及，此处不赘言。再利用用途及相应土地使用权状态一般有如下可能：可带来经济效益的土地，多以工商业用途为主，通常由第三方通过招牌挂或协议方式取得出让土地使用权；暂时难以获取经济收益的土地，多以生态用地、农牧业用地以及地处偏远的建设用地为主，生态用地通常由政府自持土地，塑造生态景观；农牧业用地可由当地农民无偿取得土地使用权，开展农牧业活动；偏远的建设用地可由政府自持或捆绑其他有良好经济收益预期的土地一并出让于开发商，建设安置房、廉租房及配套设施等，实现社会保障功能，也将带动该地区的拓荒、城市化建设。

7.2.2.2 政府引入第三方用地

政府引入第三方用地通常始于复垦期，方能在矿地退出期实现预期的用地方式，这种退出模式最大的优势是社会资本从复垦期开始介入，可缓解财政资金紧张的困境，但其前提条件是土地后期的利用可以带来经济效益。通常包含两种情况：复垦后用于一般的营利性生产活动的矿地，可由社会资本复垦后取得相应年限的土地使用权；复垦后用于公共基础设施建设的矿地，可通过政府与社会资本合作的方式复垦再利用。另外，矿地退出与农地整治有相似之处，如土地通常处于农村区域，且为破损、闲置状态，以及社会资本均可在修复土地后对其营利性使用等，故农村土地整治项目引入社会资本的成功经验，可为矿地退出中引入第三方提供借鉴。

1. 社会资本复垦再利用矿地

社会资本复垦再利用矿地，指由社会资本复垦历史遗留毁损矿业用地，复垦成果经政府验收合格后，由社会资本享有土地使用权，其有权在符合土地利用规划与城乡规划的前提下，利用、开发土地，从事一般的生产经营活动并获取收益。实践中，社会资本复垦再利用矿地取得一定的成效，如河北省三河市将矿山环境治理与山地开发相结合，引进福成投资集团投入 3 亿元对废弃矿山进行复垦并整治为 1000 亩的"方田式+梯田式"苹果园，3 年后每亩收入达 3 万元。适用社会资本复垦再利用矿地的退出模式，主要取决于两方面条件：

一方面，地方政府应为社会资本的进入提供动力。一则，可以将土地复垦与其他高收益土地资源捆绑出售，使开发土地产生的部分收益抵消、弥补社会资本用于矿地复垦的成本，以便退出利用经济效益不高的矿地可以适用此模式，只要捆绑项目整体能够形成投入与产出的良性循环，就具备吸引民间资本的条件。二则，以优惠政策为社会资本的盈利预期提供信心与保障。社会资本投资复垦后的土地形成建设用地增减挂钩指标、耕地占补平衡指标，社会资本可通过市场方式流转指标、获取收益，或由政府出资回收；同时社会资本利用复垦后的土地，从事生产经营活动，应予减免一定期间的税费、政府为其贷款提供担保及低息融资条件等。

另一方面，引入社会资本亦须满足一定的限制条件，以确保引入资本可在当地持续性发展。一则，社会资本对复垦后土地的经营利用须符合当地的土地利用规划、城乡发展规划以及产业发展规划；二则，引入资本不得从事环境污染的项目，招商引资的对象以高效集约用地或从事高新技术、清洁能源等国家倡导产业的企业为主。因此，地方政府须严格遵照上述条件进行引入资本的选择、审查。

2. 政府与社会资本合作复垦利用矿地

（1）政府与社会资本合作的条件

《国务院关于加强地方政府性债务管理的意见》（国发〔2014〕43 号）提出"推广使用政府与社会资本合作模式，鼓励社会资本通过特许经营等方式，参与公益性事业投资和运营"。《国务院关于创新重点领域投融资机制鼓励社会投资的指导意见》（国发〔2014〕60 号）指出"在公共服务、资源环境、生态建设、基础设施等重点领域创新投融资机制，发挥社会资本的积极作用"。2015 年，《基础设施和公用事业特许经营法》为政企合作提供了法律指引。历史遗留毁损矿地的复垦、退出与上述政企合作的政策相契合，一则矿地复垦可以改善生态环境、优化用地布局、节约集约用地、保护耕地、促进经济发展，二则退出的矿地可以用于公益、公共设施建设、运营。与此同时，政府与社会资本合作运营中还须满足以下条件：

其一，合理分担风险、公平分配利益。将各种风险分别分配给最有能力承担且能产生最大项目效益的一方，政府部门主要承担法律风险、政策风险、最低需求风险等；而社会资本主要承担项目设计、建造、财务和运营维护风险；不可抗力等风险由政府和社会资本共同分担；利益分配不仅需政府与社会资本协商一致后形成具有法律约束力的协议，合作项目通常前期投资额高、回报周期长，收益不确定性大，故在法律层面制定完善的法律、法规保障社会资本的利益，尤为重要。

其二，严格执行合作协议，避免政策随意性。合作协议中应明确约定双方的权利义务、违约事项，强化公私方的利益条款。项目建设运营过程中，严格执行协议内容，同时形成透明公开、可预期的政策机制安排，避免随意出台政策，改变协议约定。

其三，强化政府监管。社会资本在经营运作方面具有信息优势，政府必须对全项目周期进行监管，才能掌握项目运营信息，同时合作项目通常为公共产品与服务，而资本的本性是追逐利益，政府亦须通过监管督促社会资本提高服务水平。监管方式可为聘请第三方专业机构完成或通过绩效考核等方式实现。

（2）政府与社会资本合作的模式

政企合作经营模式主要包括：TOT、BOT、PPP 以及 BT，但 TOT（Transfer-Operate-Transfer）模式通常不适用于矿地复垦再利用。TOT 指政府将建设好的项目一定期限的产权、经营权，有偿转让给社会资本，由其进行运营管理；社会资本在约定的期限内收回投资与回报，并将产权、经营权无偿转让于政府。由于复垦矿地再利用面临的最大困难是缺乏复垦及再利用建设的启动投资，因此，此类以建成项目为前提的合作模式通常很难应用于复垦矿地再利用。除 TOT 之外的其他模式均可适用于矿地领域，具体如下：

BOT（Build—Operate—Transfer）：政府与社会资本达成一致，社会资本在特许经营权期限内进行建设、运营，通过运营获取收益，特许期限结束时，项目交回政府。该模式可应用于矿地，由社会资本出资进行废弃矿地复垦，并在复垦后土地上建设营利性项目，在一定期限内运营并取得收益（图 7-5）。

PPP（Public—Private—Partnership）：政府与社会资本达成一致，双方共同出资在一定期限内对相应地块进行建设、运营，通过运营获取并按约定比例分享收益，前述期限结束时，项目交回政府。该模式可应用于矿地，政府与社会资本共同出资合作进行废弃矿地复垦，并在复垦后矿地上建设营利性项目，合作运营，双方利益共享、风险共担（图 7-6）。

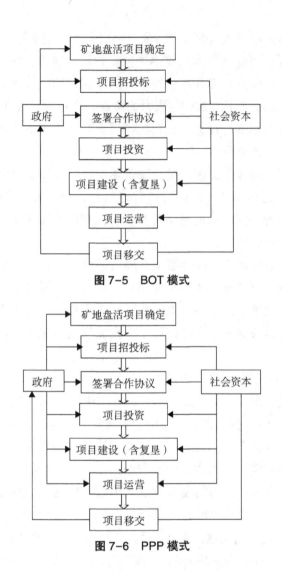

图 7-5 BOT 模式

图 7-6 PPP 模式

　　BT（Build—Transfer）：指由社会资本自筹资金用于项目建设，建成后移交政府，期间利息由政府支付，移交时政府将支付给社会资本价款。此模式社会资本实施了垫资行为，建成后付款的方式可使政府将建成项目抵押，筹集支付给社会资本的款项。

7.3 不同类型矿地的具体盘活路径

矿业用地退出期，基于待退出的矿地已经复垦完毕，不存在毁损状态差异的矿地类型，这一阶段是矿地在整个生命周期中最后一次进行土地使用权利的优化配置，权利现状决定流转方式及程序，（剩余）使用期限影响矿地流转的价格，性质可逆性直接关系流转的对象（农业经营主体抑或工商业经营主体），与此同时，基于权利义务一致性的原理，立法与实践中通常都将复垦义务主体等同于矿地使用权主体，即复垦义务主体为政府，土地使用权属于政府，复垦义务主体为矿企，土地使用权属于矿企，退出阶段的盘活模式以复垦义务主体差异区分为两大类，亦即以政府或矿企享有土地使用权作为依据，形成不同的土地再利用及流转通道，故在分析类型化矿地盘活路径时，复垦义务主体差异矿地类型也应作为考察对象。

综上，使用期限差异矿地类型、性质可逆性差异矿地类型、复垦义务主体差异矿地类型以及权利状态差异矿地类型是退出期类型矿地具体盘活路径的分析对象。权利（所有权）状态、复垦义务主体及土地性质可逆性的矿地类型相互结合，形成更具体、明确的盘活路径（表7-5）；同时，权利（使用权状态）与实际用地期限的差异化组合，亦会导致矿地盘活过程中的特殊处理方式（表7-6）。

表 7-5　所有权状态、复垦义务主体及性质可逆性差异的矿地盘活路径

矿地类型			盘活路径
土地性质可变为农用	有复垦义务人矿地	国有	通过矿企转产自用或市场化流转方式退出； 政府回收后可无偿（或象征性收取一定费用）交予农业生产经营主体
		集体所有	直接返还农民集体，部分可恢复农业用途，但无法恢复为原耕地用途，返还农民集体时应一并补偿因用途变更产生的土地价值差额； 受矿业活动波及的相邻非矿地，矿企及时修复土地并交回农民，另向受损农民进行赔偿，如受损无法利用期间的地上附着物和青苗补偿费等
	历史遗留毁损矿地		出让或出租或无偿（或象征性收取少量费用）交予于农业经营单位； 获得耕地补充指标、新增建设用地计划指标

续表

矿地类型			盘活路径
土地性质不可恢复农用	有复垦义务人矿地	国有	工业广场等建设用地可更新为商业、工业等经营型开发，预期收益相对高，矿企转产自用或市场化流转； 生态用地市场调整一般失灵，行政行为及时补位，即以政府回收方式退出，必要时可重点针对这类土地，制定强制回收措施与计划； 生态用地如欲市场化流转或矿企转产自用，须建立生态补偿机制，使生态用途产生收益
		集体所有	土地无法恢复农用，应作征收处理； 农民集体自愿收回
	历史遗留毁损矿地		生态用地可由政府管理使用； 生态用地如欲招商引资，须建立生态补偿机制，使生态用途产生收益； 工业广场等建设用地，市场价值相对高，可按照年度供地计划通过招拍挂出让

表7-6　使用权状态及利用期限差异的矿地盘活路径

矿地类型		盘活路径
有权用地	短期/暂时用地	对于短期或暂时性用地匹配相应较短权利期限的情况，使用权用尽后自动回归所有权人； 对实际用地期限与权利期限不符的情形，政府有偿回收剩余年限使用权、市场流转或自用
	长期用地	长期用地与当下主流的土地使用权权利期限（出让）吻合，使用权自行回归所有权人； 井工井场（有资源，可采），由于钻井用地占地小且与农民集体土地交织，零星分散，为整合统一利用，土地使用权回归国家后，政府一般将收回土地交于当地农民统筹农业生产活动
	无权用地	国土部门要求矿企签署退出承诺书并监督其在约定时间将复垦后土地退还农民集体； 国土部门认定为违法用地，及时强制退出（恢复原状、限期拆除等）； 如矿地修复后不具备返还可行性，须补办用地手续后，登记矿地权利信息，适时采取罚款、吊销采矿权等约束惩罚措施

矿地类型	盘活路径
权利瑕疵用地	对于违规用地，如涉及公共利益、国家政策要求或确有按照违规用地性质对土地重新定性的必要时，可通过调整相应土地利用规划或土地地类登记信息的方式，使不合规划的用地转为合规，进而变无权为有权，按上述盘活模式退出； 对于使用权取得程序不完备的用地，按《不动产登记暂行条例》补办相应手续，向登记机关提交确权证明文件，如权属来源材料、权籍调查表、出让价款与税费等缴纳凭证，以及政府相关批文等，倘若不符合产权登记条件，应据《土地权属争议调查处理办法》向国土部门申请调查处理

7.4 盘活的障碍与对策

7.4.1 矿企资产变现困难

无论采用哪一种盘活模式，矿地退出期必然要面临矿业企业的资产处置问题，矿企资产无法及时处置不仅使资产本身丧失效率，更致企业难以承担退出矿业所需的花费，如偿付债务、员工安置等。问题主要集中于：一方面，用于矿业生产的设备及基础设施等资产专用性强、沉淀成本高，再利用十分困难。矿业企业因地质条件及构造、资源储存条件、开采难度和工艺的不同，所使用的探采机械、设备等生产必需的资产差异很大，在矿地退出时变现困难。同时，矿地通常地处偏远的山区，则固定资产投入中的必要基础设施建设投入在企业关闭后也很难转作它用。另一方面，由于历史原因而大量存在的划拨矿地无法作为企业资产进行处置变现。依据土地管理与矿产资源管理相关规定，矿企在其因迁移、解散、撤销、破产或者其他原因导致矿业权失效时，划拨土地被政府收回，而非纳入矿企资产，进行清算、偿债等。

设备工具、建筑厂房与划拨土地使用权是退出期矿业企业资产处置的重点：首先，就设备工具而言，如退出矿企隶属于国有企业集团，母公司或者总公司应为退出企业的资产处置搭建桥梁，通过在集团内部的企业之间进行资源再配置（出售或融资租赁等方式），帮助关闭矿企获得收益。颁布政策令矿企退出的政府更有义务为设备资产的流转提供中介平台，利用其信息优势寻找有需求的企业，组织拍卖活动。也可将部分有效的资产适当作价抵偿给自愿接受的职工作为其解除劳动关系的经济补偿金，由职工以股份合作制形式重组企业。其次，建筑厂房如建在划拨土地之上，在随同划拨土地一并被国家收回时，矿企应获得建筑成本重置价格的补偿。如建筑厂房建于出让取得的土地之上，企业可自行改造为住宅或商业楼宇等，或将其交付于企业职工，作为安置补偿的一种形式，或利用其开展其他经营活动、对外租赁等业务创收增效并为矿工提供工作岗位；政府亦可有偿回收建筑厂房及其占地，回收资金用于退出清算；通过市场流转的方式同样可以使退出矿企收回资金，但往往仅适用于具备区位优势的少数情况。最后，政府回收划拨用地，从公平的角度出发应给予矿企适当补偿，以弥补其对土地的征收费用、建设投入等成本。

7.4.2 失业矿工安置困难

下岗矿工的安置是退出矿企与地方政府面临的棘手难题，企业的退出涉及的失业职工人数众多，如不能妥善安置，很可能引发社会矛盾。其一，由于经营亏损、现有企业资产难变现等原因，导致对矿工的货币补偿经费筹措困难，很难依照劳动法律相关的规定进行安置，甚至矿工在职期间的各项保险都存在欠缴的情形；其二，矿业企业聚集于资源产业面临转型的经济不发达城市，地方政府财政支付能力有限，对于大量的失业矿工很难提供全面的社会保障；其三，矿企下岗职工长期从事简单的体力劳动且文化水平较低，缺乏专业技能成为其再就业的障碍，同时所在地区长期以矿业为支柱产业，服务业等其他产业不发达，矿工就地转业的空间有限。

《国务院关于煤炭行业化解过剩产能实现脱困发展的意见》（国发〔2016〕7号）中明确职工安置是化解过剩产能工作的重中之重，要坚持企业主体作用与社会保障相结合的安置方式。解决职工安置问题的前提是矿企与政府各尽其责，矿企包括退出矿企与退出矿企所在的集团公司，政府责任亦需要矿企所在地政府及各级政府共同实现：

就企业义务而言，一方面，《劳动合同法》等法律对劳动合同的解除，规定了赔偿金支付条款，退出矿企应在劳动法律框架内制定人员安置方案，尽其所能依法对劳动关系终止的职工给予补偿并补缴职工在岗期间的社会保险费用，对于距离法定退休年龄5年以内的职工，可以由职工自愿选择领取经济补偿金，或由矿企预留为其缴纳至法定退休年龄的社会保险费和基本生活费。同时如企业转产裁员，长期雇用或无固定期限劳动合同关系的员工及经济困难员工优先留用，转产项目出现岗位空缺，优先招用被裁员工。另一方面，矿企如有上级管理或控股的集团公司，应向集团公司新兴产业推荐可以胜任相关工作的人员，以分流职工；集团公司可根据内部新兴产业的发展需要，采取公开、公平的竞争方式，择优录用退出矿企的职工，向异地项目部输送人员，同时可成立劳务子公司收纳下岗矿工，面向社会、面向发达地区、面向非煤行业积极开展劳务合作，组织劳务输出。

《就业促进法》明确了政府促进就业的法定责任，对财政投入、失业援助等就业扶持措施做了概括规定。然而，未对促进就业专职机构的设置作出安排，责任难于落地，须在法律中明确县级以上政府成立就业促进专门机构。就政府的具体责任而言，当地政府一则应通过财政拨付的方式补足矿企支付职工补偿金的缺口并对符合条件的失业人员按《失业保险条例》发放失业保险金，如其家庭人均实际收入未达到当地城乡居民最低生活保障标准的，可按规定申请城乡居民最低生活保障金；二则应支持下岗矿工自主创业，加强创业服务孵化能力并为创业企业提供税费减免及信贷支持政策，通过技能培训、职业介绍、开发公益性岗位等方式帮助矿工再就业；三则须积极寻求本区域的产业转型升级，形成新的产业布局，吸纳人员就业。与此同时，各级政府应设立专门用于退出矿企的职工安置专项资金以弥补矿企与地方政府的安置资金不足问题，李克强总理在 2016 年 1 月 4 日《钢铁、煤炭化解过剩产能实现脱困发展工作座谈会》上表示"中央财政将出资 1000 亿元，以地方政府配资的方式，用于去产能过程中的人员安置"。省级政府也出台了相应专项资金政策，如《安徽省小煤矿关闭退出省级专项资金使用管理办法》等。专项资金的分配、使用应公开、透明，接受公众监督，以确保切实用于职工安置。

7.4.3 矿地之上占有或使用权利的处理

7.4.3.1 占有的问题

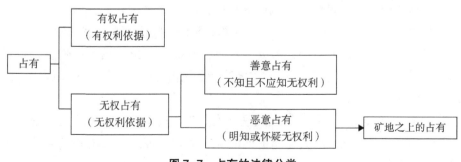

图 7-7 占有的法律分类

在法与政策中，占有是一种单纯的事实，并非民事权利，指占有人对不动产或者动产的实际控制，区分为有权占有和无权占有。无权占有可以分为善意占有和恶意占有，恶意占有是指无权占有人明知其没有占有的权利，或对其没有占有的权利有怀疑，但仍然进行占有（图7-7）。大量矿地长期缺乏管理与维护且矿地现场一般没有围墙、界桩和护栏等维护设施，土地被第三方恶意占有的现象严重，部分已被征收的土地被周边村民、企业等蚕食侵占，擅自开展挖砂采石、乱搭乱建、私拉乱接、经营养殖、开垦种植等活动。依据《民法典》相关规定，土地权利人可以请求占有人返还占有物及其孳息，占有人因使用占有的不动产或动产，致使其受到损害的，恶意占有人应当承担赔偿责任。也即在法理上，恶意占有矿地的农民或农民集体、企业等主体不应享有土地之上的任何权益，如矿地退出再利用，其应主动撤离。但在实际中，尽管未经合法程序取得土地的使用权利，占地方基于长期占有的事实以及对土地之上的建设投入成本，往往从自身利益出发阻碍土地的盘活，很难配合土地盘活而进行搬迁，如同意搬迁则索要不合理的高额赔偿费，而从社会稳定角度考虑农民的弱势群体地位，不回应农民诉求的强制土地退出难以进行。对于上述恶意占有的情况，应从以下几方面积极应对：

其一，对于尚未形成占有的存量矿地，国土部门、矿业企业应加强现场巡查，对一些四至界线不清，地处偏远已报废的矿业区域，要加大巡查力度，有效遏制侵占现象和权属纠纷的产生。恶意占有之所以出现主要是由于土地权利人（矿企或地方政府）对其权利排他性的维护缺乏动力，在矿地难以产生价值的时候排他性的使用并无经济意义且还须花费成本，权利人因此疏于管理，以致土地被第三方占有。在经济效益确实难以创造时，可通过约束手段促使权利人积极作为。政府作为权利人，管理相应土地是其义务与责任，相应部门未尽其义务致土地被占，须承担行政失职责任，而矿企作为权利人，基于土地使用权的私权性质，疏于管理的弃权行为是矿企的自由，但在政府依法回收土地时如遇占有障碍，矿企须承担消除障碍、恢复原状的责任。

其二，对于矿地之上业已形成的占有，应确立"出于基本保障或公益目的的补偿""对于拒不搬迁的占地主体执行非法占地的法政策"两项原则。区分具体情况，处理如下：

（1）对于农民占地用于居住或进行农业生产的情况，如占地是其唯一的生活、生存保障，在要求其撤出的同时应在周边区域为其分配用于居住与生产的土地并给予一定的安置补偿。

（2）对于农民拥有合法的其他用于生活生产的土地的情况，应限定合理的期限令其搬迁，拒不搬迁的，可以非法占地的违法事实由县级以上人民政府国土部门按照《土地管理法》等实施行政处罚，如责令退还非法占用的土地，对违反土地利用总体规划擅自将农用地改为建设用地的，限期拆除在非法占地上建设的任何建筑物、构筑物及其他设备设施，将土地恢复原状；对不违反土地利用总体规划的，没收在非法占用的土地上建设的建筑物及设施等，同时处以罚款；对非法占用土地的单位的直接负责主管人员，依法给予行政处分。如非法占地行为非常严重，已达到犯罪要件的，可通过启动法院诉讼程序的方式追究刑事责任。

（3）对于农民集体占地的情况，如用于办公或其他公益用途，责令撤离的同时对于建房成本予以适当补偿，如用于其他非公益用途，责任限期搬迁，拒不搬迁的，可做出行政处罚，甚至通过法院诉讼的方式解决。

（4）对于经营性企业等其他组织占地的情况，应限定合理的期限令其搬迁，拒不搬迁的，可做出行政处罚，甚至通过法院诉讼的方式解决。

7.4.3.2 使用权的问题

政府与土地权利人在退出土地的利用问题上容易产生分歧，导致土地再利用被搁置，分歧呈现的状态是政府难以通过协商收购矿地的方式实现用地预期，土地权利人转产用地也难以得到政府的政策支持，两方僵持不下。分歧的发生主要出现在以下条件同时具备的情况：其一，地方政府对土地无强制回收权，土地权利人仍享有较长的使用权利剩余期限；其二，土地权利人为有一定资金实力且具有明确的用地价值趋向的主体时，这类主体希望按照自身利益最大化确定土地的再利用方向，寄希望于通过土地再利用形成持续性的经济收益，但其用地意图往往与地方政府的倾向不符；其三，地方政府从区域经济、生态及社会可持续发展的角度规划土地用途，试图通过对矿业废弃地的重整实现最大化的公共利益及财政收入。该情况产生的深层根源是土地权利人与地方政府通常无隶属、控股、管理关系，中央国有矿业企业隶属于中央，不受制于地方政府，地方政府无法通过行政或控股手段干预企业生产经营方向，同时中央政府主导企业发展的规划并提供支持，故央企与地方政府就退出矿地利用而产生的矛盾不可避免（表7-7）。

表7-7　中央矿企与地方政府的矛盾

矛盾	成因
地方政府很难依靠央企，发展可使地方经济获益的延伸产业	央企资源占有使用上具有较大自主权利，进行资源开发时不考虑地方产业规划，地方政府对其生产规划也难以控制
央企将矿业开采引发的环境治理问题留给地方政府	央企在总部所在地纳税且不执行省以下政府收费项目，同时矿企环境治理责任未得到有效落实
央企对地方经济的直接贡献不足	中央企业对地方资源产业垄断，剥夺地方企业和民营企业市场份额，而后者是地方经济发展和财政税收的主要来源

对于上述土地利用上的分歧，可应对如下：

短期来看，一方面，对于有合法存续的权利人的土地，政府通常不可强行收回矿地，如确实无法协商一致，在企业提出的再利用方式不违背公共利益、不产生环境污染的前提下，可由企业继续利用，政府进行监管，反之则由政府强制收回。另一方面，政府回购用地的情况下，土地使用权人有权分享政府用地的增值收益且应体现于收购价款中。从"按贡献参与分配"与"土地发展权"的视角出发，土地权利人应当分享土地增值的收益，无论是政府再利用土地产生指标收益、经营收益抑或土地出让收益等，土地权利人都应取得适当比例，也只有在这个基础上的协商收购谈判才能确保公平，有利于消除分歧。

长期来看，应着力减轻、解决地方政府与矿业企业在管理关系上的深层次矛盾。一方面，扩展地方政府的资源管理权，《自然资源统一确权登记暂行办法》（2019）的颁布实施有助于厘清不同层级政府对土地、资源行使所有权的合理边界，在充分调动非中央企业积极性的同时，使中央企业与地方政府在经济利益上形成共享，如地方政府取得央企增值税、企业所得税的部分分成，且地方政府在环境、公共利益上对矿企形成强有力的行政、法律约束、引导；如地方政府出台符合地方发展规划、公益最大化的矿业转型发展的地方法规，明确鼓励发展的产业、允许发展的产业与禁止发展的产业目录，对于鼓励发展的产业方向提供政策福利，对于违规发展禁止产业的企业进行惩处。另一方面，有必要设计不具有隶属、管理关系的矿企与政府间的决策磋商机制并赋予磋商结果法律约束力，磋商机制由管理矿企的中央职能部门与企业所在地的省级人民政府共同确定，机制应对中央矿企、地方政府各自的土地处置方式在合法性的基础上，提出一套通用的评价指标（经济指标、社会效益指标及环保指标等）及核算方法，同时对评价主体、程序等作出规范。

7.5 小结

本章从土地使用权与矿业之外用途的重新配置角度，研究了退出期的矿业用地盘活，主要内容如下：

（1）动态权利的价值实现是退出期矿地盘活模式设计的法理依据，由此出发，从政府回收土地使用权、使用权让渡、矿企转产自用地以及政府安排用地、引入第三方合作用地等方面探讨了矿地盘活的普适性模式。

（2）在普适性模式基础上，分析特定类型差异矿地的具体盘活过程。权利（所有权）状态、复垦义务主体及土地性质可逆性的矿地类型相互结合，形成更具体、明确的盘活路径；权利（使用权状态）与实际用地期限的差异化组合，亦会导致矿地盘活过程中的特殊处理方式。

（3）矿业用地在退出期面临的障碍集中于：企业资产变现难、失业职工安置难以及土地之上权利、占有的处置纠纷等，有必要从资产流转平台建设、政企协同安置职工，以及通过对权利、占有的法律意义分类，确定不同的救济方案。

8 矿地盘活法律制度的完善

矿地盘活是在法律制度引导、规制之下形成、发展的复杂法律行为体系，其中产生的各项相互关联的权利均为"法权"，受到法律的保护与监督，因此，在对矿业用地盘活进行深入研究的基础上，重新体系化地审视相关的法律规范并予以完善，方可使矿地盘活的实践得到制度支持，并顺利开展。

8.1　矿地盘活法律内容的完善

法律行为的构成要素通常包括主体、内容及客体，主体即法律行为的实施者，内容即法律行为引起的法律关系中的权利与义务，客体即权利义务所共同指向的对象，有时也称标的。矿地盘活作为以民事行为与行政行为为主的法律行为的集合，必然由上述三要素构成。以此三要素为参照，对相应的民商事与（或）行政法律予以分析。与此同时，从土地管理科学的角度出发，矿地盘活须满足一定的前提条件方可进行，进行之中与完成后亦须进行监督、评价，故与这两部分相关的法律有必要进行单独考察。因此，法律内容的分析主要包括矿地盘活的条件、主体、客体与内容以及评价监督五方面。

8.1.1　矿地盘活条件相关法律

8.1.1.1　法律梳理

矿地盘活的根本条件即是矿产资源与其所附着之土地具有明确的权利归属及性质，权利的归属是权利及其派生权能让渡、转化的起点。我国的根本法《宪法》规定："矿产资源属于国家所有；城市土地属于国家所有，农村和城市郊区的土地通常属于集体所有。"矿产资源用于开发利用，开发主体须依照《矿业权出让转让管理暂行规定》等取得相应的矿产资源使用权利，即矿业权；附着矿产资源的土地成为矿业用地，亦须开发主体依照《城镇国有土地使用权出让和转让暂行条例》等取得法定的土地使用权利。按照《土地管理法》的相关规定，乡镇企业、资源勘探临时用地可使用集体土地，另农村集体土地直接入市的条件受到土地类型（经营性建设用地）以及规划要求、申报条件的限制，且现实中矿用的土地大部分位于农村和城市郊区，因此，通常情况下，集体所有土地征收国有是矿业用地使用权取得的前置程序。

与此同时，资源产业转型升级是矿地盘活的历史条件，矿地盘活的开展必须依托产业转型的总体安排，自然资源部发布的《全国资源型城市可持续发展规划》为矿业城市的产业转型提供了宏观指导，各地依此亦出台相应政策，如湖南省人民政府办公厅颁布《关于支持娄底市资源型城市转型发展的实施意见》，明确了各项落实举措。而资源产业转型的法律规范内容主要包括：产业衰退迹象识别、资源开发补偿以及科技创新的保障（科技奖励、风险投资等），这些规范内容零散、原则性的规定分布在各地产业转型相关的法规之中。

8.1.1.2 法律完善

其一，《宪法》对土地及矿藏资源的所有权规定是我国政治体制的体现，不作为本书研究的范畴，尽管集体土地入市已被《土地管理法》确认，但其应用方式受限，故矿地使用权多数情况下仍然需要通过征地程序后以各种法律允许的方式获取，但矿业利用是否符合征地的起源"公共利益之需"则属于模糊地带，2019 年修正的《土地管理法》采取"概括释义+列举+兜底条款"的形式界定公共利益，其中"由政府组织实施的能源基础设施建设需要用地的"公益情形可为部分矿业用地的用地提供依据，但由于矿企投资主体日趋多元化，私人和国外的资本也可成为开采矿产资源的主体，土地征收偏离"公共利益"的情形尚无法得到有效控制，故矿业利用征地合法性争议仍旧不绝于耳。征收之外的用地方式甚为有限更使得征收土地行为在饱受争议的同时，不得不为之。法律应着重于以下两方面的改善：一则对符合"公共利益之需"的矿业利用土地的情形在《矿产资源法》中予以更加细化明确的规定，以便衔接适用《土地管理法》关于公益征收的规定，可以"重要矿业用地"的特征为衡量公益需求的主要标准，如资源品种稀缺程度高、关系国计民生或与国民生活联系的紧密程度高以及出于保护公众利益或与公众利益相关性高，同时规范和引导矿业权主体的投资行为，确保公益目标可持续。二则探索"公共利益之需"以外的矿地利用的赋权通道并通过法规予以认可，如限定条件下的集体所有土地市场化征购机制，如对于不符合征收条件的土地，政府根据土地、城市发展规划认为需要收归国有的情形，可以与农民集体协商、参照市场价格购买集体用地所有权；以及集体所有土地的使用权直接流通机制，可在经营性建设用地中优先尝试，如出让、租赁及入股等。

其二，矿业产业转型的法律制度供给不足。矿业产业转型是国家经济结构调整、产业升级的重要组成部分，单靠企业自身的力量无法实现。中央从宏观上对矿业产业的分类分区域转型方向作出了总体规划，但对相应的实施性政策却未进行原则性规定，间接导致地方政府对矿业转型的推动力度较小，规范零散且缺乏执行力。故中央层面有必要出台相应政策落实的指导意见，鼓励地方积极创新尝试。适度的财政资金援助与新型产业建立的扶持是落实矿业产业转型政策的两条主线：一方面，完善矿业城市市级财政的自我积累机制，国家可通过对税收相关法规的调整，在分级财政中增加矿业城市的留成比例并对其实行税收增量返还政策；另一方面，国家根据矿业城市的现实条件，在新型产业的规划布局、项目审批、规模确定等方面，采取适度的倾斜优惠政策，同时拟定接替产业选择及产业技术提升的制度安排。

8.1.2 矿地盘活客体相关法律

8.1.2.1 法律梳理

矿地盘活的客体，即矿产资源与其所附之土地，资源与土地都作为"物"，受《民法典》、《不动产登记暂行条例》及实施细则、《自然资源统一确权登记暂行办法》等物权认定规范的调整。物权法律制度中，不动产登记生效是基本原则，以此保障不动产物权处分、交易在产权明晰的前提下发生，矿业用地、矿产资源的登记确权是矿地流转的基础、遏制土地违法用于矿业的途径，更是土地监管部门掌握土地、资源信息并对其监管的必要条件。与此同时，矿地盘活的双重客体决定了土地法律与矿产资源法律交叉调整的特点，土地蕴藏矿产资源，在资源未被开发之前，两者具有一体性，但在法律规制中，土地与资源各为独立客体，无包含关系，分别由《土地管理法》及其实施条例等土地法律与《矿产资源法》《煤炭法》等资源法律予以单独规定。

8.1.2.2 法律完善

其一，土地成为适格的矿业用地盘活客体的法律路径缺失或利用不充分。党的十八届三中全会决定"建立城乡统一的建设用地市场，在符合规划和用途管制前提下，允许农村集体经营性建设用地出让、租赁、入股，实行与国有土地同等入市、同权同价"；修订后的《土地管理法》也明确"农村集体经营性建设用地有条件入市"。但《民法典》及土地流转法规层面尚未依据政策和土地法律制定规范，农村集体经营性建设用地直接流转尚缺乏具体的路径指引。土地用于矿业的供给方式拓宽需求与国家城乡建设用地市场一体化的政策相呼应，市场化的土地获取、流转途径是体现矿地价值、实现高效利用的路径之一。与此同时，临时用地应用于露天矿、无资源可采的井工井场等短期、暂时性用地，尚未形成统一明确的制度性规范，无法广泛适用，而《民法典》对地役权及相邻关系等权责配置进行了规定，但在矿业用地供给模式中却鲜少见到。故而，一方面相关规则应明确允许和保护农村经营性建设用地直接流转于矿业权人，并且扩大临时用地在矿业活动中的适用类型，降低矿业权人的用地成本并维护农民合法权益；另一方面，在矿区与非矿区的连接地带需要利用非矿区的他人土地，如从他人土地上开辟通风口、掩埋管线等，应充分利用现有法律制度，通过设立地役权或相邻关系明确相关主体责权义，这是一种较有效率的制度安排，行业法规、规章对此作出专门规定有助于该权利制度在矿业领域的普遍适用。

其二，矿地与矿产资源作为双重客体的供给协调性不足。矿产资源利用规划与土地利用规划缺乏法律协调机制以及矿业权、矿地使用权法定取得程序差异，易导致取得矿业权但未取得或迟延取得该地块使用权的情况发生，不利于矿业生产活动的开展。因此，一则须建立矿地与矿业权供给的协调机制，结合矿产资源利用规划，在土地利用规划中制定矿业用地规划，确定矿业用地区位、规模、布局等；二则将采矿权审批与矿业用地审批相衔接，政府部门可依据矿产资源规划将开采矿产资源所需的土地使用权预先征收并完成补偿安置，而后再由同一部门将土地使用权与采矿权捆绑出让。

8.1.3 矿地盘活主体相关法律

8.1.3.1 法律梳理

其一，矿业企业是矿地盘活重要的行为主体，目前尚无针对矿业企业进行专门规定的法律，《矿产资源法》第五章就"集体矿山企业和个体采矿"

作了简略规定。根据矿企的性质不同，将会分别受到《城镇集体所有制企业条例》《全民所有制企业法》《公司法》等主体性规范的约束，随着矿业企业改制的推进，以所有制对企业进行分类管理的模式最终将被"产权清晰、权责明确、政企分开、管理科学"的现代公司治理制度取代。

其二，矿业工人与征地农民的生存、生活保障是盘活矿业用地不可回避的问题。农地征用补偿安置规范与劳动就业规范是矿地盘活的重要依据：《农地征收补偿条例》尚处于调研论证阶段，国土部门发布一系列政策措施指导相关工作，如《国土资源部关于切实做好征地补偿安置工作的通知》《国土资源部关于完善农用地转用和土地征收审查报批工作的意见》等；地方政府亦出台具体规范，落实中央政策，如《山西省征收征用农民集体所有土地征地补偿费分配使用办法》；《劳动合同法》及其实施条例、《劳动法》、《就业促进法》是规制下岗矿企职工如何安置补偿的主要法律，《劳动合同法》及其实施条例、《劳动法》主要对用人单位解除劳动关系的补偿、赔偿作出规定，《就业促进法》则规定了各级政府如何承担下岗职工的再就业安置责任。

其三，政府作为矿地盘活的主体，一方面是与矿企法律地位平等的市场主体，《城镇国有土地使用权出让和转让暂行条例》《矿业权出让转让管理暂行规定》等对土地、矿业权市场化交易的规范适用于作为土地出让人、矿业权出让人一方的政府；另一方面作为土地、资源利用的管理、服务主体，《土地管理法》《矿产资源法》及《土地复垦条例》等就政府及其职能部门对矿业用地利用、流转的管理、审批权限及监管不力的惩罚等作出了规定。

8.1.3.2 法律完善

其一，就矿业企业而言，法律与政策忽视的部分是非公有的小型矿企，矿企集中化正在有序进行，但基于安排就业及城市发展等现实条件，民营小矿企还将在一定时期内存在，小型矿相较大型企业而言，更易发生环境污染、矿产资源浪费以及土地低效利用、废弃不复垦等问题。其与国有大型矿企在资金实力、技术能力等方面的较大差异，不宜适用统一的规范，应针对民营小矿企单独规定，有必要将其承揽工程规模、年期等控制在较小范围，获地方式也可以临时用地为主，避免其因资金、技术所限违法用地、违规开采。

其二，就矿地原权利人农民而言，随着农民权利意识的提升及土地价值增值，征赔纠纷愈发白热化，对征地合法性及赔偿价格的质疑声不断；同时农民因征地而陷入失地失业窘境，由此引发农民再就业的社会问题；更为重要的是，在过去很长时期内，征地执行程序不完善，常会发生矿业权人支付农民一定补偿但却未完成矿地权利让渡的法定手续，以至于矿地权利与责任主体虚化，农民集体、矿企或当地政府均缺乏矿地盘活的动力。2019 年修正的《土地管理法》优化了征地补偿标准，列举了符合公共利益的情形，如能顺势尽快出台《农地征收补偿条例》，将会取得良好效果，可对补偿标准及征地条件"公共利益"的审查程序进行统一规定，在农民自愿的前提下建立非公共利益用地的交易规则；对完成征地补偿但未办理矿地权利让渡的情况及时补办手续并按《不动产登记暂行条例》的规定进行登记。

其三，就矿企职工而言，无论是矿企破产、转产或兼并重组，都会面临下岗，《劳动合同法》《劳动法》具体规定了劳动关系解除的赔偿问题，但矿企的经济赔偿能力有限且矿企的变革是在国家经济政策引导下推进，当地政府有义务给予经济扶持，同时针对职工再就业，政府应设计相应鼓励措施，但法律与政策中鲜有政府责任的具体规制。因此，亟待按照《就业促进法》的意旨，由地方政府出台具体的落实政策，一则在政策中明确县级以上政府成立就业促进专门机构；二则针对农民与矿工职业技能缺乏的现状，资源枯竭地区可依该地产业发展方向及就业市场设计技能培训方案与课程。

其四，矿业用地盘活中，政府的角色在不同的法律关系中可为市场主体、管理主体、服务主体，法律与政策应对这三者分别作出明晰规定：

一则，政府对矿地管理的层级配置缺乏权利（力）基础，同时非物权性矿地利用的监管不足。有必要依照《不动产登记暂行条例》《自然资源统一确权登记暂行办法》，对探明储量的矿产资源所有权进行确权登记，划清不同层级政府行使国家所有权的边界，根据各级政府的所有权权能范围合理配置相应的土地资源收益份额以及资源使用权的管理权限；与此同时，为确保土地用途管制，在上述确权登记法律规范之外，以合法的非物权方式用地（租赁、临时用地等）的使用权利亦有必要进行备案登记管理，便于实时更新土地权利状况并予以监管。

二则，管理者身份影响政府作为市场主体的行为。主要体现为土地出让的协议内容由政府提供格式文本，矿业企业无法根据用地需求（期限、方式等）提出合理的协议主张，同时土地回收制度无法涵盖回购制度，后者是市场定价的交易行为，而现行法在回购制度上还是空白的。

三则，政府作为服务主体的法律内容的缺失，反映了法律的滞后性。政府职能从管理向服务转变是党的十八大以来政府工作改革的明确方向，但在法律层面跟进不足，尤其在矿业用地盘活领域，亟须政府为相关各方搭建互通、共享的平台，而通过法律明确政府的服务责任并形成约束，十分必要。

8.1.4 矿地盘活内容相关法律

8.1.4.1 法律梳理

矿地盘活的内容围绕对物（矿业工程配套建筑、设备等资产）及物权（矿地使用权、矿业权等）的治理、处分、流转及回收再利用而展开，《民法典》《公司法》及《破产法》等民商事法律为其提供合法性基础；至于每一个盘活项目，则根据其具体模式适用不同的操作规范，若矿地以市场化流转的方式盘活，涉及《城镇国有土地使用权出让和转让暂行条例》《矿业权出让转让管理暂行规定》等；矿企通过兼并重组的方式提高生产效率，须依据《关于企业兼并的暂行办法》，地方性政策如《山西省人民政府关于加快推进煤矿企业兼并重组的实施意见》《关于煤矿企业兼并重组所涉及资源采矿权价款处置办法》；矿地的政府回收，则应按照《闲置土地处置办法》《土地储备管理办法》及《土地储备资金财务管理暂行办法》等进行。对具体盘活内容的法律与政策研究在盘活模式中已详述，此处仅对盘活内容适用的基础法律进行分析。

8.1.4.2 法律完善

首先，矿地使用权与矿业权同时流转于同一主体，方可实现两项权利的价值。实践中，矿地使用权应随矿业权一并流转，但土地法律与矿产资源法律对此无具体规范，只能依单独交易规则完成，分别履行不完全协调的程序，矿业权人面临矿地使用权落空的危险，违法用地的概率因此增大。故应在一般性法律中明确矿地使用权随矿业权流转的联动机制，以便具体规范政策的落实。

其次，土地入股是资产优化配置的可行方式，现行法对农村土地入股矿业企业的规定过于狭窄，公司法律应对农地入股矿企提供更有力的规范支持。一则对于矿业准入期，农民以农地入股矿企进行矿业开发，降低用地成本；二则在退出期，对于曾以租赁或临时用地等债权方式用地的情况，矿业利用完毕并复垦后，可允许农民以土地经营权入股矿企，将农民的农业生产技能与企业管理经验与资金优势相结合，共同发展规模农业生产。但农地关系农民的基本生存保障，公司法律应通过权利机制的设计（如优先股、股权信托等）建立农民股东的特殊保护规范。

另外，矿企破产关闭具有特殊性，《破产法》虽然是一部专门规范企业破产程序的法律，却无法满足矿企破产的规制需求。矿业企业所牵涉的社会问题复杂，如矿地利用与流转、生态保护以及大量在就业市场竞争力很弱的劳动者失业等，更为特殊的是矿企破产多受国家资源产业转型政策影响，并非完全因市场因素，政府从公平性角度出发亦应承担部分因社会保障不完善及非企业自身因素导致的破产支出。故《破产法》有必要就资源企业的破产进行专章特别规定。

8.1.5 矿地盘活评价相关法律

8.1.5.1 法律梳理

矿地盘活的评价，主要涉及经济评价、质量技术评价与环保评价。经济评价方面的法律，如《循环经济法》；质量技术方面，如《土地复垦质量控制标准》与《土地复垦技术标准》；环保方面，如《环境保护法》《水土保持法》《地质灾害防治条例》《矿山地质环境保护规定》等。上述规范涉及评价依据、程序及对评价结果的处置办法等内容。

8.1.5.2 法律完善

矿地盘活的实质是矿地综合效益提高，法律与政策提出了循环经济的倡导、环保要求与技术质量目标，以前述标准对盘活行为进行评价，需要辅之以具体的指标控制体系，以便规范落实。同时完善监督惩处机制，针对评价不达标的矿企，对参与评价的政府职能部门、中介评估机构及专家均应纳入约束之中。

综上所述，矿业用地盘活相关的法律内容可在合理分类的基础上，就相应类型规范进行归纳、性质辨析与提升、完善（表 8-1）。

表 8-1　矿地盘活法律简析

主题	主要法律与政策	调整内容	完善方向	法律性质
条件	《宪法》《土地管理法》	土地与资源权利归属	明确征地条件、规范征地行为	行政法律
	《全国资源型城市可持续发展规划》	资源产业转型	财政援助政策与产业调整政策具体化	
客体	《民法典》《土地管理法》《矿产资源法》《煤炭法》	土地与矿产资源获取	拓宽矿地供给路径/强化矿地与矿权供给协调性	行政法律为主

续表

主题	主要法律与政策	调整内容	完善方向	法律性质
主体	《城镇集体所有制企业条例》《公司法》	矿企的经营管理	加强小型非公有矿规制管理	行政法律为主
	《国土资源部关于切实做好征地补偿安置工作的通知》	农民的征收补偿	明确征补程序与标准	
	《劳动合同法》《就业促进法》	下岗矿工补偿与安置	落实政府责任	
内容	《民法典》《公司法》《破产法》	土地产权的优化配置	建立矿地与矿业权获取联动机制/扩宽农村土地入股的范围/对矿企破产作出特殊规定	民事法律
评价	《循环经济法》《土地复垦技术标准》《环境保护法》	经济、质量及环保评价	完善监督惩处机制	行政法律

8.2 矿地盘活法律体系的完善

8.2.1 法律体系梳理

我国的立法活动按照《立法法》进行，法规范之间有严格的效力等级区分，宪法是根本法，法律、行政法规、地方性法规、自治条例和单行条例、规章不得抵触宪法；法律的效力高于行政法规、地方性法规、规章（部门规章、地方政府规章）；行政法规的效力高于地方性法规、规章（部门规章、地方政府规章）；地方性法规的效力高于本级和下级地方政府规章；上级政府制定的规章的效力高于下级政府制定的规章；部门规章间、部门规章与地方政府规章间具有同等效力。将矿业用地盘活相关的法规范按照效力层级进行归类（图 8-1），地方性法规与规章范围广大、数目众多，考虑到山西省作为矿业用地综合改革试验区，在矿地盘活领域的法规范资源丰富，以山西省的法规范为主要考察对象，其主要围绕三方面出台矿地盘活相关的法规：其一，落实中央出台的法律，如《山西省实施〈中华人民共和国土地管理法〉办法》等；其二，在中央层面法律的指引下，因地制宜制定地方政府规章，如《山西省人民政府关于加快推进煤矿企业兼并重组的实施意见》等；其三，以部省合作为契机，开展创新性的政策尝试，如《山西省露天采矿用地改革试点实施意见》等。

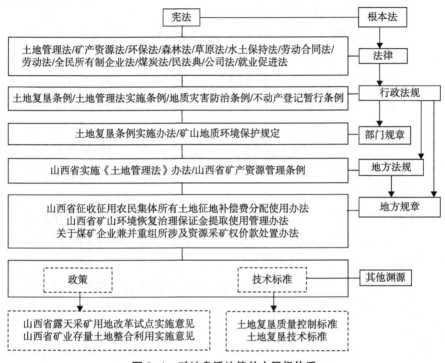

图8-1 矿地盘活法律效力层级体系

与此同时，在法律之外，其他规范文件如政策、行业标准亦是我国法的非正式渊源，特别是对于矿业用地盘活，这两项法律渊源尤为重要：一方面，相较于法规范的稳定特性，政策具有较大的灵活性，随着经济、社会形势的变化而随时调整，否则便不能发挥及时的指导作用。而矿地盘活需要创新思路、与时俱进，故政策灵活性的优势更为凸显。超前于法规范的矿地盘活规则可通过政策的方式向"试点""实验区"供给，政策在适用过程中调整、修正，待成熟之时，可入法、在全国范围推广，试行无法达到预期目标，可取消政策，由于适用的范围锁定，政策执行过程中的风险可控。另一方面，矿地盘活涉及土地的复垦修复、环境治理等技术工程与措施，技术、质量标准是其评价体系，以此为依据确定与判断相关主体是否履行法定的土地整治、环境保护责任与义务，故标准的法律约束效力，毋庸置疑，《标准化法》亦对各类、各层次的技术标准赋予了差异化的约束强度。

8.2.2 法律体系完善

矿地盘活的法律涵盖各个效力等级的规范，形成了完整的法律贯彻落实的通道，但主要有两方面不足：

一方面，法律层面的原则规定多，法规或规章的实施规范欠缺或未及时跟进，导致法律执行依据不足。如《土地复垦条例》于 2011 年颁布实施，与之前的《土地复垦规定》相比变动很大，而于 1995 年为落实《土地复垦规定》而颁布的《山西省土地复垦实施办法》直至 2015 年方被废止，且尚未出台与《土地复垦条例》相适用的具体规范。尽管依据上位法优于下位法、新法优于旧法的原则，《山西省土地复垦实施办法》与《土地复垦条例》不一致之处不具有适用性，但具体操作规范在较长时期内存在缺失，降低了中央层面法律的落实效率。

另一方面，法规范之间的衔接有待加强，互补性体现不足。法规范功能存在差异，有机结合才能形成有效的矿地盘活规制体系，但由于特定规范的制定主体、程序等不同，对规范之间的衔接重视不足。如就建设用地使用权设立期限问题，《城镇国有土地使用权出让和转让暂行条例》规定（工业用地）土地使用权出让最高年限为 50 年，《民法典》将使用期限列为建设用地使用权出让合同中的条款，而依据《民法典》，合同约定不违反法律、行政法规的强行性规定即为有效。但现实中鲜见对出让期限在最高年限之下作出具体约定，而对于矿业用地而言，与矿业开发匹配的出让期限可以减少用地成本并为土地退出提供便利。建设用地出让实践需要规范引导，土地管理方面的具体规范有必要顺应上述规范的法理逻辑，根据土地矿用的实际期限（长期、中期及短期、暂时）对差异化出让期限作出指导性规定。

8.3 矿地盘活相关法律的修订建议

8.3.1 民商事法律——规制市场行为

8.3.1.1 制定多元化的矿地取得（一级市场）规范

（1）临时用地使用权（债权性土地取得方式）在现行的法律、政策框架内可以找到依据，如《土地管理法》《关于石油天然气行业钻井及配套设施建设用地的复函》（国土资函〔1999〕219 号复函）等，适用范围限于探矿用地、少部分露天采矿试点及井工井场（无资源）。然而，大量试点外的露天矿有适用临时用地使用权的强烈需求，井工井场（无资源）的临时用地使用权适用也亟待立法予以肯定，复函仅是部委用于答复下级或本领域内已做出的具体行政行为或法律事实存在的疑问，不具有明确的法律效力。因此，基于临时用地已经积累了较为成熟的试点经验，可由自然资源部在此基础上制定《矿业临时用地管理办法》，满足上述立法需求，对适用条件、使用期限、补偿方式、审批权限、复垦费用的缴纳以及土地使用权的收回等问题进行具体规定。

（2）土地租赁中，国有土地租赁使用权（债权性土地取得方式）可在《土地管理法》《规范国有土地租赁若干意见》等中找到法律依据，但适用范围通常为少量改制的矿业企业，集体土地租赁除乡镇矿企承包农村土地用于矿业以及经营性建设农地在满足规划和申报条件而用于矿业的情况外，其他均属于违法行为。扩大国有土地租赁使用权的适用范围，以及有条件地扩大集体土地租赁用于矿业用途的范围，可以有效提高土地利用效益与农民土地收益，特别是农民集体土地租赁用于矿业生产在实践中大量存在，其与中央赋予农民更充分土地权利的政策导向相符合，更契合于已经颁布的《民法典》关于农地三权分立的制度安排，具体言之：国有土地租赁使用权应成为矿业用地取得的法定方式之一（国有土地出资入股使用权亦同），农村建设用地以及短期或暂时性利用的农用性质可逆的农村农业土地可以设立合法的农村集体土地租赁使用权，同时国土部门应对这部分土地的利用、复垦与回收承担严格的监管责任，加强土地督察机制，提升督察机构的规格并确保其人事任免与经费来源的独立性，同时赋予督察机构对违约用地行为及责任人更强的制裁权力。

（3）农村土地出资（入股）矿业，目前在法律上农村土地经营权流转已被允许，但亦应考虑到国家耕地保护与农民失地风险，因其本身有益于矿业用地效益的提升，如能通过法律机制的设计规避上述风险，农地出资（入股）使用权可被广泛推行。具体而言，农村集体建设用地不涉及耕地保护，可允许其折价入股于矿业企业；农用地的入股仅适用于矿业开采期限短且复垦后用于农业生产经营的情况。耕地保护有赖于土地督察机制的完善，可通过以下机制预防农民失地风险：一则，根据地区农民社会保障的建设程度，通过法律调整农民股东为公司债权人提供担保的份额，社会保障程度越高的区域，农地入股的担保比例越高；二则，通过优先股降低农民股东风险，按照《公司法》《优先股试点管理办法》，配置农民的优先股股权并在公司章程中确认；三则通过企业股东垫付红利降低给农民股东带来的风险，在公司暂时无法形成经营剩余时，由企业股东向农民支付等额借款；四则通过股权信托降低农民股东风险，股权信托可以帮助农民股东解决股权分散的问题，克服农民股东利益被企业股东损害。

8.3.1.2 制定具体的矿地市场化（二级市场）流转规范

（1）利用期的矿地市场化流转中，针对矿地使用权、矿业权随同流转的盘活模式，应就以下四方面详尽规范：一则两权捆绑流转的统一程序，以便提高流转效率；二则基于此模式适用于单独的矿业开发项目，须对项目立项、用地审批等有关程序重新或变更办理程序予以规范；三则形成脱离矿业权流转，针对矿业开发实施主体的矿业开采资质的行政审批及监督管理权责规范；四则严谨规定矿业权评估技术规范与机制，并对矿业权评估机构的评估资质及其诚信状况作出严格规范，确保矿业权价值评估的真实性、公正性。

（2）复垦期的矿地市场化流转中，针对复垦义务附随矿地流转的盘活模式，主要应对复垦义务移转的程序进行规定：一则依据《民法典》，合同义务转移须经权利人同意，方可成立，而复垦义务亦同，经监管复垦的地方国土部门书面同意后，才可随同地权流转，国土部门应对承接复垦义务的主体进行资质审查；二则复垦义务附随矿地流转的同时，预存的复垦费用或相关环境治理保证金等的主体也须变更，同时相关复垦文件交接转移。

（3）退出期的矿地市场化流转中，土地置换的盘活模式既缺乏可操作性强的规范依据，又非法定的土地流转形式，限制了其在矿地退出中的应用。因此，一方面，根据《关于土地开发整理工作有关问题的通知》（国土资发〔1999〕358号）、《土地开发整理若干意见》（国土资发〔2003〕363号）中的土地置换政策，在行政规章层次拟定《待退出矿业用地置换的意见》，针对矿地退出的三种类型，即矿企自有矿地置换新地，政府组织矿企复垦非自有矿地并置换新地以及重组后矿企内部土地置换，分别就不同的土地性质、用途条件，制定置换流程；另一方面，将置换作为土地转让的特殊形式，并于《城镇国有土地使用权出让和转让暂行条例》的"土地使用权转让"一章中补充原则性规定，以便土地置换取得行政法规依据。

8.3.2 行政法律——规制政府行为

8.3.2.1 制定细化的政府回收矿地规范

土地回收的法律依据分散在不同部门法中且多为原则性规定，同时《土地管理法》《闲置土地处置办法》等多部法律规范对回收的适用条件、对价等的规定衔接性不足，致使法律适用产生分歧，建议以行政法规形式制定《矿业用地回收管理办法》，将不同权利形态的矿业用地回收适用条件、路径、对价与程序，以及回收后土地的利用与监管进行详细规定，具体而言：

其一，以政府强制回收、土地相关权利（益）人申请回收以及政府与土地使用权人协商回收对矿业用地的回收进行分别规定，如此分类是为了确保可能回收的矿业用地均能在规范中找到法律适用依据，避免现行法中"可以回收"的模棱两可的规定，现行法提及"土地使用者不再使用土地时，国家可回收相应土地使用权"，但对于如何回收缺乏规范，以致滞留在企业中的土地越来越多，成为企业负担。

其二，明确强制回收、申请回收以及协商回收的适用条件，强制回收以公益需求与权利用尽（满足使用权终止的条件）为主；申请回收主要包括矿业企业在矿业用地复垦验收合格时申请回收，以及权益相关人以土地利用侵权为由申请回收，协商回收则适用上述条件外的任何情形。

其三，矿地回收的对价分为适当补偿与购买价款，适当补偿集中于公益目的的强制回收，购买价款则对应协商回收。适当补偿的范围根据不同使用权利状态的土地类型（如出让土地、划拨土地、租赁土地等）而有所差异，有偿用地的补偿额度通常高于无偿用地。

其四，回收矿地由于其地理位置偏僻，导致再处置利用前的管理难度较大，故须对监管措施、人员配置及监管不力的处罚等进行特别规定。

8.3.2.2 制定专门化的小型矿企管理规范

如前文所述，小型矿在很长一段时期内，仍然有存在并合理发展的空间，以小型矿企作为对象进行特别的法律规制十分必要。建议以部门规章的形式出台《小型矿管理办法》，针对小型矿与大中型矿的区别特征进行相应规制，主要包括以下方面：

其一，单独设立小型矿业权。在科学分类矿产资源的前提下，就开采经济价值低（如表外储量）、相对不重要且开采对生态环境影响较小的零星分散的资源区域设立小型矿业权，小型矿业权面向被认定为小型矿业企业的主体以招标、拍卖、挂牌的市场化运作模式出售。

其二，明确认定可参与小型矿业权竞买的小型矿企条件，小型矿业权的设定是为了将小型矿企与大中型矿企准入矿业行业的通道加以合理区分，即经由法律建立实质公平竞争，与之相应，需要从生产规模、产能及技术、管理条件等方面对小型矿企进行界定。

其三，对小型矿安全与环境责任的管理与监督。小型矿与大中型矿在安全生产、环境保护的标准与要求是同等的，都须依据《环境保护法》《安全生产法》提供环境影响评价报告及安全条件评价报告，但考虑到小矿独立环评、安评的能力不足，可规定"处于同一生态环境区域、环境影响相同且矿业生产技术水平相似的小型矿企共同完成环评报告与安评报告，小型矿企共同分担评价报告的费用，共同完成环境保护方案并承担相应义务"。总的原则是，安全与环保的标准不因小型矿而降低，但具体的实施方式根据小型矿进行合理调整，减轻其负担。

其四，形成灵活的小型矿用地权利配置路径。小矿短期、小规模的开采形式与债权性质的租赁或临时用地方式相符合，农民集体土地租赁合法化尤其适于小矿生产，如确须取得出让用地，也应根据实际用地时限明确出让年限，尽可能为小矿提供灵活的取地路径，降低小矿的用地成本，减少违法用地的概率。

8.3.2.3 制定公平的相关主体权益保护规范

（1）为农地矿用过程中的补偿费标准提供合理依据。矿业用地过程中对农民的补偿主要涉及三方面：征收土地的补偿、临时用地的补偿以及土地因矿业利用遭受破坏的补偿。征地补偿标准由《民法典》《土地管理法》明确规定，主要包括土地补偿费、安置补助费、地上附着物和青苗补偿费以及地上物拆迁补偿费，以及农村村民住宅补偿费用和被征地农民社会保障费用，原用途是补偿价值衡量的依据；临时用地补偿、土地损失补偿的费用标准依照《土地管理法》《土地复垦条例》，由用地方与农民自行协商确定。现实中，因补偿纠纷导致土地利用、复垦难以推进的案例比比皆是。一方面农民获得的补偿不足，另一方面亦有地方政府与矿企协商达成的补偿金额，被审计部门认定为乱收费。根本上，补偿标准不合理、依据不明确是造成上述状况的重要原因。征收土地在法律性质上不同于征购，不能以市场化价格进行完全补偿，而基于国家倾向性保护的社会法法理，地方政府一则可以结合当地的市场价格以及土地原用途的产值、农民消费与收入的平均状况，设定管辖区域内土地征收的基准价格，二则赋予农民集体与矿企协商获取高于基准价格的征收补偿费用的权利，农民集体可因特定理由与矿企协商更高的补偿费用，如协商不成，农民集体仍可就此向当地政府请求裁决，政府将根据农民集体欲获取超额补偿费的理由，酌情裁定。临时用地及受损土地的补偿，是市场化价格的完全补偿，但考虑到农民在信息收集、谈判能力等方面的弱势地位，地方政府职能部门如能发布相关的参考定价标准、数据，将有助于农民集体与矿企公平确定补偿费用。

2019年修正的《土地管理法》明确了征收土地应当"给予公平、合理的补偿，保障被征地农民原有生活水平不降低、长远生计有保障"。该法亦对征收农用地和宅基地的补偿进行了详细规定，对征收集体建设用地和集体未利用地的补偿标准，明确由省级政府制定。但从目前地方政府出台的规定来看，并未彻底实现区分土地原用途，并按其权益价格水平进行补偿，这是目前亟待解决的问题。

（2）为居民主张环境权利提供通道。废弃矿地所引发的环境污染严重影响当地居民的身心健康，环境预防、控制与治理是盘活矿地的重要内容，而居民作为权益主体却很少有机会参与其中，主要体现在两方面：其一，目前环保相关事宜的程序知情权与参与权缺失，《环境保护法》对环境信息与公众参与进行了原则规定，在矿业领域的贯彻落实中，应建立自矿业开采项目立项、方案编制、开发建设、复垦至退出再利用的矿企环境信息公示（如环境影响评价报告书等）、与权益相关者的参与决策机制，决策参与至少赋予权益相关者可能影响决策结果的表决权重与申诉异议权，同时地方政府须及时发布环境违法矿业企业的名单以供公众知晓；其二，环境权益遭受损害后的救济渠道匮乏，《环境保护法》《最高人民法院关于审理环境公益诉讼案件适用法律若干问题的解释》为环境公益诉讼实践奠定了法律基础，然而公益诉讼仅有具备法定资格的社会组织和相关行政机关才可提起，居（农）民或农民集体由于矿业环境污染致损，仅可依据《民法典》向侵权者主张侵权损害赔偿责任，或者可以向相关社会组织申请，由其代为提起环境公益诉讼，但其局限性明显：一则侵权损害赔偿责任只能事后救济，无法帮助农民预防可预期的环境损害；二则社会组织未必会接受居（农）民或农民集体的请求。故赋予环境权益相关个体向法院提起公益诉讼的权利十分必要，这也是公民环境权的保底救济措施。

（3）对于可能的土地权利人予以确权。对于开采历史久远的矿业用地，是否还有合法使用权利人，是再利用前需要理清的问题，通常经济价值高的地块会出现主张权利的主体，企图影响矿地退出后的再利用。《不动产登记暂行条例》规定"按照权属证明材料进行确权登记，权属存在争议的暂不予登记"。相较其他土地类型，应尽可能地对老旧矿地予以确权，推进退出再利用进程，可作如下规定：对于出具符合地权取得时确权依据的用地权利证明的主体，对其使用权主体身份予以认定；多个主体持有不同的土地权属证明资料申请同一块土地权利，应在查清证明资料的历史来源、流变及相应时期确权政策的基础上，予以确权，如均有合法权利证明，以取地时间距今最近的权利证明为准；对于经确认不享有合法土地使用权利，但长期占有土地并建设建筑物、附着物的，亦应依法确认其享有地上建筑物、附着物的所有权。

8.3.3　法律条款修订建议/制定建议的归纳

在上文所述基础之上，对法律规范的完善建议予以概括归纳（表8-2）。

表 8-2　法律条款修订

法律规范		修订建议/制定建议
已有	矿产资源法	专设一章规定矿业用地，作为与土地法律的衔接	明确矿业用地概念，对无法与建设用地相符的部分矿地作单独定义
			建立地上、地表及地下分别取得使用权的程序规范
			明确矿地征收的范围，列举哪些矿地非公共利益之需
			明确矿地、矿业权在一级、二级市场的联动审批及取得程序
			明确集体经营性建设用地入市在矿用土地取得中的可行方式
			明确支持多元矿地取得方式，鼓励入股、授权经营、租赁、临时用地及地役权等合法用地形式的使用
			明确国土部门的服务职责，搭建矿地交易及信息交流的平台
		补充"集体矿山企业和个体采矿"一章的相关内容	约束限制此类矿业企业的承揽工程规模、年期等
			形成灵活的小型矿用地权利配置路径，允许此类矿企以临时用地为主要方式获取土地，避免其因资金、技术所限违法用地、违规开采
			单独设立小型矿业权，明确认定可参与小型矿业权竞买小型矿企条件
			对小型矿安全与环境责任的管理与监督

法律规范		修订建议/制定建议
已有	民法典	为农村集体经营性建设用地直接流转提供明确的基础法律依据
		明确作为用益物权的采矿权流转不受行政干涉
		增设土地承包权与经营权分置的规定，明确经营权自由处分的特性
		针对土地使用权的空间分层，分别规定不同空间层次的物权使用权
	环境保护法	赋予环境权益相关个体向法院提起公益诉讼的权利，为矿地附近居民行使公众参与权与监督权提供保障
		细化生态补偿机制，从权益配额分配、交易技术平台建设、权益价值实现路径多元化等方面完善环境权交易
	环境影响评价法	强化矿业园区环评的专业评审主体、差异化评价标准以及强制前置审批要件
	土地管理法	划清各层级政府行使国家所有权的边界，适应《自然资源统一确权登记暂行办法》，根据各级政府的所有权权能范围合理配置相应的土地资源收益份额以及资源使用权管理权限
		遵循市场规律，原则性规定国有土地回购制度
	破产法	就资源企业的破产进行专章特别规定，对破产引发的矿地利用与流转、生态保护以及竞争力很弱的劳动者失业等问题予以规制，从公平角度明确企业与政府的责任
	公司法	厘清公司企业兼并重组的内涵与模式，在法律层面统一表述用语
	土地复垦条例	调整矿地复垦目标，将"耕地优先"调整为"因地制宜，同等条件下优先耕地"，将"可利用状态"提升为"达到环保要求的可利用状态"
		建立复垦基金运行模式
		认可并明确复垦产业的专业服务机构的设立、资质评定及运营方式等
		改复垦费用预存制为复垦公积金制或复垦资金担保制
		细化复垦公众参与的人员组成、形式及效力
	不动产登记暂行条例	改变现有规定"权属存在争议的暂不予登记"，明确权属存在争议的公平确权程序，为矿地盘活扫除障碍

续表

法律规范		修订建议/制定建议
已有	城镇国有土地使用权出让和转让暂行条例	在"土地使用权转让"一章中补充土地置换的原则性规定,以便其取得行政法规依据
	矿业权出让转让管理暂行规定	取消矿业权流转的行政审批,建立针对矿业开发实施主体的矿业开采资质的行政审批及监督管理权责规范
		解禁出租矿业权,认可其出售、合资、合作、上市、转租以及抵押,并要求上述事项须向租赁登记的管理机关一并报备相关资料并于相应的法律关系调整时及时进行变更
	矿产资源规划编制实施办法	特别规定矿业园区的开发利用规划,明确规划目标与原则、规划编制主体与生效程序以及规划的主要内容,如园区管理机构、园区企业的选择标准及主导产业发展规划、环境保护规划及建设、运行的保障体系等
尚无	农地征收补偿条例	对补偿标准及征地条件"公共利益"的审查程序进行统一规定
		建立征地异议的司法救济渠道
		在农民自愿的前提下建立非公共利益用地的交易规则
	就业促进法实施办法	明确县级以上政府成立就业促进专门机构
		明确就业促进职责的评价标准及职责未尽的惩罚措施
		针对农民与矿工职业技能缺乏的现状,明确技能培训的规划
	矿业临时用地管理办法	在临时用地试点规范的经验基础上,拟定矿业临时用地管理规则,明确适用范围、用地期限、监督惩处、补偿方式、审批权限、复垦费用的缴纳以及土地使用权的收回等问题
	待退出矿业用地置换的意见	针对矿企自有矿地置换新地,政府组织矿企复垦非自有矿地并置换新地以及重组后矿企内部土地置换,分别就不同的土地性质、用途条件,制定置换流程
	矿业用地回收管理办法	将不同权利形态的矿业用地回收适用条件、路径、对价与程序,以及回收后土地的利用与监管进行详细规定

8.4　小结

本章从矿业用地盘活法律的内容、效力层级体系以及修订建议/制定建议三方面对盘活法律制度的完善进行了研究，主要内容包括：

（1）矿地盘活法律内容的分析。从盘活行为发生的先决条件到行为客体、主体及内容，以及对行为的评价等角度探讨相关法律政策的适用性缺陷以及完善方向。

（2）矿地盘活法律体系的分析。按照我国的立法效力等级体系对盘活相关法律的位阶进行梳理，并提出从各层级法律规范的衔接、逐级落实角度进行体系完善。

（3）矿地盘活法律的修订建议/制定建议。分别从民商事法律规范与行政法律规范阐述了具体的修订理由及建议，民商事法律规范的完善集中于土地使用权交易的一、二级市场构建，行政法律规范则从矿地退出管理、小型矿管理及相关权益主体保护等方面予以讨论。

后　记

本书系统阐述了矿业用地盘活的内涵与法律性质，并以处于不同生命周期阶段的矿业用地为研究对象，对矿地盘活的模式与障碍因素进行了规范研究。一方面，结合权利制度理论与法律行为理论研究了不同时间节点的一般盘活模式以及类型矿地的具体盘活路径；另一方面，识别和归纳盘活实践中的不利影响因素，分别从立法、执法以及行政管理角度，分析了障碍形成的根源与解决机制。本书主要得出以下结论：

（1）揭示了矿地盘活以权利配置为核心、以法律行为为过程的制度本质，并由此设计不同生命周期阶段的盘活模式。在矿业用地的准入、利用、复垦及退出的生命周期不同阶段，盘活意味着不同形式的土地使用权利优化，其盘活行为本身是行政性与市场性交叉互动的法律行为体系。具体而言，矿地准入期，结合矿业用地的不同类型，主要从土地使用权的准入判定、矿地使用权的初始配置优化两个方面设计盘活模式；矿地利用期，从保持土地使用权主体与变更土地使用权主体分别研究利用期的盘活模式，前者包括以绿色矿山建设提升矿企的综合经营效益、以矿业园区建设形成循环矿业产业链，后者包括矿地使用权、矿业权随同流转，以及矿业企业之间的兼并重组；矿地复垦期，从提升复垦方向可行性、增强复垦质量、时效以及复垦激励与约束机制的建设等角度分析矿地的盘活模式；矿地退出期，从政府回收土地使用权、使用权让渡、矿企转产自用地以及政府安排用地、引入第三方合作用地等方面探讨了矿地的盘活模式。

（2）揭示了矿业用地差异化的类型划分对具体盘活路径的影响，并提出与具体分析了类型差异矿地在适用盘活模式中特殊的处理方式。本书在对法律、政策与文献中矿地相关概念梳理辨析的基础上，结合矿业生产实践，多角度构建矿业用地内涵并按照不同的标准划分矿业用地的类型，对类型差异矿地的盘活特点进行分析，建立各类型矿地之间的逻辑关系；与此同时，在

200

各个生命周期阶段的一般盘活模式基础之上，分别围绕准入期中性质可逆性差异及使用期限差异的矿地类型，利用期中使用期限差异、土地权利状态差异的矿地类型，复垦期中复垦义务主体差异、土地性质可变性差异以及毁损状态差异的矿地类型，以及退出期中权利状态差异、土地性质可逆性差异及使用期限差异的矿地类型，具体设计了相应的盘活路径。

（3）揭示了矿业用地盘活过程中的制度障碍，通过现有机制优化、新机制构建予以消除和克服。准入期，矿地盘活的障碍集中于使用权优化配置的导向不明与路径限制，须通过明确矿业征地条件，土地空间权构建、农村集体建设用地直供矿业的路径搭建以及临时用地路径制度化等途径予以克服；利用期，从外部不经济、税费征收不合理两方面探讨了盘活制约因素，须通过权利边界的重新界定以及建立合理科学的税费征收机制等途径予以克服；复垦期，复垦基础信息的补正及试点政策的适用、执行是复垦能否顺利进行的关键，须通过部门协作建立信息共享、以待复垦矿地现状为据调整政策适用条件、重新评估确定遗留废弃地范围等途径予以克服；退出期，企业资产变现、失业职工安置以及土地之上权利、占有的处置是有待解决的问题，须通过建立资产流通渠道、政企合理划分职工安置责任以及合法权利清算、非法占有清退等途径予以克服。

本书的创新点主要体现在以下几个方面：

（1）根据矿业生产的生命周期理论，揭示了矿业用地盘活在不同生命周期中的差异化内涵，并由此相应地提出矿地盘活的各阶段差异化目标。以综合效益提升、激发土地资产活力为逻辑起点，针对矿业用地准入、利用、复垦及退出的各个生命周期面临的具体无效、低效状态差异，分别将矿地盘活内涵具体化为：土地准入矿业的优先性及适应性的提升，矿业生产经营活动的综合效益提升，矿地复垦与再利用的匹配性提升，以及矿地再利用的资源要素组合、配置的优化与提升。

（2）以权利相关的法学理论为基础，从权利界定、配置以及冲突化解的视角，分别按照矿业准入期、利用期、复垦期以及退出期的时序，对矿业用地盘活模式及其障碍与对策进行深入研究。将准入期的矿地盘活模式归纳为土地使用权利的初始优化配置，利用期的矿地盘活模式归纳为矿地使用权利的二次优化配置，复垦期的矿地盘活模式归纳为土地使用权三次优化配置的准备工作，退出期的矿地盘活模式归纳为土地使用权的三次优化配置。以土地使用权主体设定、变更为主线，应用动态权利分析法，设计准入期、利用期以及退出期的矿地盘活模式形态，复垦期则以复垦工程时序为主线创造权利状态变化前的充分条件，即该阶段的盘活模式。

（3）以矿业用地实践与土地法学理论为依据，研究、完善现行矿业用地的法律制度，为矿地盘活提供制度保障。一方面，在不同生命周期的盘活模式探讨中，分析模式适用中的法律机制障碍及相应的优化调整措施；另一方面，以矿业用地法律行为的要素及类型为主线梳理归纳矿地盘活相关法律的内容，以法的效力等级为主线梳理相应的法律规范体系、结构，并分别提出修订、改进的建议。

鉴于矿业用地盘活的研究内容繁杂，外延广泛，笔者知识水平和精力所限，本书的研究不可避免存在一些不足之处，有待进一步探索，主要包括以下两方面：

一方面，差异化矿地类型的相应数据统计不足，本书以矿地盘活为出发点为矿业用地建立了类型划分标准并进行了归类，但由于现有矿地数据信息的分类统计不足，以及本书所设定部分类型的特殊性，未能针对每一类型矿地的地域及生命周期的分布现状进行数据分析。在全国性的数据统计短期内较难实现的情况下，今后较为可行的做法是，选择有代表性的区域，分别对不同类型矿地的信息进行科学统计，以便在不同生命周期一般盘活模式、类型矿地具体盘活路径的研究基础上，继续开展结合具体地域经济社会发展、地理条件的矿地盘活措施的细分研究。

另一方面，矿业用地盘活是矿业城市转型、矿业产业升级的时代背景之下的必然要求，本书的矿地盘活研究以土地使用权利为核心，对宏观背景的结合思考尚有进一步挖掘的空间。后续的研究如能在本书基础上，结合城市规划、产业转型的法律、政策，将土地发展权的理念引入矿业用地权利优化配置之中，对土地规划、更新利用中的主体权益界定、分配进行再调整，将有助于矿业用地盘活过程中权利制度体系的进一步完善，同时可在矿地重整与城市、产业的发展之间建立更为密切的联系，盘活的科学性从而得到进一步提升。

参考文献

[1] 蔡卫华. 矿业用地管理制度改革与创新 [M]. 北京：中国法制出版社，2013.

[2] 国土资源部法律评价工程重点实验室，广东省东莞市国土资源局.《闲置土地处置办法》实施后评估报告 [M]. 北京：中国法制出版社，2012.

[3] 中国土地矿产法律事务中心，国土资源部土地争议调处事务中心. 矿业用地管理制度改革与创新 [M]. 北京：中国法制出版社，2013.

[4] 朱兴文. 权利冲突论 [M]. 北京：中国法制出版社，2004.

[5] 李显东. 中国矿业立法研究 [M]. 北京：中国人民公安大学出版社，2006.

[6] 刘俊. 土地权利沉思录 [M]. 北京：法律出版社，2009.

[7] 沈守愚. 土地法学通论（上、下）[M]. 北京：中国大地出版社，2002.

[8] 孙英辉. 国土资源法治理论创新与实践探索 [M]. 北京：中国法制出版社，2013.

[9] 王卫国. 中国土地权利研究 [M]. 北京：中国政法大学出版社，2003.

[10] 吴春岐. 中国土地法体系构建与制度创新研究 [M]. 北京：经济管理出版社，2012.

[11] 张福良. 中国矿产资源开发整合研究 [M]. 武汉：中国地质大学出版社，2012.

[12] 张千帆. 土地管理制度比较研究 [M]. 北京：中国民主法制出版社，2013.

[13] 刘敏. 对我国矿业用地管理改革的若干思考 [J]. 发展研究，2014（06）：51-54.

[14] 刘向敏，岳永兵. 工矿废弃地复垦利用机制优化分析与思考 [J]. 中国矿业，2014，23（04）：62-78.

[15] 刘骁男. 略论矿业权和土地使用权的关系 [J]. 西安石油大学学报（社会科学版），2008（04）：53-58.

[16] 梁海超，张定宇，李妍均. 我国土地复垦研究综述 [J]. 安徽农业科学，2011（30）：18793-18795，18798.

[17] 刘翀，黄存权. 完善矿业用地取得管理的研究：以安徽为例 [J]. 经营管理者，2014（30）：2-3.

[18] 刘法宪，贾朝蓉. 对小矿可持续发展的探讨 [J]. 中国国土资源经济，2009

(03)：18-19，38，47.

[19] 刘慧芳，刘友兆，毕如田，等. 基于用地竞争的矿业废弃地再利用用地类型判定 [J]. 农业工程学报，2016，32 (10)：258-266.

[20] 白中科，贺振伟，李晋川，等. 矿区土地复垦与生态产业链总体规划设计 [J]. 山西农业科学，2010，38 (01)：51-55，97.

[21] 范松梅，沙景华，张艳芳，等. 地质矿产科技创新促进矿业经济增长的理论与实证研究 [J]. 中国矿业，2016，25 (03)：47-52.

[22] 冯董延涛，侯华丽，张玉韩，等. 关于国家规划矿区管理的几点思考：基于攀枝花和白马矿区的调研 [J]. 国土资源情报，2016 (04)：34-38，45.

[23] 付梅臣，曾晖，张宏杰，等. 资源枯竭矿区土地复垦与生态重建技术 [J]. 科技导报，2009 (17)：38-43.

[24] 冯亚雯. 论我国矿业用地制度 [J]. 法制与社会，2015 (29)：35-36.

[25] 曾大鹏. 建筑物用益物权体系比较与建构思路 [J]. 重庆社会科学，2009 (10)：59-65.

[26] 曾晓妹，杨金红，尹丽. 衡南矿业用地现状及对策研究 [J]. 矿业工程，2008 (05)：17-19.

[27] 常红林. 中煤平朔集团有限公司露天煤矿用地政策探讨 [J]. 华北自然资源，2019 (02)：127-129.

[28] 陈德敏，杜辉. 从结构到制度：论《矿产资源法》不完备性及修改路径 [J]. 中国社会科学院研究生院学报，2012 (03)：72-76.

[29] 陈晓军. 矿业用地国有化的价值悖论与机制创新研究 [J]. 社科纵横，2015，30 (03)：56-62.

[30] 程琳琳，李继欣，徐颖慧，等. 基于综合评价的矿业废弃地整治时序确定 [J]. 农业工程学报，2014，30 (04)：222-229.

[31] 崔建远. 土地上的权利群论纲：我国物权立法应重视土地上权利群的配置与协调 [J]. 中国法学，1998 (02)：1-7.

[32] 崔雪丽. 权利冲突解决方式之反思 [J]. 社会科学家，2014 (08)：94-97，108.

[33] 党新朋. 地与矿的恩恩怨怨：对当前矿业用地管理的思考 [J]. 中国土地，2010 (10)：34-36.

[34] 韩永辉，钟伟声. 产业生态化转型的国别经验和战略启示 [J]. 城市观察，2015 (02)：17-26.

[35] 韩志婷，冯朝朝，聂文龙，等. 矿区土地复垦规划的理论与实践 [J]. 煤炭技术，2010 (07)：15-17.

[36] 何伟福. 贵州矿业经济可持续发展战略选择 [J]. 区域经济，2014，13 (11)：

40-42, 45.

[37] 贺振伟, 白中科, 张继栋, 等. 中国土地复垦监管现状与阶段性特征 [J]. 中国土地科学, 2012, 26 (07): 56-59.

[38] 侯彩霞. 煤炭企业兼并重组模式的选择与分析 [J]. 能源与节能, 2013 (03): 20-23.

[39] 侯银萍, 朱孟烈. 论土地用益物权制度的三种研究视角 [J]. 辽宁大学学报 (哲学社会科学版), 2010, 38 (06): 138-141.

[40] 胡发祥, 史建忠, 陈君帜, 栾晓峰. 国家公园矿业退出方式及管理探究 [J]. 北京林业大学学报 (社会科学版), 2019, 18 (01): 103-107.

[41] 胡振琪, 余洋, 付艳华. 2014 年土地科学研究重点进展评述及 2015 年展望: 土地整治分报告 [J]. 中国土地科学, 2015, 29 (03): 14-20.

[42] 黄汉. 贺州市矿产资源开发存在问题及其对策 [J]. 南方国土资源, 2016 (04): 52-53.

[43] 黄煦, 胡克, 王建. "绿色矿山开发现状与问题" 调查问卷结果分析 [J]. 资源与产业, 2016, 18 (01): 69-74.

[44] 金丹, 卞正富. 国内外土地复垦政策法规比较与借鉴 [J]. 中国土地科学, 2009 (10): 67-68.

[45] 康纪田. 集体土地与国家矿产混合所有制的构建 [J]. 时代法学, 2018, 16 (02): 16-27.

[46] 康纪田. 供给侧结构性改革下的矿业用地制度取向 [J]. 上海国土资源, 2017, 38 (04): 46-49.

[47] 康纪田, 刘卫常. 矿业用地用途管制的路径取向 [J]. 上海国土资源, 2015, 36 (03): 12-16.

[48] 康纪田. 矿业地役权合同理论及其适用 [J]. 天津法学, 2015 (01): 5-11.

[49] 康纪田. 矿业用地用途管制中政府与市场分工 [J]. 重庆工商大学学报 (社会科学版), 2016, 33 (03): 56-64.

[50] 康纪田. 论物权绝对性与相对性统一 [J]. 政法论丛, 2012 (03): 23-29.

[51] 李国虎, 刘建平. 矿山企业如何用地才合法 [J]. 资源与人居环境, 2012 (02): 41-42.

[52] 李浩然. 论矿业权的法律秩序 [J]. 理论学刊, 2013 (05): 92-96.

[53] 李见秋. 苏仙区: 矿山用地的问题与对策 [J]. 国土资源导刊, 2014 (11): 78-79.

[54] 李君浒, 葛伟亚, 朱春芳, 等. 简论我国矿山环境政府管理的经验与不足 [J]. 国土资源情报, 2013 (09): 9-15.

[55] 李锴. 我国矿业用地取得方式的改革 [J]. 湖南社会科学, 2011 (03): 93-96.

[56] 李宁. 矿业用地征收过程中存在的问题及完善措施 [J]. 现代经济信息，2013 (04)：6-7.

[57] 黄胜开. 矿业用地股份合作制的法律机理与实现路径 [J]. 中国矿业，2019, 28 (01)：47-51.

[58] 贾艳萍，荀文会，程铭，等. 矿业区用地合理开发利用的措施建议 [J]. 国土资源，2016 (07)：36-37.

[59] 姜进. 基层国土土地违法现状调研报告 [J]. 科技信息，2009 (23)：787.

[60] 李帅，白中科，张继栋. 山西省露天采矿用地方式改革研究 [J]. 中国土地科学，2013 (05)：42-47.

[61] 李显东，杨城. 关于《矿产资源法》修改的若干问题 [J]. 中国国土资源经济，2013 (04)：4-9.

[62] 龙开胜，秦洁，陈利根. 开发区闲置土地成因及其治理路径：以北方 A 市高新技术产业开发区为例 [J]. 中国人口·资源与环境，2014, 24 (01)：126-131.

[63] 罗明，胡振琪，李晶. 土地复垦法制建设任重道远：从中美土地复垦制度对比视角分析 [J]. 中国土地，2011 (07)：44-45.

[64] 罗明，王军. 双轮驱动有力量：澳大利亚土地复垦制度建设与科技研究对我国的启示 [J]. 中国土地，2012 (04)：51-53.

[65] 莫永成. 采矿用地取得法律制度改革研究：评《采矿用地取得法律制度研究》[J]. 有色金属工程，2020, 10 (11)：140-142.

[66] 马晓兰. 关于建设用地批后监管的思考与对策 [J]. 法制博览，2015 (11)：71-72, 45.

[67] 牛克洪，陈德贵. 中国煤炭企业三个时期的管理形态分析 [J]. 中国煤炭，2015 (04)：21-26, 71.

[68] 彭昱，陈志，傅群和. 湖南省矿业产业布局构想 [J]. 国土资源导刊，2015 (03)：56-61.

[69] 裴兆斌，翟姝影. 矿业用地管理法律制度的现状分析：评《矿业用地管理制度改革与创新》[J]. 矿业研究与开发，2019, 39 (11)：155.

[70] 钱一武，聂华. 我国矿区林业复垦融资状况研究 [J]. 中国流通经济，2009 (05)：63-65.

[71] 任洪涛. 论我国矿业用地法律制度中的权利冲突与协调 [J]. 中国国土资源经济，2019, 32 (02)：25-30, 46.

[72] 施冰. 地方融资：平台建设问题及风险防范对策 [J]. 安庆师范学院学报（社会科学版），2014 (01)：67-70.

[73] 宋才发. 关于闲置土地处置的法律探讨 [J]. 河北法学，2011, 29 (04)：38-44.

[74] 谭文兵. 对我国采矿用地管理改革的思考 [J]. 中国矿业, 2013 (S1): 69-71, 106.

[75] 唐俊杰. 沂水县矿业用地状况探析 [J]. 山东国土资源, 2014 (08): 103-105.

[76] 汤晓峰. 采矿用地取得制度改革研究: 评《采矿用地取得法律制度研究》[J]. 矿业研究与开发, 2019, 39 (12): 184.

[77] 汪国兵. 试论矿山土地复垦保证金制度的法律性质 [J]. 知识经济, 2011 (06): 24.

[78] 汪勋杰, 郭贯成. 产业用地低效退出的理论分析与机制设计 [J]. 财贸研究, 2013 (05): 9-17.

[79] 王崇敏, 熊勇先. 论农地征收补偿费的分配 [J]. 山东社会科学, 2014 (03): 70-75.

[80] 王海萍, 师学义, 唐臣燕, 等. 矿区土地复垦规划中的利益主体分析 [J]. 矿业研究与开发, 2013 (03): 125-126.

[81] 王华春, 郑伟, 郭彤荔, 等. 南非矿山土地复垦立法及管理研究 [J]. 世界有色金属, 2014 (01): 67.

[82] 王健, 范彦波, 黄元仿, 等. 中国土地复垦目标与内涵延展及多元复垦资金保障体系构建的研究 [J]. 中国发展, 2015, 15 (06): 44-49.

[83] 王金洲. 我国现行矿业权制度与矿业用地制度的冲突及其对策 [J]. 长江大学学报 (社会科学版), 2006 (03): 89-92.

[84] 王敬, 肖文, 苗慧玲. 浅析矿区土地复垦资金保障制度 [J]. 中国土地, 2013 (06): 51-53.

[85] 王利明. 论物权法中物权和债权的区分 [J]. 法学论坛, 2007, 22 (109): 5-10.

[86] 王林, 赵恒婧. 地票复垦阶段风险及对策研究 [J]. 经济体制改革, 2016 (01): 97-103.

[87] 王浦, 周进生, 王春芳, 等. 矿业城市低碳发展与绿色矿山建设 [J]. 中国人口·资源与环境, 2014, 24 (03): 16-18.

[88] 王琪. 中国矿业融资法律现状及问题研究 [J]. 法制与社会, 2015 (12): 107-108, 71.

[89] 王素萍. 完善我国矿业用地管理的几点思考 [J]. 发展研究, 2014 (02): 61-63.

[90] 王文玉. 辽宁省采矿用地改革分析与建议 [J]. 国土资源, 2014 (07): 54-55.

[91] 王晓雪, 姚丽. 辽宁省采矿用地方式改革调查 [J]. 国土资源, 2019 (08): 50-51.

[92] 吴文洁, 胡健. 两种财产权利的冲突: 油气资源矿权与土地产权 [J]. 西安石

油大学学报（社会科学版），2007，16（03）：5-11.

[93] 羊琴. 行政行为对民事法律关系的作用形态分析 [J]. 湖北行政学院学报，2011（02）：36-39.

[94] 徐青，刘美华. 城市土地一级开发中的政府治理 [J]. 广东土地科学，2014（02）：4-10.

[95] 杨慧娟. 采矿塌陷区土地复垦立法及完善 [J]. 中国土地，2012（01）：44-46.

[96] 杨慧丽，付梅臣. 采矿用地复垦促进机制探讨 [J]. 中国土地，2016（02）：29-31.

[97] 杨晓辉. 平邑县矿山企业采矿用地情况调查与思考 [J]. 管理学家，2014（03）：375-376.

[98] 余果. 国外矿业权与土地使用权关系简析 [J]. 国土资源情报，2014（07）：7-14.

[99] 余勤飞，白中科，孙琦，等. 基于文献数据统计的我国土地复垦研究：时间、区域与领域分析 [J]. 江西农业大学学报，2013，35（06）：1303-1311.

[100] 袁国华，郑娟尔，王世虎. 国土资源政策助力赣州市脱贫的调研与思考 [J]. 中国国土资源经济，2016（03）：24-28.

[101] 郧文聚，范金梅. 中国资源枯竭型城市土地复垦研究 [J]. 中国发展，2012，12（05）：19-23.

[102] 臧微，王春敏，马明，等. 我国农村土地增值收益分配探析 [J]. 中国房地产，2014（08）：18-21.

[103] 张弘，白中科，王金满，等. 矿山土地复垦公众参与内在机制及其利益相关者分析 [J]. 中国土地科学，2013（08）：82-85.

[104] 张洁. 土地整治项目跟踪审计浅析 [J]. 资源导刊，2014（01）：10-11.

[105] 张丽艳，陈余婷. 矿区废弃土地补偿研究：基于阜新土地恢复治理分析 [J]. 社会科学辑刊，2011（02）：111-114.

[106] 张亿瑞，夏云娇. 我国矿业权流转行政许可现状与对策研究 [J]. 中国国土资源经济，2015（03）：13-16.

[107] 赵珂冉. 矿业用地法律问题探析 [J]. 中国矿业，2020，29（05）：22-25.

[108] 赵淑芹，刘树明，唐守普. 我国矿业用地退出机制研究 [J]. 中国矿业，2011，20（10）：1-5.

[109] 赵淑芹，史雪蒙，牛云凡. 当前土地复垦政策面临的问题及解决策略 [J]. 国土资源科技管理，2014，31（06）：115-120.

[110] 郑娟尔，袁国华，章岳峰. 矿业用地制度：问题与对策 [J]. 国土资源科技管理，2015，32（06）：76-83.

[111] 郑美珍. 灵活供地　明确退出：解决采矿用地"两头难"问题 [J]. 国土资源

情报，2011（08）：20-22，48.

[112] 郑维炜. 中国矿业权流转制度的反思与重构 [J]. 当代法学，2013（03）：43-48.

[113] 郑学忠，郭春颖，张昭. 矿业用地管理与改革探析 [J]. 中国矿业，2013，22（11）：46-49.

[114] 钟刚琼. 黄石市工矿废弃地复垦利用融资研究 [J]. 今日湖北（中旬刊），2014（01）：68-69.

[115] 周伟，白中科，曹银贵. 我国矿业用地现状及其节约集约利用途径 [J]. 资源与产业，2012，14（04）：41-46.

[116] 周旭，周妍. 生态文明背景下的土地复垦 [J]. 中国土地，2013（07）：44-46.

[117] 周妍，白中科，罗明，等. 中国土地复垦监管体系问题与对策 [J]. 中国土地科学，2014，28（02）：68-74，82.

[118] 庄幼绯，刘扬，陆丰. 上海存量低效工业用地退出机制研究 [J]. 上海土地，2014（03）：17-19.

[119] 陈平德. 我国煤矿区土地复垦法律制度研究 [D]. 武汉：华中科技大学，2011.

[120] 邓珊. 基于动态博弈的矿区土地退出路径优选 [D]. 武汉：中国矿业大学，2015.

[121] 杜瑞萍. 我国矿业用地取得与退出机制研究 [D]. 济南：山东师范大学，2015.

[122] 冯胤卿. 我国土地复垦法律规制的若干问题研究 [D]. 太原：山西财经大学，2007.

[123] 谷敬煊，姚立军. 煤矿企业兼并重组后"地""矿"关系的博弈研究 [D]. 太原：太原理工大学，2015.

[124] 何淼. 中国矿地使用权法律制度研究 [D]. 北京：中国地质大学，2011.

[125] 何淼. 中国矿业用地法律政策博弈分析 [D]. 北京：中国地质大学，2017.

[126] 蒋正举. "资源—资产—资本"视角下矿山废弃地转化理论及其应用研究 [D]. 徐州：中国矿业大学，2014.

[127] 寇永英. 大同煤矿集团循环经济模式及企业可持续发展战略研究 [D]. 长春：吉林大学，2015.

[128] 粮颖. 我国矿业用地复垦法律制度研究 [D]. 昆明：昆明理工大学，2014.

[129] 潘华志. 权利冲突的法理思考 [D]. 北京：中共中央党校，2011.

[130] 秦楠. 论循环型矿业法律制度 [D]. 青岛：中国海洋大学，2014.

[131] 师小丽. 矿业用地法律制度研究 [D]. 赣州：江西理工大学，2011.

[132] 史晓明. 基于可持续发展的矿地协同利用与管理 [D]. 北京：中国地质大学, 2013.

[133] 王芳. 攀钢集团矿业用地与制度研究 [D]. 北京：中国地质大学, 2011.

[134] 王简辞. 矿业政府规制研究 [D]. 武汉：中国地质大学, 2012.

[135] 王清华. 中国矿业权流转法律制度研究 [D]. 上海：上海交通大学, 2012.

[136] 王文强. 我国矿区土地复垦法律制度研究 [D]. 北京：中国政法大学, 2012.

[137] 王志芳. 煤矿区林业复垦融资机制研究 [D]. 北京：北京林业大学, 2008.

[138] 肖攀. 我国矿业用地法律制度研究 [D]. 武汉：中国地质大学, 2011.

[139] 谢贵发. 农村土地改革背景下矿业用地法律制度研究 [D]. 北京：中国矿业大学, 2020.

[140] 杨锋. 矿业城市土地利用优化配置研究：以山西省朔州市为例 [D]. 北京：中国地质大学, 2011.

[141] 杨思宁. 国有土地租赁权法律问题研究 [D]. 沈阳：辽宁大学, 2014.

[142] 杨灏. "城市双修" 视角下矿业废弃地再生规划研究 [D]. 北京：中国矿业大学, 2018.

[143] 于厉. 矿区土地复垦法律问题研究 [D]. 重庆：西南政法大学, 2015.

[144] 于跃. 我国矿业用地法律问题研究 [D]. 呼和浩特：内蒙古大学, 2015.

[145] 张炳龙. 内蒙古矿业 (集团) 公司建设融资方案设计 [D]. 呼和浩特：内蒙古大学, 2014.

[146] 张宏亮. 利益相关者视角下中国矿业治理机制研究 [D]. 北京：中国地质大学, 2015.

[147] 张乐. 我国矿区土地复垦法律法规研究 [D]. 西安：西安建筑科技大学, 2010.

[148] 张庆军. 安徽省土地置换实践与对策研究 [D]. 合肥：中国科学技术大学, 2012.

[149] 张蜀榆. 矿业用地退出机制研究 [D]. 北京：中国地质大学, 2012.

[150] 张召. 安太堡露天煤矿矿业用地改革实现途径研究 [D]. 北京：中国地质大学, 2013.

[151] 周小燕. 我国矿业废弃地土地复垦政策研究 [D]. 徐州：中国矿业大学, 2014.

[152] 李平. 矿业用地专章入法呼声再起 [N]. 中国矿业报, 2014-06-26 (A01).

[153] 刘志强, 陈文勤. 不同的用地方式　相同的法治期待 [N]. 中国国土资源报, 2013-11-01 (007).

[154] 鹿爱莉. 在国内外对比中求解矿业用地难题 [N]. 中国自然资源报, 2020-11-17 (003).

［155］ 罗小利. 国外采后矿业用地管理比较研究 ［A］. 中国地质矿产经济学会、中国国土资源经济研究院. 中国地质矿产经济学会 2013 年学术年会论文集 ［C］. 中国地质矿产经济学会、中国国土资源经济研究院：中国地质矿产经济学会，2013：7.

［156］ Adeoye N O. Land degradation in gold mining communities of Ijesaland, Osun state, Nigeria ［J］. GeoJournal, 2016, 81 (4): 535-554.

［157］ Arias M, Atienza M, Cademartori J. Large mining enterprises and regional development in Chile: between the enclave and cluster ［J］. Journal of Economic Geography, 2014 (14): 73-95.

［158］ Bangian A H, Ataei M, Sayadi A, et al. Optimizing post-mining land use for pit area in open-pit mining using fuzzy decision making method ［J］. Int. J. Environ. Sci. Technol, 2012 (9): 613-628.

［159］ Bansah K J, Yalley A B, Dumakordupey N. The hazardous nature of small scale underground mining in Ghana ［J］. journal of sustainable mining, 2016 (15): 8-25.

［160］ Bedi H P. Right to food, right to mine? Competing human rights claims in Bangladesh ［J］. Geoforum, 2015 (59): 248-257.

［161］ Bian Z F, Inyang H I, Daniels J L, et al. Environmental issues from coal mining and their solutions ［J］. Mining Science and Technology, 2010 (20): 215-223.

［162］ Biswas W K. Carbon footprint and embodied energy assessment of a civil works program in a residential estate of Western Australia ［J］. Int J Life Cycle Assess, 2014 (19): 732-744.

［163］ Bloodwortha A J, Scottb P W, Mcevoyc F M. Digging the backyard: Mining and quarrying in the UK and their impact on future land use ［J］. Land Use Policy, 2009 (26): 317-325.

［164］ Byrne C F, Stormont J C, Stone M C. Soil water balance dynamics on reclaimed mine land in the southwestern United States ［J］. Journal of Arid Environments, 2017 (136): 28-37.

［165］ Campbell D, Hunt J E. Achieving broader benefits from Indigenous land use agreements: community development in Central Australia ［J］. Commun Dev J, 2013, 48 (2): 197-214.

［166］ Cao X. Regulating mine land reclamation in developing countries: The case of China ［J］. Land Use Policy, 2007 (24): 472-483.

［167］ Caron F, Vanthienen J, Baesens B. A comprehensive investigation of the applicability of process mining techniques for enterprise risk management ［J］. Computers in Industry, 2013 (64): 464-475.

[168] Cherry D S, Currie R J, Soucek D J, et al. An integrative assessment of a watershed impacted by abandoned mined land discharges [J]. Environmental Pollution, 2001 (111): 377-388.

[169] Christopher W F, James A B, Daniel M E, et al. Ripping Improves Tree Survival and Growth on Unused Reclaimed Mined Lands [J]. Environmental Management, 2014 (53): 1059-1065.

[170] Coumans C. Alternative accountability mechanism sand mining: the problems of effective impunity, human rights, and agency [J]. Canadian Journal of Development Studies, 2010, 30 (1-2): 27-48.

[171] Dobra J, Dobra M. State mineral production taxes and mining law reform [J]. Resources Policy, 2013 (38): 162-168.

[172] Dobson A P, Bradshaw A D, Baker A J M. Hopes for the Future: Restoration Ecology and Conservation Biology [J]. SCIENCE, 1997, 277 (25): 515-522.

[173] Edraki M, Baumgartl T, Manlapig E, et al. Designing mine tailings for better environmental, social and economic outcomes: a review of alternative approaches [J]. Journal of Cleaner Production, 2014 (84): 411-420.

[174] Evans D M, Zipper C E, Burger J A, et al. Reforestation practice for enhancement of ecosystem services on a compacted surface mine: path toward ecosystem recovery [J]. Ecological Engineering, 2013 (51): 16-23.

[175] Goodfellow R C, Dimitrakopoulos R. Global optimization of open pit mining complexes with uncertainty [J]. Applied Soft Computing, 2016 (40): 292-304.

[176] Gorokhovich Y, Reid M, Voros E A. Prioritizing Abandoned Coal Mine Reclamation Projects Within the Contiguous United States Using Geographic Information System Extrapolation [J]. Environmental Management, 2003, 32 (4): 527-534.

[177] Graetz G. Energy for whom? Uranium mining, Indigenous people, and navigating risk and rights in Australia [J]. Energy Research & Social Science, 2015 (8): 113-126.

[178] Hilson G. An overview of land use conflicts in mining communities [J]. Land Use Policy, 2002 (19): 65-73.

[179] Imbun B Y. Maintaining land use agreements in Papua New Guinea Mining: 'Business asusual'? [J]. Resources Policy, 2013 (38): 310-319.

[180] Jeronimo R P, Rap E, Vos J. The politics of Land Use Planning: Gold mining in Cajamarca, Peru [J]. Resources Policy, 2015 (49): 104-117.

[181] J. Duarte, M. Fernanda Rodrigues, J. Santos Baptista. Data Digitalisation in the Open-Pit Mining Industry: A Scoping Review [J]. Archives of Computational Methods in Engineering, 2020 (prepublish).

[182] J. Kidido J K, Ayitey J Z, Kuusaana E D, et al. Who is the rightful recipient of mining compensation for land use deprivation in Ghana? [J]. Resources Policy, 2015 (43): 19-27.

[183] Laner D, Cencic O, Svensson N, et al. Quantitative Analysis of Critical Factors for the Climate Impact of Landfill Mining [J]. Environ. Sci. Technol, 2016 (50): 6882-6891.

[184] Liu Q L, Li X C, Guan F Y. Research on effectiveness of coal mine safety supervision system reform on three types of collieries in China [J]. Int J Coal Sci Technol, 2014, 1 (3): 376-382.

[185] Lyytimäki J, Peltonen L. Mining through controversies: Public perceptions and the legitimacy of a planned gold mine near a tourist destination [J]. Land Use Policy, 2016 (54): 479-486.

[186] Morriss A, Meiners R E, Dorchak A, et al. Homesteading Rock: A Defense of Free Access Under the General Mining Law of 1872 [J]. Environmental Law, 2004, 34 (3): 745-807.

[187] Mudd G M. Gold mining in Australia: linking historical trends and environmental and resource sustainability [J]. Environmental Science & Policy, 2007 (10): 629-644.

[188] Nawrocki T L, Kowalska I J. Assessing operational risk in coal mining enterprises−Internal, industrial and international perspectives [J]. Resources Policy, 2016 (48): 50-67.

[189] Noronha L. Designing tools to track health and well being in mining regions of India [J]. Natural Resource Forum, 2001, 25 (1): 53-65.

[190] Nyame F K, Blocher J. Influence of land tenure practices on artisanal mining activity in Ghana [J]. Resources Policy, 2010 (35): 47-53.

[191] O'Brien E L, Dawson R D. Life−history and phenotypic traits of insectivorous songbirds breeding on reclaimed mine land reveal ecological constraints [J]. Science of the Total Environment, 2016 (553): 450-457.

[192] Owleya J, Rissman A R. Trends in private land conservation: Increasing complexity, shifting conservation purposes and allowable private land uses [J]. Land Use Policy, 2016 (51): 76-84.

[193] Pintoa V, Fonta X, Salgotb M, et al. Using 3−D structures and their virtual representation as a tool for restoring opencast mines and quarries [J]. Engineering Geology, 2002 (63): 121-129.

[194] Plank S V, Walsh B, Behrens P. The expected impacts of mining: Stakeholder per-

ceptions of a proposed mineral sands mine in rural Australia [J]. Resources Policy, 2016 (48): 129-136.

[195] Poulton M M, Jagers S C, Lind S, et al. State of the world's nonfuel mineral resources: supply, demand, and socio-institutional fundamentals [J]. Annual Review of Environment and Resources, 2013, 38 (1): 345-371.

[196] Ramazan S, Dimitrakopoulos R. Production scheduling with uncertain supply: a new solution to the open pit mining problem [J]. Optim. Eng. 2013, 14 (2): 361-380.

[197] Rios C A, Williams C D, Robers C L. Removal of heavy metals from Acid Mine Drainage (AMD) using coal fly ash, natural clinker and synthetic zeolites [J]. Journal of Hazardous Materials, 2008 (156): 23-35.

[198] Ross M R V, Mcglynn B L, Bernhardt E S. Deep Impact: Effects of mountaintop mining on surface topography, bedrock structure, and downstream waters [J]. Environ. Sci. Technol, 2016 (50): 2064-2074.

[199] Schueler V, Kuemmerle T, Schroder H. Impacts of surface gold mining on land use systems in Western Ghana [J]. AMBIO, 2011 (40): 528-539.

[200] Skousen J, Zipper C E. Post-mining policies and practices in the Eastern USA coal region [J]. Int J Coal Sci Technol, 2014, 1 (2): 135-151.

[201] Smyth R L, Watzin M C, Manning R E. Investigating public preferences for managing Lake Champlain using a choice experiment [J]. Journal of Environmental Management, 2009 (90): 615-623.

[202] Soltanmohammadi H, Osanloo M, Bazzazi A A. An analytical approach with a reliable logic and a ranking policy for post-mining land-use determination [J]. Land Use Policy, 2010 (27): 364-372.

[203] Soltanmohammadi H, Osanloo M, Rezaei B, et al. Achieving to some outranking relationships between post mining land uses through mined land suitability analysis [J]. Int. J. Environ. Sci. Tech, 2008, 5 (4): 535-546.

[204] Soydan H, Düzgün H Ş, Özdemir O B. Analysis of land use land cover changes for an abandoned mine site [J]. International Geoscience and Remote Sensing Symposium, 2015: 3049-3052.

[205] Spiegel S. Land and 'space' for regulating artisanal mining in Cambodia: Visualizing an environmental governance conundrum in contested territory [J]. Land Use Policy, 2016 (54): 559-573.

[206] Sullivan J, Amacher G S. Optimal hardwood tree planting and forest reclamation policy on reclaimed surface mine lands in the Appalachian coal region [J]. Resources Policy, 2013 (38): 1-7.

［207］Song Zhixin, Song Gangfu, Tang Wenzhong, Yan Dandan, Zhao Yu, Zhu Yaoyao, Wang Jinghao, Ma Yulu. Molybdenum contamination dispersion from mining site to a reservoir ［J］. Ecotoxicology and Environmental Safety, 2021, 208.

［208］Sullivan J, Amacher G S. Private and Social Costs of Surface Mine Reforestation Performance Criteria ［J］. Environmental Management, 2010 (45): 311-319.

［209］Venkateswarlu K, Nirola R, Kuppusamy S, et al. Abandoned metalliferous mines: ecological impacts and potential approaches for reclamation ［J］. Rev Environ Sci Biotechnol, 2016 (15): 327-354.

［210］Wagner E V. Law's rurality: Land use law and the shaping of people-place relations in rural Ontario ［J］. Journal of Rural Studies, 2016 (47): 311-325.

［211］Warhursta A, Noronhab L. Corporate strategy and viable future land use: planning for closure from the outset of mining ［J］. Natural Resources Forum, 2000 (24): 153-164.

［212］William E C. UNITED STATES Don't mess with history-or hardrock mining profits ［J］. American Metal Market, 2014 (1): 307.

［213］Wirth H, Kulczycka J, Hausner J, et al. Corporate Social Responsibility: Communication about social and environmental disclosure by large and small copper mining companies ［J］. Resources Policy, 2016 (49): 53-60.

［214］Xiao W, Hu Z Q, Fu Y H. Zoning of land reclamation in coal mining area and new progresses for the past 10 years ［J］. Int J Coal Sci Technol, 2014, 1 (2): 177-183.

［215］Zhai L M, Liao X Y, Chen T B, et al. Regional assessment of cadmium pollution in agricultural lands and the potential health risk related to intensive mining activities: A case study in Chenzhou City, China ［J］. Journal of Environmental Sciences, 2008 (20): 696-703.

［216］Zhang L P, Zhang S W, Huang Y J, et al. Exploring an Ecologically Sustainable Scheme for Landscape Restoration of Abandoned Mine Land: Scenario-Based Simulation Integrated Linear Programming and CLUE-S Model ［J］. Int. J. Environ. Res. Public Health, 2016 (13): 354.

［217］Zhu S L, Cherni J A. Coal mining in China: policy and environment under market reform ［J］. International Journal of Energy Sector Management, 2009, 3 (1): 9-28.

［218］Tang Y K. Laws of the land: with illegal land requisition on the rise, China is attempting to clamp down at the local level with new supervisory measures ［N］. Beijing review, 2006-9-7 (22-23).

［219］Shi Y, Han L, Yuan J, et al. Public preferences and values for cultivated land in mining area in China ［C］. Third International Conference on Agro-geo informatics, Beijing, China, August11-14. 2014: 1-6.